哈佛经济学笔记 3：

中国挑战

美国国家智库谈中国关键问题

陈晋 / 著

中华工商联合出版社

图书在版编目（CIP）数据

哈佛经济学笔记 3：中国挑战 / 陈晋著. —北京：
中华工商联合出版社，2014.1
ISBN 978-7-5158-0798-0

Ⅰ.①哈… Ⅱ.①陈… Ⅲ.①经济学—通俗读物
Ⅳ.① F0-49

中国版本图书馆 CIP 数据核字（2014）第 274496 号

哈佛经济学笔记 3：中国挑战

作　　者：陈　晋
出 品 人：徐　潜
责任编辑：邵桄炜
责任审读：郭敬梅
责任印制：迈致红
出版发行：中华工商联合出版社有限责任公司
印　　刷：三河市华东印刷有限公司
版　　次：2014 年 1 月第 1 版
印　　次：2020 年 7 月第 2 次印刷
开　　本：787mm×1092mm　1/16
字　　数：220 千字
印　　张：17
书　　号：ISBN 978-7-5158-0798-0
定　　价：35.00 元

服务热线：010-58301130
销售热线：010-58302813
地址邮编：北京市西城区西环广场 A 座
　　　　　19—20 层，100044
http://www.chgslcbs.cn
E-mail:cicapl202@sina.com（营销中心）
E-mail:gslzbs@sina.com（总编室）

推荐序

    《哈佛经济学笔记 3：中国挑战》是陈晋女士在《哈佛经济学笔记》（2010年出版）和《哈佛经济学笔记 2》（2011 年出版）之后又一倾心之作。作者延续了前两本书以客观报道为主、主观评论为辅，以观点思路为三、数据细节为辅的总体风格，进一步将视角拓展到经济学以外的领域，如美中关系、美国与其他国家关系和美国内政等。从这本书中，我们可以看到美国专家学者关于美国多边外交关系、全球实力在信息时代的重新分布、人民币国际化等热门敏感话题的各种观点。

    作者对很多美国专家学者的观点没有简单堆砌或断章取义，而是在自己消化后解读，为读者系统梳理出来。美国人对中国经济最近 30 年的快速发展到底怎么看？他们有什么担心？他们害怕中国超过美国吗？他们有意遏制中国发展吗？大国关系的历史会怎样影响未来？亚洲一些国家在中美关系中扮演着怎样的角色？新加坡这个以华裔为主的城市国家的历史与成就能说明什么问题？中国文化与西方文化怎样才能真正开展对话，而不是在"求同存异"的掩护下各说各话？读者可以在本书中找到作者对这些严肃问题的思考与答案。

作者的出发点是从美国哈佛大学这个文化重地观察世界动态；落脚点是希望中国人能真正了解美国社会及其政经世界——不仅仅包括美国的外交，还有美国的内政。美国人怎样看待和解决（或者说对付）自己的问题？美国国会通过的国家医疗保险法案为什么会一波三折？美国最高法院在国内事务中有怎样举足轻重的意义？美国精英怎样看待金融改革法案和收入两极分化的国内顽疾？每四年一次的总统大选和每年一次的总统国情报告在外人看来就像例行公事的大型表演，除了形式以外还有什么内容吗？美国的民主政治对美国内外政策到底有怎样的影响？美国在哪些方面是一盘散沙？在哪些方面又能同心协力，拧成一股绳？这本书对这些问题都有很好的回答。

这本书中也有关于欧洲目前困境与经济政策的讨论，对欧元危机、欧元区进退两难的各种原因的系统讲解；对哈佛大学经济学家萨默斯与其反对派斯坦福大学经济学家泰勒就 2009 年美国财政刺激政策效力唇枪舌剑的公开辩论的精彩描述等。

从这本书中，我们还可以看出哈佛大学包容的人文环境。2011 年秋在"占领华尔街运动"的影响下，哈佛校园掀起了一场"占领哈佛"的运动。哈佛官方怎样在言论自由和保护学生人身安全之间权衡并巧妙地化险为夷？以编写《经济学原理》教科书而闻名的曼昆教授如何对待参加罢课游行的学生？哈佛大学怎么还有支持学生运动、并在"占领哈佛"运动主办的讲坛上公开讲演的经济学教授？这位教授怎样看待经济学主流思想与时代潮流的关系和知识分子的作用？博弈论教科书作者鲁本斯登如何看待自己领域里的形式主义和表面文章？对即将走上就业市场的年轻学生有什么建议？哈佛法学院的批判法学代表人物昂格尔教授怎样突破现有的法学框架而独树一帜？在互联网时代，我们怎样才能打破体制层面的条条框框，而真正实现思想和技术的创新？这些重要议题在这本书中都有具体讨论，相信读者读后会深受启发。

改革开放三十多年，中国人出国工作、学习和旅行的机会越来越多，中英文俱佳的人才也越来越多。但从某种角度说，陈晋女士比其他人更能够帮助在太平洋彼岸的我们真正了解美国政经世界和高等教育。她17岁离开北京，在美国完成大学和研究生学位，有扎实的数理背景和强烈的求知欲。如她在《哈佛经济学笔记》前言中自我介绍所说的那样，她曾经一心要学好数理化，是因为偶然学习了经济学，又是因为偶然成为一名记者。无怪乎每个章节都有很强的逻辑性。又如她在《哈佛经济学笔记2》的前言中所说，她希望能像优秀的小说家，写哪个人的思想就像哪个人的思想。无怪乎每个章节都有淋漓尽致之感。

陈晋女士从美国的角度出发，报道了美国精英阶层对中美关系、中国经济发展的观点和态度。她在《哈佛经济学笔记2》的后记中坦陈，她写的书"不但出自一个记者的手笔，而且还是一个没有中国社会经验的记者之作。'一张白纸'的好处是没有城府、没有偏见，最大限度地保持客观中立。至于这张白纸上的图画是不是最美的，还要靠读者自己评判"。正因为如此，陈晋的作品是我们了解美国精英和社会动向的一个很好的捷径。

最近几年宋鸿兵写的《货币战争》系列在中国风靡一时，在非小说类畅销书中名列前茅。陈晋的作品没有直接反驳《货币战争》中的种种阴谋论，但她所勾勒和呈现的世界与《货币战争》描写的火药味十足、险恶多端的阴谋世界，可谓对比鲜明。陈晋笔下的世界相对更加安静祥和，当然也有矛盾冲突，但书中对这些问题都进行了比较中立和客观的分析和讨论。如果真实世界能够像陈晋的书中描述的那样运行，那么这些矛盾冲突就能够被化解，不至于成为灾难。对我们生活的这个世界，每个人看法不尽相同，但不能否认陈晋的世界令人向往。这是陈晋的书所体现出的人文关怀。

北京师范大学学术委员会副主任

国务院研究室宏观经济研究司原司长

中国社会科学院研究生院教授

2013 年 8 月于北师大

自序

　　在哈佛燕京图书馆旁边会议室的墙上挂着一副对联：心理东西本自同，文明新旧能相益。这句话精确地概括了这本书的主旨——突破语言文化的障碍，以心灵间的息息相通为起点和终点，构建一个相互理解、安定祥和的世界。在这个世界里，有孜孜不倦的精神追求和发自内心的尝试探索；有艰巨如山的挑战，也有百折不挠的努力；有针锋相对的辩论，也有冷静深入的分析；有领袖的高瞻远瞩和雄韬伟略，也有普通人的生活琐事和精打细算；有知识的积累与传承，也有思想的创新与求变。有紧张，也有松弛；有沉重，也有明快。这个世界里的不同色调相映成趣，熠熠生辉。

　　与前两本《哈佛经济学笔记》相比较（2010 年出版的《哈佛经济学笔记》和 2011 年出版的《哈佛经济学笔记 2》），这本书中的经济学分量较轻，只在

第三章《沦为世界三流的欧洲国家》有所提及。同经济学一样，经济政策领域里也充满了不确定性和局限性：欧元危机中由于多种离心力和向心力相互作用而导致的经济政策摇摆不定，矫正气候变暖的两种不同的市场机制路径，美国金融改革，以及美国经济学家对 2008 年金融危机后财政刺激政策影响的争论等，都令人在思考经济政策何去何从。

我的这本书把侧重点从经济学转向一个日趋明显的大趋势：中国的经济实力已经显著提高，在世界上的地位越来越高，作用越来越大。任何学者都不可能钻进学术象牙塔，而忽略这个大趋势。这个趋势影响深远。研究应该怎样全面客观地看待世界格局的变化，减少摩擦冲突的可能，增进相互理解与合作，是本书的初衷与目的。

在中国的对外关系中，最重要的就是与美国的关系。中美作为世界上两个最大的经济体，相互渗透和依赖的程度前所未有，但在合作中也有竞争，在友好中也夹杂着历史遗留下来的互不信任。经济学家萨默斯（其背景和观点详见《哈佛经济学笔记》第二辑《萨默斯讲全球化》）说："两三百年后的历史会证明，中美关系比冷战结束和伊斯兰国家间的矛盾更有可能成为最重要的历史事件。中美之间的关系需要很多沟通、理解、谅解和信任。只有这样，才能避免最糟糕的结果。"

怎样加强双方的理解和信任？我愿意为此尽绵薄之力。"中国与世界的关系"这个大题目已经被中国的有识之士谈得很多了。例如，以社会人类学家费孝通在 20 世纪 90 年代中后期提出的"文化自觉论"和"文化主体性"为指导的"中国文化论坛"，由甘阳主编、三联书店出版的"文化：中国与世界新论"丛书（20 世纪 80 年代后期和 2007 年两轮），以及 2009 年由北京大学国际关系学教授潘维主持的有关"中国模式"的研讨会等，都把有关中国主体性的知识表述作为基本诉求，都是从中国的视角看待中国与世界的关系，而不是从外国的视角把中国作为客体的知识表述。当然，近年来也有很多外国的国际关系专家和经济学家的著作被翻译成中文出版，但那些书籍大多只代表一家之言。

我的前两本书（《哈佛经济学笔记》《哈佛经济学笔记2》）集外国百家之言，为中国人了解外国人对中国的看法提供了一个窗口、一个捷径。这第三本书也不例外，力争全面、深入、系统地反映外国专家学者对中国的看法。"全面"意味着包括不同侧面、不同领域——美国法律专家、美国国际关系专家、美国国际经济学家、英国历史学家、美国的中国问题专家、美国企业的代言人、资深与年轻记者等众多视角。"深入"意味着对这些人物和领域长期不懈地跟踪与积累。"系统"意味着不断章取义，不仅仅依靠半小时或一小时的简短采访，而是尽量把他们对中国的看法放在他们各自广阔的学术视野和世界观里。这就形成了本书第一章《只有中国才能让中国变慢》。

其中，在哈佛大学任教的英国历史学家弗格森对大国之间关系的看法有些悲观。应该指出的是，并不是所有谙熟历史的专家都悲观，再相似的历史阶段也有很多细微的不同。美国原国家安全顾问、国际政治专家基辛格在他的《论中国》一书中（2011年出版）回顾了第一次世界大战的历史之后，总结道：历史不是简单机械地重复，因为人是有主观能动性的，人们可以有意识地去改变历史的自然趋势。如果认为一切都已经由历史决定了，那就是历史束缚论、历史虚无主义。

而历史客观主义——从历史中吸取经验教训以避免重蹈覆辙，有一定的积极意义。有人批判历史客观主义，认为历史客观主义是不犯错误、自我保全的掩护伞。哪里有不犯错误的圣人呢？不能因为害怕犯错误就不创造历史。我的想法不尽相同。学习和研究历史不仅仅是为了从个人角度明哲保身，还为了保持和巩固国家和天下的稳定与发展。历史的确是需要创造的，束手待毙就太消极了。所以基辛格倡议，中美两国要携手共建横跨太平洋的21世纪，这不是一个零和游戏。其实，弗格森的用意也是让中美两国有意识地克服不利于安定的想法、做法，避免进入恶性循环的轨道。基辛格的倡议就更加积极主动了。无论如何，大家的目的是一样的。

　　报道这些美国专家（个别人是英国人）对中国的看法，不能脱离美国的社会氛围和政治气候，否则我们怎么知道美国人不是用双重标准对人和对己呢？正因为美国人相信法制和民主，这些"双刃剑"才在美国国内时常掀起轩然大波。总统领导的政府执行机构不但不能为所欲为，而且连看起来合情合理的政策主张都很难变成现实。2010年美国国会通过的旨在把没有医疗保险的1/6的美国人纳入医疗体系，同时又控制医疗成本的新医改法案《病人保护和经济适用法案》（PPACA），被26个州政府联合起来告上最高法院。本书继《哈佛经济学笔记2》第二章《有关医疗体系的政治与经济》之后跟踪记录了这个法案2012年在最高法院的险胜过程。比联邦政府的法案遇到州政府的法律阻挠更常见的，是联邦政府每年提交国会的财政预算的审批过程。美国财政预算几乎每年都因为国会议员争吵不休而一拖再拖——争吵的内容不一而足，从预算项目的分配到自己限制自己的债务上限额度，再到是否应该完全取缔这个上限等，以至于美国联邦债务时而面临违约，或者联邦政府面临干脆关门的危险。美国国会的权力和法律对程序正义的保护可想而知。

　　美国人怎样看待他们自己社会里的挑战可以代表他们的价值取向和国家特征一事呢？这在奥巴马总统的讲演中有集中体现。奥巴马不但不能显示出对民主法制的不耐烦，而且还要赞扬国父先贤们的智慧：那些美国建国文件所代表的精神让美国的机制根深蒂固、经久不衰。奥巴马只能真诚地呼吁美国人民及其民选代表齐心协力、共渡难关。他的讲演可能由于多种原因没有什么实际效果，但其中渗透着：反暴力、反欺压、保护人权的价值观；鼓励创新创业的热情；无论种族肤色、家庭背景、年龄尊卑，永远可以重新开始、实现自我的信心和能量；明天一定比今天更美好的乐观主义精神。这些永远令人钦佩和向往。美国对中国的外交政策和总体态度只有被放在更大的美国价值观和文化背景的框架下，才能被更全面、确切地理解。这就是本书的第四章《美国怎样赢得未来》。

在国家间关联度日益高涨的今天，任何国家都无法脱离世界大气候而独善其身。仅仅有美国的视角还不够，我们还需要"走出去"，看到更大的世界。萨默斯在一次记者采访中说："美国人很容易认为自己的价值观是放之四海而皆准的真理，很难想象人们对世界还能有不同的看法。"新加坡前总理李光耀就提供了另一种东西结合、值得体味的世界观。他的思想不但使新加坡从半个世纪前一个破旧的小海港变成今天生机勃勃的现代化城市国家，而且还能为中国人思考自己的发展道路和价值取向提供参考，帮助中国人"取其精华，去其糟粕"。12年前我去新加坡旅游之后写了关于《李光耀自传》的读书笔记，现在读起来仍然觉得值得分享，于是把它翻译成中文，收录在这里。读者可以由此窥探新加坡的历史和精神。和新加坡的一些精英一样，日本和印度的大使也把他们的声音带到哈佛。这个多边关系的万花筒就是本书的第二章《中美关系与亚洲区域格局》。

长期居住在哈佛大学校园附近，让我不知不觉地被"再教育"，在人到中年有儿有女的时候思考教育的意义。我们应该怎样教育孩子？应该怎样定义成功？为什么要追求成功？不成功又如何？纵观哈佛校长及其他教育人士的讲演，一种更宽广的定义清晰可见。我原以为，比所谓的成功更重要的是自我实现，只要能做有意思、有意义、自己喜欢的工作，就无怨无悔了，狭义的成功只是偶然而已，只能听之任之。但事实上，还有比自我实现更重要的人生观，那就是对"真"的尊崇、对"善"的信守。这个思想地无中外，时无古今，都是相通的。西方大学教育的本源在古希腊的人生哲学，追求"一己之修明"；儒家传统里则说，学问的最大精神是在"明明德"。一句话，教育的终极目的在于"立人"。有了"正确"的人生观之后，创新才最有可能发生，成绩才最有可能被创造。

这本书中每一章节所关心的问题都可以展开为一本书或几本书，而成为内容单一的学术专著，但那不是我的写作目的。这个世界上高、精、尖的专业书籍浩如烟海，无所不在。但对于年轻读者来说，他们需要的往往是对"面"的普及性、介绍性读物，比一般报纸杂志的内容要更深入、更系统，但又不需要研读晦涩的专业术语就能明白。他们不缺少聪明才智，更不缺少时间精力，但缺乏对事物的感觉以及对未来学业和事业选择方向的把握。

　　如果年轻人在读完我的三本书之后，能对书里所提出的问题有些基本了解和整体把握——不片面，不偏颇，更不极端；如果我的书能帮助他们开阔视野，找到自己热爱的专业和事业，义无反顾地全身心投入，真正做到"点面结合"，那将是我最大的满足和荣幸。书中任何不确切之处都是作者的责任，欢迎读者朋友指正。

陈晋

2013 年 4 月 26 日

于美国剑桥

目录

第一章
只有中国才能让中国变慢

　　奈认为，亚洲不是均匀一体的，亚洲内部的平衡是美国对亚洲策略的入口。日本、印度、越南等国家不愿意屈从于中国，欢迎美国在亚太地区有一定实力。除非中国真正发挥自己的"软实力"，中国在经济和军事上"硬实力"的增长只会让它的邻居更加忐忑不安。这些邻居有可能自由结合，对中国形成制衡。美国向亚太地区的倾斜帮助了这种制衡的力量，促使中国在多方面与国际社会合作。

第一节 "与中国一起工作，不要遏制中国"

1. 约瑟夫·奈认为美国对中国应有的策略

2013 年 1 月 25 日，美国著名国际关系专家、哈佛大学肯尼迪政府学院教授约瑟夫·奈在《纽约时报》发表文章，题为《与中国一起工作，不要遏制中国》。这篇文章发表在中日关系日趋紧张的时刻，对美国时局有很强的针对性，对奈的思想也有很强的代表性。

奈在学术领域、行政领域和政策领域都经验丰富。他在 1995~2004 年任肯尼迪政府学院院长，在 1994~1995 年任克林顿政府国防部负责国际安全事务的助理部长。他深谙历史，对国际关系和世界变迁有细致入微的观察体会，善于在相同中寻找不同，在不同中提炼共性，总结升华。这篇《纽约时报》的文章体现的是前者，区分美国冷战中对待苏联与现在对中国的政策思想应有的差别。当奈谈领导能力的时候体现的是后者，总结历史伟人的共性（详见《哈佛经济学笔记 2》第 149 页《如何培养领导才能》）。

在这篇关于中国的文章中，奈说，中日关系紧张增强了美国一些政策研究人员要遏制中国的呼声，这是不对的，也是不现实的。奥巴马总统"向亚洲倾斜"的政策已经被北京解释为是针对中国的，是遏制中国的前兆。奈解释，"遏制"这个词是冷战时期针对苏联提出的。当时美国对苏联实行经济封锁，并通过北约阻止苏联军事扩张。

今非昔比，这种策略完全不适用于现在的中国。中美贸易量庞大无比，双方在学者互换、观光旅游等社会层面的交往密切而繁多，而且中国也没有在国际上寻求霸权地位。中国完全不是 20 世纪中期的苏联。奈反对遏制中国的原因很简单：如果我们视中国为敌人，中国一定就会成为我们的敌人；如果我们视中国为朋友，我们可能会有一个和平友好的未来。

奈坚持他 1994 年在美国国防部主管东亚事务时的策略：一边与中国合作，一边以防不测。当时克林顿政府支持中国加入世贸组织，但又在 1996 年宣布巩固加强《日美安保条约》，并以此作为东亚和平和繁荣的基础。克林顿总统还加强与印度的关系，来平衡中国崛起。小布什总统继承了这一策略：一边深化与中国的经济关系，一边加强与印度的关系。他的副国务卿佐利克明确表示要让中国成为"负责任的利益相关者"。奥巴马对亚洲政策的"再平衡"不仅要把美国海军资源调度到太平洋，也要把贸易、人权、外交带过去。中美关系与其他任何的大国关系一样，一直就有合作与竞争的双重成分。

奈认为，亚洲不是均匀一体的，亚洲内部的平衡是美国对亚洲策略的入口。日本、印度、越南等国家不愿意屈从于中国，欢迎美国在亚太地区有一定实力。除非中国真正发挥自己的"软实力"，中国在经济和军事上"硬实力"的增长只会让它的邻居更加忐忑不安。这些邻居有可能自由结合，对中国形成制衡。美国向亚太地区的倾斜帮助了这种制衡的力量，促使中国在多方面与国际社会合作。奈举例，在 2008 年的金融危机过后，有些中国人认为美国在走下坡路，中国的机会来了。在这种思想的影响下，中国与日本、印度、韩国、越南和菲律宾等国关系几乎同时降温，这说明"只有中国才能让中国变慢"。

一个人或一位学者的成熟程度经常表现在对分寸的拿捏上。奈警告美国读者，美国对亚洲的倾斜不应该过度军事化，不能让中国觉得被团团包围而感到被威胁，所以有必要加强中美在气候变化、疾病传播、互联网反恐、控制核扩散等方面的合作。世界上最大的两个经济体的多方面合作会让全世界受益。

奈建议美国在亚太海军演习中把中国吸收进来。现在中国越来越依靠中东的石油，中美都有保持航线自由通行的需求。奈还建议，帮助中国发展例如页岩气等国内能源；鼓励中国和日本联合开采海下天然气；如果中国达到一些基本条件，还可以为加入《跨太平洋伙伴关系协议》开展多边自由贸易谈判。

奈最后回到他对实力的理解和他认为美国应该"柔和"运用实力的一贯思想

上。他说，实力是达到你想要的结果的能力；当美国与其他国家共同努力，而不是命令其他国家的时候，很可能实力更强大。

2. 约瑟夫·奈看全球实力在信息时代的分布

2011 年 2 月 16 日晚，奈就他的新书《实力的未来》发表讲演。2008 年 9 月，奈还在哈佛大学介绍他当时的新书《领导的能力》(详见《哈佛经济学笔记 2》第 149 页《如何培养领导才能》)，此时就已经为另一部新书游说宣讲了。

在国际关系领域里，他创建了被广泛引用的"软实力"(soft power)和"硬实力"的概念。与《领导的能力》相比，《实力的未来》更能体现奈的主要学术思想和政治见解，是他 2004 年出版的《软实力：在世界政治里通向成功之路》中"硬实力"和"软实力"这两个概念的自然延伸，而《领导的能力》只是他思想的一个分支。

硬实力、软实力与聪明的实力

奈首先定义什么是"实力"(power)。实力就是影响别人，让别人做你想让他们做的事情的能力。有人说，奈所谓的"实力"其实就是人们常说的"影响力"(influence)。但影响力没有实力听起来那么重要，那么能吸引别人的注意力。无论哪个词更确切或更朴实，让我们暂且用奈的语言词汇摸索奈的思想内容吧。奈说，实力本身没有好与不好，关键要看怎样运用实力。这就像人体的热量，太多不好，太少也不好，关键要适度。

让别人做你想让他们做的事的传统办法是"胡萝卜加大棒"——顺我者会得到好处，逆我者会得到惩罚。这是奈所谓的"硬实力"，别人因为恐惧而听从你或因为想得到好处而讨好你。另一种影响别人的办法是通过游说，即宣传和教育，说服别人，让他们心服口服、心悦诚服，甚至欣赏你、佩服你。这就是奈所谓的"软实力"。说服别人的这套说辞是软实力的基础和源泉，非常重要。灵活巧妙地运用硬实力和软实力达到你所希望的效果的能力被奈称为"聪明的实力"（smart power）。

奈综观全球实力的变化，总结出两个方向性特点：一是"实力移动"，从西方转移到东方，以"亚洲崛起"这个常见词为代表；二是"实力扩散"，从国家到非国家个体。奈纠正了一个常见错误："亚洲崛起"更确切地说应该是"亚洲复兴"，因为在几个世纪前他们曾经领先于世界。

信息技术革命对全球实力分布的影响

最近几十年在国际舞台上，实力在这两方面的变化被奈归结于来自信息技术革命。信息技术革命使计算和通信成本直线下降，遽然减少了原本在国际游戏之外的国家和非国家个体参加进来的障碍。奈惊叹信息革命为工作和生活带来的巨大变化，不无感慨地说，20 世纪 70 年代他还在政府工作的时候，美国政府为了了解苏联境内一平方英里（1 英里＝1.609344 公里）的地形，需要花费几十万甚至上百万美元的巨资，而现在只要上网查谷歌地图，分文不花就能获得同样的信息。

信息技术革命意味着国家必须学会与非国家个体和组织（例如非政府组织）打交道，在国际舆论中平分秋色；同理，原来占据国际游戏主流地位的西方国家也要处理好与新兴发展中国家的关系（这与萨默斯的主导思想之一吻合，详见《哈佛经济学笔记》一书中第二辑"萨默斯讲全球化"）。国际舞台上的角色多元化使国际关系更加复杂。最近埃及和突尼斯政局的变化也说明了这一点，奥巴马政府必须区别对待以穆巴拉克为代表的政权和在大街上示威游行的公民社会，政见要因对象不同而不同。

互联网的成长大约只有 40 年的时间，网页出现只有最近 20 年的时间，我们的生活就有了根深蒂固的变化。美国国家安全因此而受到威胁，有可能不堪一击。奈认为，网络世界的安全性太重要了，不能完全让科技人员掌握，也不能让情报人员掌握。他的言下之意是要政治家参与，从大局出发，制定框架性公约。核武器在 20 世纪 40 年代被应用，国际社会直到 20 世纪七八十年代才建立了有效的国际框架，制约各个国家核武器的研制及应用。奈说，现在国际社会对互联网的制约才相当于 20 世纪 50 年代制约核武器的水平，我们还有很长的路要走。正所谓"任重而道远"。

奈接着又回到硬实力和软实力的概念。在战争中，双方拼的是硬实力，这包括军事实力和经济实力。在和平时代，人们拼的是软实力，看谁的一套说辞最能影响别人的倾向性和选择，最能影响国际社会议事日程的制定；也看谁最有亲和力和凝聚力。就在中国政府在北京举办奥运会、在上海举办世博会、在世界各地建立孔子学院，为软实力投资的时候，美国却在为软实力减少开支。奈举例，当一个国际援助、国际交换项目从美国国防部转移到外交部的时候，国会就把这个项目的预算裁减一半。这自然会影响到美国在 21 世纪弘扬自己的软实力。奈隐含着对美国政府，特别是国会议员目光短浅的指责。奈也承认，2008 年席卷全球的金融危机在很大程度上是由美国酿成、从美国爆发的。

3. 中美之间的关键问题

（1）美国在走衰败之路吗？

这些因素是否就意味着美国从此就走上了衰败之路呢？奈的答案是否定的。他认为美国走下坡路的原因更多的是心理上的因素，而不是以事实为基础的。但这种心理因素的影响和后果非常严重。例如，如果美国在外交上对中国让步，中国把这看做美国实力下降的表现，这就很成问题。

奈从两方面具体分析为什么很多人认为美国在衰退。一方面，这些人把美国的现在与以前比较，即时间上的纵向比较。美国政府赤字严重，的确非常棘手；美国基础教育不好也是事实。但在奈看来，这些问题都是可以解决的。美国在建立国家之初和第一次世界大战后，政局都非常分化，面临的挑战不比现在容易，从某种程度上说甚至更加艰巨，但是美国都挺过来了。奈的言下之意是，美国现在的挑战也一定能够克服。他说，只要美国能够保持开放的大气候，容纳不同种族、不同类型的人，保持朝气蓬勃的活力，美国的前途就不会比过去差。奈引用新加坡前总理李光耀对中美的比较：虽然中国可以从 13 亿的巨大人口中挑选吸纳人才，但美国却在全世界 70 亿人中广纳人才。

另一方面，说美国走下坡路的原因是跨国家的横向比较，中国经济双位数的增长使美国相形见绌。奈承认，中国经济如果按现在的势头发展，中国经济有可能在今后 10 年超过美国的经济总量；但是衡量中国人生活质量的人均 GDP 到本世纪中期仍不会超过美国，中国的军事实力更不会在可见的未来超过美国。

（2）中国会超过美国吗？

接下来的问题是：如果中国继续走上坡路，中国会超过美国吗？与美国政界宣扬"中国威胁论"的人相比，奈的语气显得谨慎乐观。这正是所谓的"在战略上藐视对方，在战术上重视对方"。有人把现在的中美关系与 20 世纪初英国和德国的关系相提并论（例如弗格森的文章《历史学家看中美关系的趋近与背离》）——英国和德国紧密的经贸关系并没有阻止第一次世界大战的爆发。奈不这样看，但他呼吁对中美两国关系要有更复杂、细微的理解，创建更巧妙、更有说服力的一套说辞来影响对方。在对待中国的策略方面，奈很谨慎。他预计，日本、印度和越南等中国周边国家对中国崛起本身就非常警惕，心存芥蒂，不会与中国拧成一股绳；美国只要与这些国家保持好关系就可以了。

最后，奈又回到他创建的"三纬"思想体系。在军事层面，美国毫无疑问是世界第一大国。在经济层面，世界有多极鼎立，美国只是其中之一。在跨国界的社会层面，实力已经分散到多种角色；美国要学会通过合作，与其他角色分享实力，而不是凭借实力欺压别人。奈总结道，我们需要硬实力，也需要软实力。我们更需要创造性的思维，深入探讨硬实力和软实力，在不同问题上以不同的方式谈论运用它们，从而创造出"聪明的实力"。

（3）美国的民主政治还有希望吗？

在问答时间里，哈佛大学政府系年过八旬的著名教授、欧洲问题专家霍夫曼对比较国家间实力变化这个问题发表评论。任何国家衰落的主要原因其实是内因，不是外因；不是因为别的国家强大到能够把这个国家打败，而是因为这个国家本身内部的衰败，就像罗马帝国的坍塌一样。每当霍夫曼关注美国国内选举的政治时，他都会觉得美国人的思想境界一塌糊涂，甚至到了不可救药的地步。美国选民关注的不是有关国泰民安的大事，而是花边新闻等貌似耸人听闻但实际是鸡毛蒜皮的小事。而且，大多数美国人对国际事务漠不关心，不愿学习，不思进取。谈及此，霍夫曼情不自禁地直摇头。

奈当然也认同霍夫曼的观点，但他说，美国政府三权鼎立本身就不是为决策高效而设计的；美国宪法的设计者就是要保护每个人的权利和最大限度的自由，所以目前华盛顿各种政见鼎立的局面是意料之中的，是美国 18 世纪的"国父"们早就想到并且特意安排的。奈再次强调，美国历史上有更艰难的时刻：19 世纪的南北战争、20 世纪 50 年代极端麦卡锡主义等在当时看起来都是无法逾越的困难，但是美国都走过来了。尽管美国现在有多重挑战，但奈相信，美国仍然会一如既往地战胜挑战。

还有听众提问，如果一个印度人写《实力的未来》，他会怎么写？如果一个中国人写《实力的未来》，他会怎么写？奈清楚地知道美印关系也充满各种各样的问题，但印度人的看法是到本世纪中叶世界会出现三强鼎立：印度、中国和美国。与中国相比较而言，印度人会觉得与美国相处更好一些。如果中国人写这本书，他的基本思想会是：中国在走上坡路，美国在走下坡路，很快就不行了。只有思想更复杂、更出色的中国分析员才会与奈的想法一致。

第二节　换角度思考中国通向世界领导之路

1. 美国经济学家理查德·库珀看中国与世界

2010 年 4 月 25 日，世界银行批准增资方案，增资总额达 862 亿美元，并把发展中国家在世行的整体投票权由 44.06% 提高到 47.19%，增幅为 3.13 个百分点。这履行了世行 2009 年 10 月在土耳其伊斯坦布尔作出的承诺，把发展中国家投票权提高至少 3 个百分点。至此，自 2008 年以来发达国家共向发展中国家转让投票权 4.59 个百分点。世行行长佐利克一直认为，当今世界正在成为一个新的多极世界经济体，世界已不能忽视发展中国家愈加重要的作用。世行此举是承认并适应这一新的变化。

在这次决议中，中国投票权增长了 1.65 个百分点（从 2.77% 提高到 4.42%），占总共增幅的 1/2 强，成为世界银行第三大股东国，仅次于美国和日本。巴西、印度投票权也获得了小幅增加。与此同时，美、日、英、法、德、加等国投票权比例相应下降。美国投票权由 16.36% 下降至 15.58%，但仍稳坐世行头把交椅，在实际运作中会保持"一票否决权"。日本投票权从 7.85% 下降至 6.84%，依然位列第二。此外，作为世行投资部门的国际金融公司也通过了 2 亿美元规模的特别增资方案，使发展中国家的投票权提高至 39.48%，增幅为 6.07 个百分点。其中，中国投票权由 1.02% 提升至 2.29%。

中国在世界银行发言权和影响力的提升意味着中国将面临更重的国际责任。如何坐好世行的"第三把交椅"？中国未来的国际合作道路怎么走？哈佛大学经济系教授理查德·库珀在 2010 年 4 月 17 日哈佛学生组织的第 13 届"哈佛中国评论"年会上的公开发言与这些问题有直接关系，值得人们深思。

库珀是资深国际经济学家，其简历及其对美国储蓄、美元地位、美国债务、2008年金融危机等问题的主张详见第一本《哈佛经济学笔记》第273页《不信偏见的经济学家：库珀解读经济热点问题》；对气候变化的看法详见《哈佛经济学笔记2》第133页《对后〈哥本哈根气候协议〉的两种思路：斯达文斯的期待与库珀的预言》。但这次发言的中心思想却是他对国际事务的政治见解，直指中国的对外心态。

（1）从国际体系的角度思考国际问题

站在设计国际游戏规则的视角上，库珀建议中国从国际体系的角度出发思考国际问题。什么是国际体系的角度呢？例如，出口创汇解决就业对刚刚起步的某个发展中国家可能是好事，但这个办法不能推广，因为如果每个发展中国家都这样做，整个系统受不了。国际收支平衡的问题也是一样的。有国家盈余，就一定有国家赤字，这个系统应该如何调整这个不平衡呢？这就是所谓的"调整国际收支"。库珀处理国际问题的基本思考方式是：如果你不喜欢别人的方案，那你说应该怎么办？对别人的提议仅仅说"no"是不够的，消极抵抗不能解决任何国际问题。

库珀首先肯定中国经济在过去30年中的惊人表现：真实GDP增长了16倍，这意味着9.8%的年均增长，8.8%的人均年均增长。这样的高速增长在1980年是始料不及的，没有人能在30年前预计这么好的经济表现。他说，这是令人欢欣鼓舞的，但是他不理解最近一些关于中国"应有的国际地位"的讨论：有人说中国在美国和欧洲建立的国际体系里没有足够的声音。对此，库珀说，他不是中国问题专家，不知道这种说法是中国人自己的抱怨，还是外国人对中国人想法的猜测和解释。但无论如何，他觉得这种抱怨不可思议：正是在美国和欧洲建立的这个国际体系里，中国一方面鼓励出口、解决就业，另一方面得益于外国直接投资带来的先进技术，中国经济才得以有长足的发展。中国应该庆幸有这样的国际体系允许并鼓励中国的经济发展。

（2）中国经济走向世界的代价：接受世界范围的检查

在中国如何处理与世界关系的问题上，库珀有两个政治见解：第一，中国与世界融入得越深，中国国内政策就越要面对世界范围的审视、指责，还有修改建议。很多中国人认为，这是对中国不友好、"反中国"的表现。"其实他们错了"，库珀不排除有极少数人的确对中国不友好，但认为这绝不是主流。

"中国国内政策要接受世界范围的检查和挑战是中国经济成功、走向世界的代价"。中国是世界上最大的出口国，很快就会超过日本成为世界第二大经济体。中国作为出口大国、进口大国、资本流出大国和资本流入大国，都会使中国国内政策与外国人息息相关。外国人自然会指手画脚，大声说他们不喜欢某某政策。在这方面，中国并不特殊，日本也是一样。第二次世界大战后，日本用了大约1/4世纪的时间，从世界第七大经济体增长到第二大经济体。在这个过程中，日本国内政策也同样要接受外来的检查和批评。这仅仅是成功的代价，是客观现实，不是"反中国"或"反日本"的主观意愿在作怪。

（3）成为世界领导的两种办法

库珀的第二个政治见解是关于世界体系中领导地位的问题。成为领导的办法有两种：一种是起模范带头作用；另一种是成为发起人，游说其他人以达成共识。库珀说，中国成功的经济增长和基本不带意识形态色彩地解决实际问题的态度已经显示了中国大陆在日本、韩国和中国台湾之后的模范带头作用，人们已经开始议论"中国模式"。其实，中国并没有什么宏伟的全盘计划，中国有的是邓小平多年前说的"摸着石头过河"的尝试和探索精神。他们先在部分地区试行新政策，如果成功，再推广扩大。

在成为发起人方面，中国要主动管理、协调国家间的关系，以维护和提高全球整体的系统。如果中国不同意其他发起人的方案，中国有两种选择：一种是像朝鲜和古巴那样完全退出国际体系，但这在今天的中国难以想象；另一种是提出新的方案，发起讨论，多方征求意见，然后再修改，再讨论，直到达成多方共识。

要想使中国的提案最终成为世界体系的一部分，中国必须从整个体系的角度来思考问题。如果中国想成为发起人，中国必须要有一定的心理承受能力，知道自己的提案要被修改，甚至有可能被完全否定。美国就有多次被否决的经历。如果中国领导人顾及"面子"，没有十拿九稳的提案就不愿意拿出来供多方讨论，那么中国很难成为世界体系的设计者。

（4）应该如何理解"美国霸权"

政治学家把过去的 60 年称为"美国霸权"时代。中国的一些领导人也选择用这个词描绘美国的领导地位。其实，"霸权"的定义并不清楚——什么是霸权？如果"美国霸权"是指美国起主导作用，那么这个词是正确的。"二战"以后，除了苏联在军事领域有抗衡的实力以外，美国在所有领域几乎所向无敌。如果"美国霸权"是指美国在国际事务中说一不二，有决定性作用，那么使用"美国霸权"这个词就是错误的。我们基本可以说，没有美国的合作，主要国际条约不能落实。即便如此，也有例外：《联合国海洋法公约》（美国政府同意了，但国会否决了）、国际刑事法院和《联合国气候变化框架公约的京都议定书》都在缺少美国支持的情况下成立了。

如果"美国霸权"指的是，美国可以随意把自己的意愿强加给其他国家，这是完全错误的。美国在国际谈判和国际关系中有太多的不如意：1954 年美国支持的欧洲国防社区就被法国上议院否决；美国在 1958 年就希望英国加入欧洲经济体，但英国直到 1973 年才加入。此外，欧洲自由贸易区的建立，1967 年肯尼迪回合贸易谈判中关税减少的程度，1971 年史密斯协定货币汇率重调的幅度等都与美国的初衷相去甚远，类似的例子不胜枚举。

这些事情发生的年代看似久远，但实际上"美国霸权"指的就是这个年代。美国并不是想要什么就有什么，美国必须要游说其他国家，向他们说明美国的提议也是为他们着想，他们也能从中获利。有时美国能够成功说服其他国家，但更多的时候美国败兴而归，或者大幅修改最初提案。

现在让我们再回到中国这个话题。如果中国想领导世界，它必须做得像个领导。这意味着中国必须从世界体系的角度思考：这个整体系统能做什么？应该如何运作？这并不是要求中国放弃自己的利益，而是要求中国不是狭隘地定义自己的国家利益，把眼光放得更宽、更长、更远。只有在一个运作良好的、鼓励和平和经济昌盛的世界体系里，中国才能继续发展。在现有的世界体系里，中国发展得很好。如果中国认为世界体系有什么不足，中国必须提议如何改变，如何提高这个体系，然后多方游说。这是一个对外心态问题。

（5）中国在五个领域里应该努力的方向

库珀指出，迄今为止，中国在以下五个领域还没有这样做：

第一，在控制核武器扩散方面，中国与朝鲜和伊朗有不同程度的关系，中国应该利用这些关系为核不扩散积极提出备选方案，征求各方意见。

第二，在世界贸易体系的多哈回合谈判中，如果中国不喜欢美国和欧盟的提案，中国不能只说"no"，而是要提出备选方案。一种可能的立场是：世界贸易体系不需要进一步开放了。但这个立场根据"自行车理论"——自行车骑得越快就越稳，一旦放慢速度车就倒了——不可行。中国到底认为世界贸易体系应该如何运作，我们还不清楚中国的态度。

第三，在气候变化方面，中国坚持要通过《联合国气候变化框架公约》的平台达成协议，但是该公约有192个成员国家地区，中国这样大的发展中国家基本上有否决权。阻止达成国际协议不是解决气候变化的办法，仅仅靠发达国家的努力显然也不是办法，那中国认为应该怎样缓解气候变化呢？我们不知道中国的方案。

第四，在调整国际收支不平衡方面，根据经济合作与发展组织的数据，中国经常项目在今年（2010年）的盈余是GDP的5.4%，明年将是5.9%，中国2000多亿美元的外汇储备超出了任何资本账户"以防万一"的需要；美国经常项目今年的赤字是GDP的3.4%，明年将是3.7%。有人认为这个不平衡不可持续，库珀不这么看（详见第一本《哈佛经济学笔记》第275页《美国经常项目赤字的可持续性与全球不平衡》）。胡锦涛说，中国汇率政策是中国自己的事。虽然中国经常项目盈余占GDP的比例在世界上不是最大的，瑞士和新加坡的比例比中国还高，但是中国的基数大、规模大、影响大，非小国可比。如果中国拒绝让人民币升值，那中国认为这种收支不平衡该如何解决呢？

第五，在国际货币储备的管理方面，中国人民银行行长周小川对以美元为主的国际货币体系表示不满，提议过渡到由国际货币基金组织（IMF）发行、各国官方金融机构使用的 SDR（特殊提款权）体系，但并没有具体说明如何过渡到新的体系。过渡到 SDR 体系实际上是 IMF 在 1978 年的官方立场，但一直没有受到重视。现在中国央行行长这样说，就会受到重视。现在一些国际金融专家在讨论此事，库珀自己也身在其中。

库珀总结道，中国这么大，发展这么快，对世界的影响非同小可，外国人不可能不关注中国的方方面面；中国必须从整个国际系统的角度思考问题和自己的对外关系。

2. 萨默斯离开奥巴马政府时的政见：政府和精英阶层的不正当关系

2011 年 1 月萨默斯重返哈佛。在奥巴马政府任国家经济委员会主任两年后，他对时政有什么看法呢？

根据《国际经济》杂志的采访，他对中美关系持谨慎乐观态度。他对美国经济的诊断仍然是泡沫破灭之后，需求不足情况下的流动性陷阱。他对货币政策量化宽松的评价是：它不可能既不起作用，又制造通胀；二者不可能同时为真命题。他对美国国债市场的看法是：美国国债价格既有理由走低，也有理由走高。

对美国政府在挽救金融危机过程中的作用，萨默斯反对政府动用纳税人的钱去维护一小撮人的利益这一说法。他坚持，政府在维护金融市场体系正常运作的过程中不但没有损失纳税人的钱，反而为纳税人赢得利润。他小心地区分政府与精英阶层的关系，承认如果这种关系过于密切，政府的正当性会受到质疑。

中美关系

对于中国要在新技术，包括军事技术方面投巨资 15 亿美元，而美国的经济重点在于复苏房地产市场和个人消费方面这一反差，萨默斯说，当肯尼迪总统在 1963 年去世的时候，他还相信苏联会在 1985 年前超越美国，比美国富裕。东亚问题专家傅高义在 1979 年出版畅销书《日本第一》。这些对长期形势的预测在事后看来都不正确。事实上，一个国家在一个十年内的经济增长率与下一个十年的增长率，总的来说相关程度很低。所以，用过去的形势预测未来是非常危险的。

如果对中国的担心被化作美国加强教育、重视研发投资和控制借贷的动力，那么这是好事。但中国的发展趋势很容易被夸大。中国的人均生活水准还不如两代美国人以前的人均生活水准。中国政府面临的局势也很严峻。生活在美国的美国人非常容易夸大自己的难题，同时低估中国在政治、环境、金融和社会变迁中的巨大挑战。对技术和公共设施的投资对任何政府都非常有吸引力。20 世纪五六十年代，人们对莫斯科地铁系统的看法和今天人们对中国高铁的看法一样。中国高速铁路发展非常快，但它的技术还不是最先进的技术。

美国人很容易认为自己的价值观是放之四海皆准的真理，很难想象人们对世界还能有不同的看法。中美之间的关系需要很多沟通、理解、谅解和信任。只有这样，才能避免最糟糕的结果。两三百年后的历史会证明，中美关系比冷战结束和伊斯兰国家间的矛盾更有可能成为最重要的历史事件。

区别政府在挽救危机中的作用与政府和精英阶层的不正当关系

有记者问，美国和欧洲的精英们想方设法、甚至不惜动用纳税人的钱使银行资产看起来更健康，几十年以后，人们会不会认为现在的精英是在牺牲中产阶级利益的基础上挽救那些本来就不可持续的资产价值？

萨默斯强调，美国纳税人在这场危机中没有吃亏。无论其他国家的情况怎样，美国的情况是：政府不但从挽救银行和汽车公司的过程中全部收回了纳税人的钱，而且还赢得很多利润。美联储从救市当中得到从而上缴财政部的利润从来没有现在这么高。在其他条件不变的情况下，美国纳税人会因此减少纳税。

记者问，华尔街前 20 名的银行都可以从美联储的低利率窗口贷款，并享受几乎是零的利率，中小金融公司却没有这个条件。而正是这些中小金融公司在创造就业，这公平吗？

萨默斯反驳美国政府动用纳税人的钱来补助、救济精英阶层的公众印象。他说，事实不是这样的。但他承认，美国中产阶级的顾虑一直在增加。一般来说，中产阶级的倾向性直接影响政治选举的结果。如果中产阶级担心精英阶层在剥削他们，他们在选举中会倾向政治"左派"。如果中产阶级担心他们的纳税钱会被政府拿去救济不配救济的穷人，他们在选举中会倾向政治右派。2008 年总统大选显示，中产阶级担心的是前者 —— 他们担心政府拿他们的钱去帮助精英阶层。这促使了民主党上台执政。

萨默斯清楚地知道，有人担心精英阶层不属于任何国家，他们更像是达沃斯（瑞士达沃斯世界经济论坛）的成员，而不是他们各自国家的公民。萨默斯说，要得到更广泛的支持，全球化必须证明它不意味着区域化、地区化的解体。怎样的政策让政府破费，怎样的政策为政府省钱，这里面有很大区别。认为 2009 年拯救金融危机的政策项目是破费了纳税人的钱的看法是完全错的。但萨默斯承认，如果政府与精英阶层的关系日益紧密，那么政府的正当性就会受到质疑。

美国长期经济走势与中产阶级生活状况

记者问，最近 10 年（2000~2010 年）的美国经济年均增长率是 2.6%，而 1945 年到 2000 年的年均增长率是 3.4%。看起来只有 0.8% 的区别却意味着消失了上千万个工作，所以美国经济低于以前的平均水平。美国股市被美联储充斥着前所未有的流动性。如果你有很多股票，那很好。如果你是靠工资养家糊口的中产阶级，那你的情况就太糟糕了。这样的体系从政治上说是可持续的吗？

萨默斯说，美国今后 10 年的挑战取决于中产阶级的收入和福利。统计数据显示，美国中产阶级的实际收入（去掉通胀后的真实收入）长期以来停滞不前。但是如果我们考虑电视机、冰箱、衣服，甚至食品的真实价格，中产阶级在这些方面的实际消费能力还是有进步的。虽然房产价格在最近3年（2007年后的3年）有所下降，但美国中产阶级感觉生活窘迫的原因主要来自医疗保险、幼儿园和住房等方面的花销。这就是为什么奥巴马总统在上任之初就着手医疗改革。

我们需要创造就业，所以公共设施建设不仅仅是"逆经济周期"的政策措施，而且一直非常重要。最近这些年，受打击最大的人群是没有大学学历的、靠手工劳动的男人。建设公共设施会为这部分人创造就业。

对中国中产阶级的状况，萨默斯说，中国人比他们上一辈人的生活好了很多倍。这是正常的，人们都希望他们的下一辈比自己生活得好。中国的问题是"仇富"心理和仇恨社会精英的心理非常严重。社会精英阶层的正当性成为问题。

对欧洲人来说，他们担心的是未来人口老龄化以后的社会，再加上部分欧洲国家的财政危机。普通德国人想不通为什么他们要为希腊、葡萄牙和爱尔兰这样在财政上不负责任的国家埋单。欧洲一体化是人类社会辉煌的创举之一，但是普通市民却认为这是社会精英为他们自己制造的社会构架，为精英自己服务的。关于欧洲宪法的辩论就反映了普通人眼里的正当性与精英眼里的正当性之间的鸿沟。话又说回来，对机制的信任在全球范围内都愈加成为问题。这个世界越复杂，这个世界就越需要机制起作用。与此同时，这个世界却发现人们对机制的信心在悄然消逝。

美国宽松货币政策的影响

记者问，美联储的第二轮量化宽松（QE2）会不会产生意想不到的负作用？萨默斯说，金融危机前期的问题是，即使最有信誉的客户也贷不到款，因为没有人愿意放贷。现在的问题相反，有人愿意投资，但找不到投资机会。那些有很多现金的人只能把钱放在银行，接受几乎是零的利率。如果你经营一家餐馆，客人稀少，你就不可能扩大再投资。所以现在的问题不是金融领域资金流动的问题，而是经济实体缺少需求。

哈佛经济学笔记3：中国挑战

还有就是泡沫破灭后的影响。过度乐观导致资产价格过高，于是人们即使借贷也要制造高价格的资产，无论是房子、工厂，还是购物商城。泡沫破灭时，资产价格剧跌，导致一方面大量资产闲置无用，另一方面在泡沫期间曾经借贷的人债务累累。泡沫过后，人们有强烈的储蓄愿望，试图达到资产负债表再平衡，没有心情再投资。再说，市场上还有大量资产闲置，就更不用谈投资可报率了。

在正常情况下，调剂大量储蓄与投资不足的机制是下调利率。但现在利率已经基本是零了，货币政策的效力受到很大限制。萨默斯在职业生涯中一直强调财政纪律的重要性。20 世纪 90 年代他在克林顿政府的财政部工作时，减少赤字正是使经济前进的动力之一。但是他认为，现在的情形不同。私有经济部门已经从大量借贷转成了大量储蓄，弥补随之而来的需求不足要靠政府，所以国会应该上调政府债务上限。只有当办公楼出租满员，公司已有员工有做不完的工作时，你才能看到经济开始扩张。

记者说，在没有巨大的财政刺激的情况下，只能依靠货币政策的量化宽松来产生财富效应。有人估计，失业率从 10% 降低到 5% 需要下调利率 400 个基点（4%）；既然美联储已经没有任何余地下调利率，美联储需要购买 4 万亿到 6 万亿美元的国债，才有可能使经济真正复苏。

萨默斯说，如果一个政策工具的扩大效应很小，我们很难确定：是根本不应该运用这个政策工具呢，还是应该更大规模地用这个工具？按照泰勒规则（详见第一本《哈佛经济学笔记》第 98 页），现在的利率应该是负的 3% 或负的 5%。没有人认为 6 亿美元的量化宽松可以起到降低利率 300 个基点（3%）或 500 个基点（5%）的作用。有人认为，量化宽松不起作用。也有人认为，量化宽松会导致通胀。但这两种观点是矛盾的，不可能同时是真的。如果量化宽松在信贷方面不起作用，那么它就不可能导致通胀。现在我们面临的风险是我们采取的行动太少，而不是太多，不会导致像 20 世纪 70 年代那样的过度通胀。

美国房地产市场的复苏前景

记者说，"二战"后美国经济没有任何一个增长时期不伴随着房地产市场的活跃和上升，但现在美国房产市场仍然低迷。数据显示，如果你在房产市场顶端的两年内购房，现在你房子的净资产仍然是负的，所以即使现在银行的房贷利率非常低，你也不可能以现在低利率的房贷替换你以前高利率的房贷。

萨默斯说，奥巴马政府有专门解决这个问题的项目。联邦房产管理局会帮助那些有负的房产净值且一直还款付息的人。但我们在房地产市场的挑战要比看上去严重，因为还有很多空置的房产。我们是否应该等这些房子都用上了，再建新的房产呢？答案并不明显。把建设新房子作为逆经济周期的政策行为，还不如提高已有房子的能源使用效率。这是对长远有好处的再投资。

传统经济学更注重量的变化，而不是质的变化。人们很关心生产能力过剩，这虽然有道理，但也要看具体生产的东西和质量。"我家地下室有3台电脑，但我还是买了iPad，因为iPad的功能不同。房地产市场供给过剩是个很难的问题，我们应该着眼于在有质的进步的领域再投资。"

欧洲、中国的举措对美国国债市场及利率的影响

记者问，如果德国纳税人成为最终支撑欧洲边缘国家国债债券的人，那么德国债券（10年国债）的质量就会下降，利率就要升高。这会使美国国债利率上升吗？

萨默斯说，两种可能都有。人们有可能因为通胀预期变高，也要求美国国债利率升高。也有可能因为高质量的国债只剩下美国国债一种，美国国债价格升高，利率降低。人们手里的钱总得要有储存方式，总要用这个钱买些什么吧。如果不买德国债券，买什么呢？这就是为什么黄金越来越值钱的原因。现在很难预计欧洲的发展趋势。一种可能是，欧洲的不确定性减少了人们购买欧洲资产的意愿，于是增加购买欧洲以外的其他资产。在2008年美国爆发的金融危机中，人们反而更愿意购买美国国债，这令人吃惊。现在欧洲债务危机的中心不在美国，可以想象美国债券有可能更受资本市场的青睐。如果德国通过某种方式暗示市场，欧洲债务危机比想象的容易解决，不确定因素减少，那么人们购买美国国债的意愿就没有那么大。

记者问，中国政府最近允许中国在海外的公司不必把资产带回国，也就是说，中国不会像过去那样大量购买美国国债。这会不会迫使美联储大量购买美国债券？这会不会导致通胀？

萨默斯说，他看到的是需求不足情况下的流动性陷阱。凯恩斯理论正是为这种特殊情形建立的。当美国经济变得比较正常的时候，有关通胀、利率和市场信心等正常的经济规律才适用。马萨诸塞理工大学的经济学教授鲁迪曾经说，市场经济中的一些事情如果要发生，总比你想象的时间要长；但一旦发生，总会比你想象的要快，来势要凶猛。这句话对我们在不平衡加剧的危机之前有用，对我们在危机之后一样有用。

3. 弗兰克尔区别人民币的国际使用与国际化

就在最近一两年（2010 年年中到 2011 年年底），人民币在中国大陆境外使用的现象突然增加了。人民币贸易结算在中国对外贸易结算中的比例从几乎为零大幅提高到近 10%。香港银行已经开设人民币储蓄账户；人民币在离岸市场的存款从 600 多亿增加到 6000 多亿元，在香港市场发行的人民币固定收益产品的规模也增加到 2000 亿元左右。2010 年 8 月，马来西亚中央银行已经带头把人民币作为外汇储备中的一种货币。中国很快会在经济总量上超过美国，所以有人预计，人民币将在 10 年内超越美元，成为第一号国际"硬货币"。

为此，哈佛大学肯尼迪政府学院国际经济学教授杰弗瑞·弗兰克尔在 2011 年 10 月 6 日试图澄清一些不同用词的意思，回顾历史，最后谈个人看法（关于弗兰克尔的简历及其在肯尼迪政府学院的国际经济学课程，详见《哈佛经济学笔记 2》第一章"开放经济学"）。

弗兰克尔娓娓道来，从著名经济学家、《纽约时报》专栏作家克鲁格曼在 1984 年发表的文章说起。克鲁格曼认为，国际货币的地位有很强的惯性。美国经济总量按 GNP 计算在 1872 年就超过英国了，但美元到 1946 年才在所有中央银行外汇储备中超过英国。但是一些最新的研究结论与克鲁格曼 30 年前的观点相左：一种货币赶超另一种货币的时间没有那么长。

在"一战"结束的时候，即20世纪20年代，美元就已经对英镑形成威胁，基本成为国际货币了，因为那时美国的国际贸易总量已经超过了英国。显然，一个国家的货币成为国际货币的指标除了贸易总量还包括：这个国家是债权国，而不是债务国；货币普遍被认为可以保值；这个国家有开放的金融市场；这个金融市场既有广度和深度，也有充分的流动性。

弗兰克尔区别两组用词："形成威胁、成为对手、赶超"与"超过、取代"不同。美元在20世纪20年代就成为英镑的对手，在"二战"以后超越了英镑。如此看来，当条件具备的时候，超越的过程比克鲁格曼想的要快很多。

在20世纪里，美元是国际货币的三种国家货币之一，另外两种是日元和马克。日元和马克在20世纪70年代初布雷顿森林体系解体之后也成为国际货币。弗兰克尔回顾这段历史。1971年由于美国国际收支出现问题，美联储的黄金储备急剧减少，尼克松总统被迫单边停止了美元与黄金的兑换。这就是著名的"尼克松震荡"。各主要货币之间的汇率开始相对浮动，布雷顿森林体系下的固定汇率解体了（关于事件背景，详见第一本《哈佛经济学笔记》第38页"二战后国际经济格局：布雷顿森林体系的诞生和嬗变"）。此外，在1999年后欧元取代马克也成为国际货币。

弗兰克尔还提醒人们一段与货币地位变化相关，但经常被忘记的历史。20世纪90年代初，就在人们认为日元和马克已经成为美元的对手，大有超越美元的势头的时候，日本经济却一蹶不振，进入"失去的十年"，相对实力逐渐减弱；而马克在20世纪90年代末被欧元取代。从事后看来，日元和马克在20世纪90年代初在所有中央银行的外汇储备中的比例达到最顶峰，以后就呈现下降趋势。天有不测风云，被人们预计要发生的事情（超越美元）并没有发生。

弗兰克尔说，人民币的情况与美元超越英镑、日元和马克没有真正超越美元的情况有所不同。中国政府鼓励人民币在国际范围的使用。与中国政府做法不同的是：日本政府和德国政府并没有主动促进这些货币的国际化。对这些国家来说，出口的重要性远远大于金融市场的利益。一个国家货币成为国际硬货币意味着货币升值，这会打击出口，虽然这个国家的金融部门有可能会从货币国际化中获利。日元和马克走向国际化的趋势实际上是违背政府初衷的。

美国政府在 20 世纪初也没有任何鼓励美元国际化的动向。在 1914 年后的美国，大多数美国人或者不关心美元的国际化，或者反对美元国际化，只有极少数美国精英倡议美元国际化。这些人以本杰明·斯通（美联储纽约分行的第一届主席）为代表，正是在 1910 年主张设立美国中央银行的那些人（美联储到 1913 年才真正成立）。

弗兰克尔揣测：出口对中国来说也是很重要的，除非主张人民币国际化的少数中国精英想通过人民币国际化达到其他目的，就像当年的美国人斯通一样。弗兰克尔说："目前中国政府仅仅鼓励人民币在境外的国际使用，我们并不清楚这是否意味着中国政府在不久的将来会开放国内金融市场，取消资本管制，允许人民币升值从而达到经济转型的目的（减少出口依赖、增加消费的新增长模式）。可以肯定的是，仅仅提倡人民币的国际使用范围，不开放国内金融市场，还不足以使人民币真正地国际化。"

4. 艾黎波看中国经济前景：高通胀还是硬着陆？

艾黎波在教授国际经济和金融 40 年后，于 2004 年从芝加哥大学商学院退休。他的金融著作既涉及宏观大形势，也聚焦微观个人理财。与很多芝加哥大学经济教授不同的是，艾黎波的书因可读性强而广受欢迎。其中包括《金融危机的历史》《新国际金融游戏》《钱，银行和经济》和《你的金钱和你的生活：从生命周期的视角看理财》等。他曾多次为美联储董事会、世界银行和国际货币基金组织提供咨询，经验丰富。

2011 年 10 月 11 日艾黎波接受采访。他对中国经济前景表示悲观，认为中国经济有硬着陆的危险。他说，中国在重复日本 20 世纪 80 年代的路径：人们争先恐后地买房买车，造成这些市场严重通胀；一旦中央银行采取从紧货币政策，即减少货币供给、严格信贷，房地产市场泡沫很快就会破灭，这是不可避免的。

中国房地产价格目前已经持平，有些城市已经开始出现下滑的趋势。当人们觉得自己的财产贬值，他们马上会减少花销，于是财产继续贬值，更多的人要卖房，供大于求，房产价格就会继续下跌，恶性循环。

在艾黎波看来，中国政府必须在容忍高通胀和经济硬着陆之间取舍，不能两全。当经济硬着陆时，银行会坏债累累，政府会迫不得已通过各种形式向银行注资，银行自然而然地向"国有化"方向发展；企业会发现产能过剩，迅速削减投资。政府会出现大量赤字，防止经济更深地下滑。这种后果屡见不鲜。

这种动态变化与美国2007年到2009年的经济危机有很多相似之处，但艾黎波指出，"财富效应"在中国比在美国更大更快。中国人在最近15年间通过住房改革、房地产升值而导致的"财富效应"比美国大得多，也快得多。这说明如果中国的泡沫破灭，"财富效应"的负作用也会比美国大得多。

中国是怎么走到这一步的呢？艾黎波说，这要追溯到1978年邓小平访问日本，仰慕日本的高科技现代化，借助日本发展模型，即保持低利率，在信贷中体现国家意志 —— 一般来说，大公司、大家族企业、国家愿意扶植的行业能得到贷款；在中国就是国有企业——政府的"宠儿"能得到贷款。国有企业的竞争力并不强、生产效率低，却占有大量资金；民营企业效率高，对经济增长和就业的贡献大、却得不到贷款，或者只是少量贷款。资金不能流向更高效的领域，从而成为经济增长的障碍。

随着中国价格水平升高，在中国的跨国公司会发现利润减少。艾黎波预测，他们会把生产转移到更便宜的东南亚。问题是：在跨国公司离开中国之前，中国自己的市场服务业还没有完全发展起来。日本和韩国的国际知名企业和品牌有很多，中国除了海尔、华为和联想以外，还有多少国际知名品牌呢？中国仍然依靠跨国公司为他们做专业化的市场服务，例如，产品设计、市场营销、品牌经营、法律服务及其他高端咨询服务等。中国高速的经济增长和累积的大量外汇基本都是通过出卖廉价劳动力、以污染环境为代价、低效率地运用资源而形成的，缺乏自主创新和高科技含量。

在高通胀的情况下，中国的真实利率基本是零。艾黎波计算，在美国如果利率是 4%，你退休后如果希望有 8 万美元的年收入以保持你的生活水平不变，那么你需要在退休前积攒下大约 100 万美元的可投资的资产（不包括你的住房，因为不出租的房子无法为你挣利息；同时假设你去世的时候正好把你的钱连本带息都用完，也就是说 100 万美元是你需要的最少积蓄）。"如果中国的真实利率那么低，你可以想象要有多大的资产才能保持你退休后的生活水平不变。"在艾黎波眼里，中国和日本一样是个高储蓄、低利率的国家，资金利用效率低，缺少真正的创新精神和机制。

那么，怎样才能改变现状呢？艾黎波半开玩笑地说，这是在向他咨询治国良策，属于商务范畴，他每天的咨询价格非常高昂。他是一辈子的金融教授，商业头脑处处显现。这种思维方式和视角贯穿他的很多著作。艾黎波的书虽然远离诺贝尔范畴，但因可读性强、趣味性强而受众面更广、更加畅销。在面对面的谈话中，艾黎波也会流露真言：改变现状谈何容易？很多时候，基因就决定了一切。

相比之下，哈佛大学退休教授傅高义作为社会学家，视角比金融学家的视角更开阔，眼光更长远，更看重领袖的作用和社会的动态变化。傅高义在就他的新书《邓小平时代》接受采访时说，人（和事）和文化从长期来看是可变的，尽管非常缓慢（详见本章第五节）。也就是说，一切是活动的、变化的，事在人为，当然也有情境等客观因素；能把主观意志和客观情境有机结合而又创造成就的人（国家）是非常伟大的。

2011 年 10 月 18 日中国统计局公布，中国第三季度经济增长率从第二季度的 9.5% 下降到 9.1%。9 月份消费者价格指数从 7 月份的 6.5% 降低到 6.1%。看上去，中国政府在微调经济，争取软着陆。胜券几何？让我们拭目以待。

第三节 弗格森看中美关系的趋近与背离

1. 弗格森眼里的"中美国"：密不可分，却难以为继

2010年3月11日晚，哈佛商学院历史教授尼尔·弗格森和中国学者汪晖就中国崛起在文化和历史视野中的影响及意义在哈佛大学展开公开对话。弗格森被美国《时代周刊》命名为"对世界最有影响的人之一"。他近年来提出的"中美国"概念已成为世界焦点。

虽然年仅46岁，但弗格森已有多部政治金融历史方面的巨作问世，盛名卓著。他的著作包括1995年出版的《纸与铁：通胀年代中汉堡商业和德国政治，1897~1927》，1998年出版的《战争的悲悯：解释第一次世界大战》，1998年出版的《世界的银行家：罗斯柴尔德家族史》，2001年出版的《金钱关系：现代世界中的金钱与权利，1700~2000》，2003年出版的《帝国：不列颠建立的国际秩序的兴衰及对全球实力的教训》，2004年出版的《庞然大物：美利坚帝国的兴衰》，还有他2006年有关第二次世界大战的新书《世界的战争》。他现在正在完成金融家西格蒙德·沃伯格的传记，并着手调研美国国际关系专家、外交家基辛格的一生。

这一连串的书目显示了他对世界大战、国际秩序、金融历史方面的深入研究，也让我们看出他的视角和他关心的核心议题：中美目前的经贸关系紧密得如火如荼，但预计会在以后分道扬镳，除非北京和华盛顿有意识地克服困难，努力改变这个关系的自然走势。

弗格森幽默地用主持人对他的介绍打趣："超级明星教授"这个词本身就是自相矛盾的：如果是超级明星就不可能是教授，如果是教授就不可能是超级明星。

他说，他自己是"典型的西方野人"，对中国并不了解。他来这里的目的是从中国学生学者那里了解中国，他认为这是比自己坐在图书馆更好地研究中国的渠道。

他对中国的认识起始于对大英帝国的研究。凭借先进的科学技术和武力，以经济利益为目的，英国创造了一个"全球经济"。16世纪到19世纪基本上是西方世界从上升到鼎盛的一个过程。弗格森的研究目的是要了解西方如何独占鳌头、引领世界的，因为在16世纪初，没有任何人会想到西方会在三四百年后霸占地球的各个角落。更有意思的题目是中国为什么会在18、19世纪停滞不前，甚至陷入衰退。弗格森说，"中国崛起"这个词不对，更确切的题目应该是"中国的回归，复苏或复兴"。

弗格森归纳出六个特点使西方处于领先地位：①市场资本主义；②科技革命；③保护私有产权和个人政治权利；④现代医药延长了人的寿命；⑤以美国为代表的消费社会；⑥马克斯·韦伯（1864~1920，德国著名政治经济学家和社会学家）描绘的勤俭节约、推迟消费等劳动品格。

中国与美国的关系密不可分，弗格森为此提出"中美国（Chimerica）"的概念。"Chimerica"是个双关语。如果念成China和America的合成，意思是两个国家密不可分，就像两个人结婚以后合二为一一样。如果念成"kimerica"，指的是传说中的一种猛兽，谁也无法说清这是一种什么动物，在这个语境里也可以解释为：中美这个混合体到底是怎么回事，谁也说不清楚。但可以说清的是这两个国家加在一起，占有世界13%的陆面、1/4的人口和1/3的经济总产值。

在这对伙伴中，中国出口，美国进口；中国借出钱，美国借进钱；中国储蓄，美国消费。弗格森认为这个关系是不平衡的，不可持续的。就像一个婚姻中，一方只管挣钱，另一方只管花钱，这样的婚姻怎么能持续呢？而且，这个婚姻的好处也不均衡：中国得到的是经济平均年增长10%，美国得到的是10%的失业率。他把这个关系简称为"10—10关系"。

他说，中国大量贸易盈余和外汇储蓄是其固定汇率政策的副产品，其结果是为美国提供了大约1万亿美元的廉价资金，在21世纪更加纵容了美国的消费欲望，促成了资产泡沫。在今后20年时间里，中国的GDP总量会超过美国，但中国经济也会面临三大挑战：①人口结构。独生子女政策会使中国的人口增长速度在今后 20 年中远远低于印度和非洲；②快速工业化对环境和社会关系带来的负面影响；③中国能否维持一个截然不同的政治体系，而在经济上与美国平起平坐？

简短讲演之后，有人问，中国早在 15 世纪就有郑和多次下西洋，远到非洲，但是中国受儒家思想的影响，不以通商、强权为目的，而是要弘扬中国文化，显示皇恩浩荡，这是"软实力"的表现；而西方是以经济利益为目的，以雄厚的技术力量为后盾，以武力征服中国和亚洲的，这是"硬实力"的表现。在 21 世纪，中国能否以文化的力量、软实力来领导世界呢？

弗格森说，简而言之，答案是否定的，仅仅有软实力是不能称雄世界的。称雄世界需要硬实力，软实力对硬实力来说是一个非常有价值的附加品（或解释为实力与道德理念的捆绑，或外儒内法、软硬兼施等）。也就是说，硬实力加软实力比仅仅有硬实力要强大，而硬实力比仅仅有软实力要强大。

汪晖的发言把人们的视线从中国的改革开放拉到 20 世纪上半期的抗日战争、解放战争和朝鲜战争。汪晖曾担任《读书》主编多年，著有《现代中国思想的兴起》，并被译成多种语言。美国刊物《外交政策》称他为"世界百名最有影响的公共知识分子之一"，德国刊物《时代》则把他列入当今 12 名"为未来思考的思想家"。他的发言旨在说明，共产党有呼应社会底层人心声、动员平民百姓，尤其是农民的革命传统，有独立自主的政治、经济、文化传统，在广大老百姓中仍然享有很高的声望，所以中国不会像苏联在 1989 年那样四分五裂，彻底垮台。

2. 弗格森对话金融人士：美国和印度走得更近

早些时候（2010 年 2 月 11 日中午），弗格森在哈佛大学与卡拉贝尔的公开对话中也表明了类似观点。他带有历史学家的城府，认为相对权力是零和游戏；世界实力将从根本上重新布局，重心向中国移动；历史不是线性的，总是有意想不到的回旋曲折。如果北京和华盛顿不是有意识地校正目前中美之间的不平衡、不可持续的关系，那么这个看似水乳交融的"婚姻"就面临"离婚"的危险，那时美国和印度的关系就会走得更近。

卡拉贝尔相对乐观。他是里弗图埃斯研究机构的主席，曾任弗雷德·阿尔杰管理公司的首席经济学家和中美增长型基金主管。他说，正是因为人类社会进程充满了不可预料性，中美关系与历史上弱国追赶强国的经历有很多不同之处，这些特点就有可能使这个关系的发展和历史上与之类比的例子不同。只要美国保持自己的创新精神和经济活力，中国能够帮助提供"全球公共产品"，中美之间的"婚姻"就不一定会"离婚"。

3. 中国的崛起可能会戛然而止

弗格森的观点与他两年半以前（2007年10月30日晚）在剑桥论坛做公开讲演时表达的观点一脉相承，但他当时（金融危机之前）并没有认为，中美"婚姻"之间的好处没有平均分配。他当时的题目是"中西方关系中的趋近与背离"。

那天，弗格森也是首先感谢听众前来倾听一位"不是中国专家的人对中国的想法"。他说，自己最近在伦敦参观了一个关于中国秦始皇的展览。这个展览显示了公元前221年中国丰富多彩的文化，中国不远千里把这些古文物送来伦敦似乎是在提醒我们，中国在两千多年前就已经是一个帝国了，大英帝国只不过是一个后来者而已。

然后他进入主题，描述中国在1978年改革开放以后取得的经济成就。在大约1/4的世纪里，通过向全世界大量出口制造品，中国的GDP增长了10倍。他说，这些成就使中国回到了1600年以前，那时候中国不亚于西方，他们是平起平坐的。目前经济学家讨论的"全球不平衡"其实就是一个不平衡：中国的经常项目盈余马上就要高达3800亿美元（2007年数据）。美国是中国最大的贸易伙伴，吸收了中国20%的出口，与中国的贸易逆差将近2600亿美元。在几年之内，中国就会超过美国成为世界上最大的制造商。在经济方面，中国在以迅猛的速度追赶西方。

"这有问题吗？西方是否应该担心中国的悄悄崛起，尤其是中国在经济方面的成就？"弗格森自问自答。一些美国政客和评论家都认为，这对美国来说是一个非常严重的问题，因为美国公司在把制造业的工作大量输出到亚洲，尤其是中国，使美国制造业成了一个"空架子"。但弗格森认为这是美国人最不用担心的，因为中美的经济关系并不主要是关于物品和服务的贸易，而是关于资本的流动。为了避免亚洲1997~1998年金融危机重演，中国政府总是进入外汇市场，人为阻止人民币升值，使中国出口产品显得便宜，致使中国外汇储备高达1.3万亿美元（2007年数据），其中很大一部分是以美元计价的投资产品。

他建议，我们应该把这个双边关系从"Sino-America"这个关联词改为"Chimerica"一个词，从而更突出二者的一体性。他说，中国生产效率的提高对其他国家有意想不到的好处。美国人享用物美价廉的产品，低通胀意味着更低的长期利率。经济学家对中国在美国的大量投资而导致的美国长期利率偏低的程度有不同的估计，但基本可以说，美国长期利率因为"中国因素"低了100个基点，也就是1%。美国公司利用低利率和中国便宜的劳动力，在海外（尤其是中国）配置资源，赚取了大量利润。"在很长一段时间，美国的金融服务业几乎很难不赚钱。所以，即使我们很难想象美国的制造业东山再起，'架空美国'也是我们最不用担心的。"

那么，我们应该担心什么呢？弗格森这时提出他的核心问题："Chimerica"会不会在今后某个时间，因为某些原因分道扬镳，而中国的崛起会随之戛然而止呢？他提出四个理由值得担心。

第一，中国的经济增长在缺少一些机制改革的情况下能持续多久？中国现在经历的是共产党领导的、国家组织的、地方政府主导的工业化。

第二，因为中国多年执行的只生一个孩子的计划生育政策，中国的人口增长会在今后25年到50年当中低于印度和美国的人口增长。现在65岁以上的老人占中国人口的8%，到2050年就会占24%。中国会像今天的欧洲一样衰老。

第三，弗格森提到最近一期《外交事务》杂志中一篇名为《大倒退》的文章。文章说，急速工业化使中国的空气质量降低到了人可以忍受的极限，中国的饮用水供给也已经达到了自然条件的极限。弗格森认为，这与缺少明确划分私有财产和保护产权有关。当一条河被污染，是谁的水被污染了？当一块农田被污染，是谁的田地被污染了？是谁的权利被侵犯了？在英国，公有的地总是比私有的地被更加过度地开采或使用。

第四，2007 年中央电视台播出的《大国崛起》分析了九个大国在崛起过程中的经验和教训。其中提到加强海军建设，在国内保持安定统一的情况下，成为海上强国的重要性。弗格森说，如果中国真的发展海上实力，就有可能冲撞美国的利益。中美之间另一个有可能导致冲突的原因是中国台湾。

弗格森总结，虽然 Chimerica 的经济成就举世瞩目——美国公司利润高得前所未有，中国的经济发展更是日新月异，但由于以上讲到的国家机制、人口结构、环境保护和地缘政治四方面原因，他对 Chimerica 的前景表示悲观。

在问答时间里，一个操有纯美国口音的人发表评论："美国在保护人权方面的水准并不比中国高。沙特阿拉伯保护人权的记录就很差。美国与沙特阿拉伯的关系对人权的影响并不比中国与苏丹政府的关系对达尔富尔地区人权的影响要好。没有任何国家会让'保护人权'影响自己根本的经济利益。"

弗格森回答："我并不是说美国比中国更有道德，而是说中国在非洲比其他国家更积极地追求自己的经济利益。虽然道德标准在帝国发展路径的讨论中被时常提到，但所有帝国都是在想，如何得到比在公开市场购买资源更便宜的渠道。石油、天然气、有色金属等自然资源都是有限的。你想想，中国为什么愿意在苏丹大量投资建路，把非洲连接到海岸线？他们是想把自然资源更便宜地运到中国，比在公开市场购买更便宜。"

第四节 傅高义用"东亚模式"解读中国经济

1. 傅高义眼里的邓小平与中国改革

2011 年 9 月 26 日，美国东亚问题专家傅高义在哈佛大学费正清中国研究中心附近的家中，就他的新书《邓小平时代》接受采访。从 20 世纪 60 年代初在哈佛大学执教到 2000 年作为社会科学教授正式退休，傅高义把毕生精力倾注在以现代中国和日本为核心的东亚研究中。他把帮助美国人了解并理解东亚发展作为己任，持之以恒，硕果累累，不胜枚举。在执教期间，他曾任费正清中心、哈佛美日关系项目、哈佛大学亚洲中心及其他教学项目的主任，与中国和日本官方及学界都有广泛密切的接触。

《邓小平时代》一书是傅高义退休后的封刀之作，正文长达 700 多页，外加 150 多页的注解和索引。这本书覆盖了邓小平的家庭背景、留学经历和半个多世纪跌宕起伏的革命政治生涯，详述了他把中国引领上富强之路的政治策略和政策措施，包括不同阶段的国内政治斗争和中外关系的互动变化。对中美建交、大陆与台湾的关系、香港回归等重要历史事件的背景及演变，傅高义从多个侧面给予了深入而系统的阐述，不但让读者了解发生了什么，而且理解为什么会发生，是怎么发生的。傅高义的拿手好戏在于全面完整地描述领导人的处境和想法，让读者身临其境，视野开阔。

就当前一些热点问题，傅高义如是回答：

问：很多外国人，尤其是一些政治学家，想不通为什么中国经济在没有清晰产权、严格法治的情况下能持续增长这么快、这么久？你会怎样回答这些人的问题？

答： 邓小平深信有组织、有纪律的计划对经济发展非常有帮助。同时，他在基层允许相当大的灵活性。在 20 世纪 70 年代末、80 年代初的时候，中国由于"文革"浩劫，百废待兴。中国有大量廉价劳动力迫不及待地寻求工作。在这个时候，只要有领导带头，组织大家从事生产劳动，就会有很多人积极响应。

邓小平急切地想从西方寻求先进技术和管理技能。20 世纪 80 年代初，世界银行对中国的建议和帮助就有很大效果。邓小平把成千上万的学生送出去留学，并不担心他们毕业后不回国。他看得开，想得远。他说，即使一些人暂时不回国，长期看来，他们在海外也可能对中国有帮助。

邓小平把近期的政策放在长期的目标和框架下思考设计。试点、试验、循序渐进是短期的策略。中国地广人多、差异巨大，这为各种试验提供了很大空间。试探性的尝试令保守派也难以拒绝。

问： 邓小平的成功与他的权威密不可分。他可以"拍板"，可以决定方向。他的话一锤子定音。与此相反，在现代民主国家里，似乎谁也说服不了谁，所以才意见纷纷，千头万绪，国会成了水泄不通的大杂烩。邓小平是怎样获得如此高的权威和威望的？这主要是因为他的能力，还是他的个性，抑或是他的经历？

答： 这些因素都有。早在 20 世纪 50 年代，毛泽东就把邓小平考虑为可能的接班人之一。1973 年毛泽东让他恢复工作。在 1974 年到 1975 年间，邓小平再次证明了他的工作能力、组织能力和领导能力。到 1977 年他再次上台主持工作的时候，他在领导岗位上已经有了很多年的经历，经验丰富，所以他能作出明智的决策。另外在 1969 年到 1973 年的下台期间，他深思熟虑，回顾共产党的跌宕起伏，总结经验教训，思考国家富强之路。

1937 年到 1949 年正好是邓小平 33 岁到 45 岁人生成熟阶段。12 年的战场经验使邓小平养成了战士和将军的习惯：时刻在为下一场战役（下一次挑战）做准备——下一场战役会在哪里，在什么时候，会需要什么。

邓小平机智地运用格言警句，避免了很多严肃的意识形态上的纠纷。"无论黑猫白猫，抓到老鼠就是好猫""摸着石头过河""贫穷不是社会主义""让一部分人先富起来"等都是典型。邓小平有丰富的经历、经验和知识，所以在回答各种问题时，他可以放松，可以游刃有余，表现得机敏智慧而且诙谐幽默。

问：1979年1月底到2月初，邓小平在中美建交后正式访美，会见各界要人。卡特总统的国家安全顾问布热津斯基为两国建交多次奔波往返，对邓小平赞赏有佳，以至于卡特总统回忆说，布热津斯基已经被邓小平"诱惑"了。在1974年到1975年邓小平主持工作期间，老布什是美国驻北京联络处首席代表。他们相互赏识，看好对方的前程。目前两国高层领导人之间有这么好的个人关系吗？

答：没有什么。在当时，邓小平无论在中国国内还是国外都享有非常广泛的支持。他自信、放松，与美国各界人士都有非常好的互动。现在两国高层领导的人事与境况都不同了。

问：你认为中国经济发展的历程是否证明有"中国模式"？还是认为中国基本遵循了西方经济学家的"药方"？

答：我不愿意把这个问题解释为"权威模式"与"自由发展模式"之间的选择。我更愿意用"东亚模式"解释中国的经济发展。日本、韩国基本都是用同一个模式实现经济起飞的。他们都悉心研究外面的世界和海外市场，加强国民教育，寻求外部资金技术和帮助。所不同的是：这些国家都很小，中国比他们大多了，人口和地区差异都很大。

这也是利弊皆存的事。小国家在快速发展后，很快就没有什么剩余劳动力了，工资迅速上升，他们不得不在技术层面更上一层楼。而中国不同，中国的廉价劳动力可以持续很长时间，尤其是大西北等落后地区，还有潜力可挖。中国如此之大，一旦发展起来，它在世界经济中的比重就非常可观，与其他小国家不可同日而语。

问：中国人口巨大，各种差异巨大成为中国在政治上"渐进"的理由。简而言之，就是怕乱。

答：中国在 20 世纪 50 年代之前就非常混乱。在民主国家，政治家经常轮换。有些人可以利用民主制度制造混乱。当然，权威政治也有自己的问题。当官员滥用职权，他们很快就会失去民心。美国人相信尊重个人权利，虽然民主低效，但因为允许充分表达不同意见，政府真正享有民众的支持。

问：近年来中国媒体在热议"不拆就没有新中国"这个题目。正方和反方都有社会名流的支持。你怎么看这个问题？

答：拆与不拆都是利弊皆存，没有一个绝对的答案。对于重要的国家基础设施建设项目，居民应该被动员搬迁并有足够的经济补偿。当然，这也需要一个过程。20 世纪 60 年代中期，日本政府要兴建成田国际机场，遇到市民和学生强烈反对，各种阻挠事件连续不断，长达十几年。成田机场最终在 1978 年建成运营。在这之后，日本政府在用地方面开始谨慎小心，尽量尊重法律程序。

中国经济增长速度迟早会放缓。中国的挑战是如何能在经济放缓之前提高穷人的生活水平，建立包括覆盖穷人的社会养老和医疗保障系统，以及保护人民的生命和财产权利。日本在近二十年中，经济增长率几乎是零，而日本社会却非常稳定和谐。这非常令人惊讶。如果零增长率在中国发生，情况会有很大不同。

问：中国领导人面临很多挑战，包括经济增长的可持续性、穷人的生活水平与社会治安、腐败泛滥等诸多问题。你有没有什么具体建议，怎么才能更有效地治理这些问题？

答：这些都是非常艰巨的问题。学者很容易把它们指出来，但是很难为实践提出具体建议。应该说明的是："腐败"这个概念在中国有不同含义。在美国，腐败是一种非法行为，在法律上有比较清晰的定义。在中国，这个概念非常含糊，"腐败"更像一种社会行为。例如，中国人看医生总要找关系，还要送红包，这是非常普遍的。还有中国政府官员掌握着很多大项目的审批权力，想获得项目的企业就要与他们拉关系、送红包，还要通过他们的子女传递消息，以加速行政审批程序。至于如何改革这种现状,很难说。不过中国香港在这方面做得不错。在 20 世纪六七十年代的时候,中国香港政府建立了反腐委员会,比较有效。他们的经验值得内地研究学习。

问:这是不是文化问题呢?在这个特定的大环境下,你不得不送红包。中国香港似乎有不同的文化。

答:对于我们这些研究文化很多年的人来说,我们确信文化和人们的习惯是可以改变的,也会随着情境的变化而变化,虽然这需要很多年的时间。当人们非常贫穷,食不果腹,人们会有一种行为表现,会急功近利,会"向钱看"。但当人们生活得比较舒适,基本必需品已经满足,他们还想要什么呢?虽然有些人更贪婪,但是随着生活水平的提高,人们的物质欲望就有可能减少,人们可能会更看重社会正义等价值。

另一种改变文化的渠道是国际往来。现在有越来越多的中国学生出国留学,也有越来越多的留学生回国工作。他们不但带给中国新知识和技能,也带回了新的视角和思想。最近几年有中国留学生回国后,创建了自己的非政府机构。这就非常有新意。所以,无论现在流行的看法和行为多么普遍,这并不意味着这些看法和行为是永恒不变的。

问:邓小平在 1974 年接待美国大学校长代表团的时候说:"我从未上过一天大学,但从我出生那天起,就在生活的大学里,直到我见马克思那一天才会从这所大学毕业。"美国总统林肯(1809~1865)也没上过大学。他只接受过大约一年的正式教育,却成为世代景仰的伟大领袖。这些例子对现代高等教育有什么启发?真正的领导能力到底是天生的,还是后天教育出来的?

答:培养领导能力的教育项目的确很多。其实,并不是教室里的说教本身使一个人成为领导,更重要的是学生把在教室里学到的东西在实践中运用,再调整、再实践这个反复过程,让一个人更成熟,也更有领导能力。也就是实践出真知、出智慧的过程。例如,20 世纪 80 年代初邓小平积极寻求国际合作,世界银

哈佛经济学笔记3:中国挑战

行对中国的建议就起了很好的作用，改变了中国人原有的思考和做事方式。另外，邓小平在 1977 年上台后，迅速恢复高考，择优录取，不受家庭和政治关系的影响。这对培养人才和后来的经济发展有根本影响。

问：现在高等教育里的许多学生看起来更像是要成为普通的政府官员或企业职员的样子，而不像成为邓小平那样的引领巨变的领袖式人物。他们看起来更世故，经常人云亦云，缺乏清新的思想和承担风险的勇气。

答：著名商业领袖比尔·盖茨曾经是从哈佛辍学的学生。但那是特例，没有代表性。当今世界与半个世纪前的中国革命年代不同。现在很难想象一个没有大学学历的人能够成为一个伟大的领袖。况且，邓小平并不是单打独斗，而是在 20 世纪 70 年代后期上台的一开始就建立领导班子。他的领寻班子也包括思想相对保守、行为比较谨慎的人。这样的组成对后来改革过程中的一些曲折，例如高通胀时期，是有帮助的。

中国现在无论在中央政府，还是在基层政府都有非常大胆的领导。在日本，政治家因为要取悦于民，想满足每个人，容易失去立场，但日本政府的行政官员中有很多非常有思想的人。我很喜欢与他们交流。在中国，政治家与官员的界限不那么清晰。无论如何，人是可以改变的，人的行为取决于情境、事件和机遇。

2. "权威模式" 与 "自由发展模式"

2009 年 1 月 22 日中午哈佛大学东亚问题专家傅高义在费正清中心 "中国问题午餐时间研讨会" 上描述他刚刚在北京参加的中美建交 30 周年的纪念活动。

会议主持人是默尔·戈德曼教授。她早年是费正清的学生，后来成为中国历史学教授，退休于波士顿大学，目前是费正清中心几名主要教授研究员之一。她邀请各种与中国有关的学者到她组织的中国问题午餐时间研讨会系列介绍自己的研究成果或讲述心得体会。她的研讨会对外公开，任何感兴趣的人都可以参加；形式简单随意，虽然是午餐时间，但没有午餐，与会人员可以自备午餐，带进来吃；一般来说 12 点 15 分开始，1 点 45 分左右结束，不会影响下午的工作和学习。

中国问题午餐时间研讨会的地点经常是在费正清中心一楼的 S153 房间，房间不大，围绕桌子能坐十六七个人，加上外围的椅子，总共能坐三四十人。"研讨会"不是讲课，不是做报告，而更像是聊天、交流的一个渠道。正因为是聊天，所以内容的"含金量"往往更高。好的发言人更加言简意赅，没有过多的铺垫和解释，直至核心要点。

这天的主讲人是中国和日本问题专家傅高义，戈德曼几乎没有介绍他，只说他最近参加了北京中美建交 30 周年的纪念活动，很有意思，所以邀请他和大家分享。

傅高义是这种讲座系列的常客，所以也没有任何客套，直接说他上周四刚从北京回来，参加纪念活动的有美国前总统卡特、前国务卿基辛格、前国家安全事务助理布热津斯基和斯考克罗夫特，好几个美国驻中国的前任大使，以及许多亲历中美双方建交或直接参与两国关系的前政要、外交官、智库学者等。

傅高义拿出在北京的笔记，简单地复述了一些发言人的要点。这里面有很多个人的小故事和插曲。这使人觉得中美两国的关系不是空洞的、抽象的，而是亲切的、具体的，是建立在人与人的关系之上的。

卡特总统说他 60 年前还是美国海员的时候就到过中国。他的 25 岁生日，10 月 1 日就是在中国度过的。1979 年 1 月邓小平访问华盛顿在肯尼迪表演中心看节目是他访问的高潮。一些美国小孩子临阵磨枪学会了唱中文歌，欢迎邓小平。而卡特总统的女儿 Amy 就是在台上表演的孩子们中的一个。基辛格，这位在中美关系正常化中举足轻重的人物，感慨地说 38 年前他无论如何也想象不到中国发展得这么快，中美两国的关系发展到如此紧密的程度。中美从 1978 年 200 万美元的贸易发展到现在 4000 亿美元的贸易，简直不可同日而语。

伍德科克（1911—2001）在 1977 年被卡特总统任命为美国驻北京联络处代表（老布什的后任是托马斯·盖茨，盖茨的后任就是伍德科克）。1979 年 2 月他成为中美建交以后第一任驻中国大使。他的名字自然被与会者提到。他在接受总统任命以前是底特律汽车工人工会的主席（任期 1970—1977 年），为人比较直率坦诚，喜欢把事情拿到桌面上谈个一清二楚。就在中美正式宣布建交之前几小时，卡特总统问他："中国方面是否明白，我们即使建交，也会继续向中国台湾出售武器？"伍德科克不敢肯定，马上要求与邓小平见面。邓小平听后大发雷霆，然后冷静下来问他："那你说怎么办？""继续按计划宣布建交。"邓小平沉默片刻说："好吧。"傅高义说，如果基辛格在伍德科克的位置，肯定会含糊其词，或者拖着不办，先宣布建交，其他事情以后再说。

傅高义没有举例说中国发言人的要点，而是总结说他们的发言都差不太多，就像是事先协调好了一样，他们都强调和谐社会，共同发展和对两国关系的良好祝愿。"当然也可能是我没有努力地听，仔细辨别出他们之间细微的差别。"他补充说。

"在研讨会快结束时，我向在场的中国朋友提问，'如果我是南亚一个小国家的人，或者是日本人，我对这些完全集中于中美两个大国之间的关系的纪念活动会怎么想？我会觉得完全被排除在外。你们对亚洲其他国家会怎么解释这次活动？'所有中国会员的回答都是一样的，'我们不是排除其他国家。我们主张和谐社会，共同发展，等等'。"

简短发言之后，有人提问："八年前就在小布什总统上任之际，有一些中国官员来这里（哈佛费正清中心）访问。我们问，'如果中美之间发生问题怎么办'？他们回答，'我们就给老布什打电话'。这反映了中国对美国政治文化的了解非常肤浅。他们现在对小布什怎么看？"

傅高义回答："各个国家的领导人总是大部分时间关注国内的问题，所以他们对小布什的看法和我们在美国看小布什有很大区别。他们总的认为小布什还不错。"

另一个人提问："一般来说，中国人在外国人面前总是保持高度的一致，你怎么能在一次次地去中国访问过程中真正地了解中国？"傅高义说这要靠多年积累的人脉关系，与他们一对一的倾心交谈会有非常不同的收获。

3. 为什么美国政府和媒体总是批评中国不够民主

2007 年 10 月 4 日，中国学者刘建飞在费正清中心就中国民主进程和中美关系做公开讲座，傅高义点评。

关于民主体制，傅高义说："虽然我们认为民主体制是最好的体制，这并不等于说民主体制没有任何问题。例如，小布什政府在伊拉克和阿富汗的所作所为令美国人都不信任自己的政府和民主机制。相比之下，在克林顿总统执政期间，美国人对政府的信任程度高很多。"

傅高义接着解释美国人对中国目前民主进程的看法。虽然中国共产党内部和基层民主有很大进展，但是一些候选人还是不能在没有地方党支部书记认可的情况下成为人大代表。一些失地农民没有足够的经济补偿。

最后，傅高义谈到中美合作对中国民主进程的影响。中美关系日益密切，两国政府对保护知识产权、贸易等越来越多的问题充分交换意见。"现在越来越多的中国人有机会出国学习、旅游，他们自己可以看看民主在不同国家是怎样落实的，他们可以在对民主有更全面的理解之后，反过来对中国的民主进程形成自己独立的见解。中国领导人也是一样。他们在更好地理解西方民主之后，可以更好地决策什么样的体制更适合中国。"傅高义理解社会稳定对中国的重要性，但认为只要中国人越来越富裕，生活越来越好，中国领导不必担心他们会揭竿而起，造成社会混乱。

第五节　思想文化的视角：七旬杜维明从心所欲不逾矩

2008 年 4 月 10 日，哈佛大学东亚语言与文明系、费正清中国研究中心、哈佛燕京学社、哈佛亚洲中心和哈佛艺术与人文院院长办公室在杜维明教授即将离开哈佛、前往北大之际共同举办为时一天的学术会议，同时也祝贺杜维明七十寿辰。会议题目是"从各种视角看中文世界"。东亚语言与文明系主任伊维德教授主持会议。十几名哈佛教授分成四个小组分别发言。

杜维明是当代著名美籍华人学者，新儒学代表人物之一。1940 年他生于云南昆明，1961 年毕业于中国台湾东海大学，1968 年获哈佛大学历史与东亚语言学博士学位，曾先后执教于美国普林斯顿大学和加州大学伯克利分校；从 1981 年起任哈佛大学中国历史和哲学教授至今；从 1996 年到 2008 年，曾任哈佛燕京学社社长。他曾获多种荣誉称号，包括 1988 年获美国艺术与科学院院士，2001 年被联合国秘书长安南任命为"文明间对话杰出人员"小组成员。

肯定成绩

在介绍完杜维明的个人简历和学术成果之后，系主任伊维德说，杜维明赴北京大学建立高等人文学院之际也是儒学在中国复兴之际。儒学在中国已经不再是一个过时的传统，而是一个生机勃勃的、富有活力的事物，人们谈论它、辩论它，受它的影响。儒家思想已经渗入到人们行为和社会生活的方方面面。

哈佛燕京学社社长裴宜理主要讲杜维明作为燕京学社社长的贡献。杜维明是燕京学社第六任社长，是任期最长的社长，也是第一位有亚洲背景的社长。他把自己对亚洲的熟悉和洞察力带进了燕京学社，提高了学社的信誉，扩大了各种项目。在他的领导下，从中国大陆来哈佛的访问学者数量迅速增加；这些学者屡次表示，他们在哈佛的学习生活从根本上转变了他们的学术生涯。燕京学社的基金在杜维明任期内从8500万美元增长到2.3亿美元。

在20世纪90年代初哈佛政府系教授亨廷顿出版《文明的冲突》这本书之后，杜维明一直在促进文明间的对话。亚洲文明对这项事业有重要贡献。他们对学习和教育的重视仿佛就像教徒对宗教的重视，以至于不断学习、兴办教育的本身就是一种宗教。"或许马克斯·韦伯不应该写新教伦理而应该写儒家伦理。"观众都笑了。孔子说，他"七十而从心所欲，不逾矩"。虽然我们为杜维明离开哈佛而难过，但裴宜理相信，杜维明一定是跟从他的心灵，做他想做的事，也一定是正确的事。

加州大学伯克利分校历史系教授叶文心寄来一封贺信，由一位哈佛历史系教授宣读。信中回忆1975年春天，叶文心还是正在选择研究生院的学生，把伯克利大学与哈佛相比较。当时，杜维明正好在伯克利大学教书。他说，你一定要选择伯克利大学，波士顿的冬天寒冷难耐，漫长无比，和这里的气候根本没法儿比。叶文心最后选择了伯克利大学，成为杜维明的学生。叶文心说，杜老师总是把她的研究课题放在更广阔的视野里，使她的题目更有意义，也使她显得比实际更聪明。她欢迎杜老师在任何时候回到伯克利大学，无限期地居住，既可以躲避波士顿的冬天，也可以躲避北京的沙尘暴。

亚洲中心主任凯博文教授发言说，杜维明来哈佛教书的时间与他自己差不多，他们是近30年的同事。他敬佩杜维明跨学科、跨领域的研究，涉及历史、文学、哲学、宗教与科学等交叉学科。其中，杜维明在创建"文化中国"这个概念中体现出的人文精神——从道德伦理的角度来定义文化——对他自己研究的人类学领域来说是一个根本变化。在哈佛教书几十年，他还不知道任何人对中国学者思想的影响有杜维明这么大，这么深远。费正清中心主任柯伟林称赞杜维明在燕京学社的领导作用，在哈佛大学教书育人、促进学习气氛的贡献。他说，杜维明离开哈佛大学去北京大学是"哈佛的损失，北大的收获"。

中国古代史教授包弼德说，杜维明既是一位哲学家，也是一位中国知识分子；他敬佩杜维明从中国古代思想中汲取精华，思考中国当代人的价值观和世界观的能力。他试举三例，形象地描述作为老师的杜维明。有一次，杜维明走进一个坐满了研究生的大教室，张口就说："你们都是新儒者，尽管你们也许还没意识到这一点。"还有一次，包弼德邀请杜维明到他的班里讲儒家思想。那个星期，杜维明正好没有时间。等杜维明下周来讲的时候，课程已经到了讲道家思想的时候，所以杜维明只能讲道家思想。事后，包弼德问学生，杜维明讲得怎么样？学生回答："好极了，现在我们都信奉道教了。"包弼德问，难道儒家没有任何对道家的批判吗？大家都笑了。包弼德说，杜维明曾经一连好几年在哈佛最大的礼堂——桑德斯讲堂（容纳将近1000人）——讲儒家思想，学生人数比现在麦克·桑德尔的课程的学生人数还多。包弼德问学生，为什么杜维明如此受欢迎？学生回答："因为杜老师让我们觉得我们比实际上还好。"

会议中也有点滴趣闻。午饭过后，会议主办方特意留出10分钟时间给杜维明的妹妹杜维滇，让她从家人的角度介绍杜维明。杜维滇是居住在美国北卡罗来纳州的一位科学家，她用一组照片说明杜维明的成长经历和家庭生活。杜维明是四个孩子中的老二，也是母亲最喜欢和最懂事的孩子。照片中最稀有也最珍贵的几张是在抗战期间和抗战之后在昆明照的黑白照片。在破旧棉衣棉裤包裹下的童年杜维明依稀可见。

部分学术内容

中国文学教授王德威的发言围绕杜维明1991年发表在美国艺术与科学院出版的季刊上，关于"周边"与"中心"关系的论文展开自己的论题："文化中国，多文化中国，超文化中国"。杜维明的这篇论文是从海外华人的角度定义什么是中国，发人深省——难道被边缘化的海外华人还可以成为中国中心？杜维明定义文化中国有三个层次：第一层是中国大陆、中国台湾、中国香港，以及新加坡这些以华人为主的大中华圈；第二层是居住在大中华圈以外的世界各地的华人；第三层是指所有愿意了解研究中国的外国人，他们愿意把有关中国的知识和文化带入他们自己的社区。杜维明对中国的定义不是基于种族或语言，而是基于文化，使中国的定义更加平面化，更加分散。

杜维明的这篇论文引起了一系列关于中国认同的对话。哈佛大学以前的中国文学教授李欧梵总是把自己摆在世界公民的角度，而不是从以中国为中心的角度看待中国及世界。哈佛大学历史系退休教授孔飞力则把中国放在近500年的历史长河中，研究移居海外的中国人文化。清华大学当代思想家汪晖把中国看成是一条有连续不断历史的整体，容纳了元代的蒙族文化和清代的满族文化。新一代的年轻学者延续、也挑战什么是中国（或华夏，Chineseness）这一话题。如果说那些说标准普通话的人是"中国人"，那么那些说普通话不标准的人算吗？贾平凹写的《秦腔》就用了很多陕西方言，用中文和英文写作的哈金算中国人吗？用中文和法文写作的高行健算中国人吗？有不少海外华人学者称自己不是中国人。2004年至今中国大陆一直提倡和谐社会。如果一个人与另一个人有不同意见，他就说："我想与你协调意见（以达到和谐的效果）。"现在杜维明即将要从周边转移到中心，王德威希望他不要被"和谐"了。最后王德威以《论语·泰伯》中的一句话作结，"士不可以不弘毅，任重而道远"。

费正清中心前主任、东亚问题专家、哈佛社会学系退休教授傅高义明确说，他对杜维明非常尊重，也有几十年的友谊。他回忆20世纪60年代初，他作为助理教授刚刚登上哈佛大学讲坛，讲中国社会的运作：户口、单位等。他的班里有两个非常出色、非常聪颖的台湾学生。一个后来成为著名的中国文学教授李欧梵，另一个就是杜维明。因为杜维明曾经是他班里的学生，杜维明一直把他看做师长，但事实是他从杜维明那里学到的东西更多。杜维明非常与众不同，他既有完整的中国古典文学教育基础，又吸收了各种西方哲学和社会学的思想。在中国改革开放以后，他把新儒家思想输入中国，改变"周边"与"中心"的关系。他在新加坡、中国香港等地也相当活跃。新加坡前总理李光耀承认，即使专政体制也需要道德基础。杜维明把道德伦理引入了更广阔的社会与文化领域。

在讲中国现代转变这个题目时，傅高义着重讲解三位领导人对20世纪80年代中国政治生活的影响：邓小平、胡耀邦和陈云。邓小平是"一把手"，总是从全局着眼，把握大局的政治稳定和经济发展。他统率过千军万马，看到的、经历过的太多了。他一直把自己看成一个士兵，强调纪律、服从命令的重要性。1979年他来美国访问期间，与众议院领袖蒂普·奥尼尔会晤。两人一拍即合，有很好的互动。但当奥尼尔向他介绍美国的执法、立法和法院监督系统的"三权分治"机制时，邓小平的回答是，"这不适合中国"。

胡耀邦的背景则不同。他曾经管理过西藏，允许西藏有更多的自主权。他领导过共青团，鼓励年轻人有理想、有朝气、有干劲。他自认为被选为接班人的原因是：他是唯一的一个比邓小平个子还矮的人。他为人高尚廉洁，口无遮拦。陈云在改革开放后负责经济工作，思考如何才能让几亿人填饱肚子，如何才能满足经济生活中的各种需要。在邓小平眼里，胡耀邦太开放，自由化成分太多；陈云太谨小慎微，经济工作开展得不够大胆迅速。傅高义总结道，中国 20 世纪 80 年代的改革开放就是在这三种相互交错的世界观和领导观中走过来的。

哈佛教授著名思想家麦克·桑德尔（关于他的观点，详见《哈佛经济学笔记2》第 174 页《桑德尔讲道德准绳：我们应该做什么正确的事情》）说，杜维明一直推动文明间对话，翻译解释文化间的不同，促进跨文化的理解，他从杜维明的这项事业中受益匪浅。

他想从两个方面谈文明间的对话。一个方面是"公"与"私"的界限：什么是公共哲学？什么是我们想要的好生活？我们个人的（私有空间的）好生活与更广阔的群体生活的关系是什么？

另一个方面是"教"与"学"的关系。《论语》是孔子与几十个学生对话的记录。这种对话首先是一个社群行为，他们创造的空间是公共空间，不属于任何不可告人的私人空间。其次，对话是互动的，是有所指的，孔子对学生问题的回答是对具体情景的回答，同时他教授的原则又可以运用到其他情景中去。这样"教"与"学"是一个互动的、不可分割的过程。直到老师真正了解了学生的问题和学生的角度，老师才可以真正成为老师。从这个意义上说，我们现在做教授也应该了解学生的思想：学生真正关心什么？学生有哪些问题？这样我们才可以在教书过程中有的放矢。

桑德尔着重阐述"公"与"私"的问题。他回到他在以前讲座中的立场（详见《哈佛经济学笔记2》第174页），批判性地看待把个人主义极端化的启蒙思想。启蒙主义把个人权利和自由看得如此重要，以至于认为这是全球的普世价值。桑德尔说，他并不是要取消美国宪法中保护人权的条款，而是想提出我们应该如何解释这些条款的问题。例如，一些大公司就利用这些条款，倡导可以为竞选的政客无限制地捐款，这是正确的吗？

桑德尔引用著名法国启蒙主义思想家孟德斯鸠（1689—1755）的观点，说明孟德斯鸠的理想主义是不现实的。孟德斯鸠认为，如果一个人是真正高尚的、纯洁的、善良的人，那么他应该对所有人一视同仁，不分高低贵贱，不分远近亲疏；他甚至没有朋友，因为他把所有人——包括陌生人——都当做朋友。孟德斯鸠的理想与现实离得太远了。现实是我们生活在各种不同程度的小圈子里。

《论语》里就有这样的描述：如果父亲偷了东西，儿子马上去揭发，孔子认为儿子的行为不妥。当"孝"和"直"不能两全时，怎么办？在各种文化里，我们都会遇到这种情况。桑德尔举例说明。威廉·巴尔格是马萨诸塞州一位显赫的政治家和社会活动家，从1978年到1996年，他是马萨诸塞州上议院任期最长的主席，在担任马萨诸塞大学主席期间（1996—2003年），他的兄弟成为美国联邦调查局的通缉犯，而且与他有过电话往来。当FBI向巴尔格了解情况时，他拒绝提供任何有关他兄弟的信息。他说，他没有任何义务帮助任何人抓住他兄弟。人们对此褒贬不一。有人称赞他重亲情、讲义气，而《波士顿环球报》指责他用马路上混混的行为准则来处理关乎国家大众的要事。与此相反，1995年4月，恐怖分子泰德·卡金斯基在《纽约时报》发表宣言，说明他为什么制造炸弹危害他人。他的兄弟大卫从宣言的思想和语言中看出，作者一定是泰德，于是报告了联邦调查局，得到了悬赏的100万美元。当然，他把这些钱用在了补偿死难者家属上面。在法庭宣判泰德死刑后，大卫及律师坚决反对判决，最终为泰德争取到了无期徒刑。

桑德尔说，不同社会有不同的道德传统，在很多情况下，个人的道德选择与公共哲学思想和社会正义密不可分。最后，桑德尔回到"教"与"学"在文明间对话的作用。儒家文化是学习的文化，学习的文化会使这个世界更加安全稳定。我们应该以谦卑的心态相互学习，为文明间的对话作出贡献。

哈佛经济学笔记3：中国挑战

会议结束的前 5 分钟，杜维明做总结点评。他简短回顾了他的领域在近三十年的变化：审美学、伦理学、宗教哲学早已从不受重视的边缘学科到人人都感兴趣的热门话题；哈佛神学院最近几年在比尔·格雷厄姆院长的领导下有巨大发展，已经变成了研究世界宗教的学院。杜维明说，我们一边要从传统文化中汲取营养，一边要保持开放的心态，超越自己文化背景的局限，了解接纳各种文化。他打算回到北大后，组织学生学者一起"汇读"经典文献，从深度也从广度上增加对自己、对我们周围世界的理解。杜维明走下讲台时，一位学生送给他一束淡粉色玫瑰花。他点头致谢，然后在观众的掌声中把玫瑰花送给了一位负责组织会议的行政人员。

第六节　商业的视角：中美关系寻求超越

　　2010 年 11 月 19 日中美关系全国委员会主席奥林斯在哈佛大学做公开讲座。他的题目是 "US–China Relations：A Vision for the Future"。这个题目不能翻译成"中美关系的未来前景"，因为奥林斯不是政治学家在预测国际关系前景。把这个题目翻译成"中美关系的未来愿景"也不十分确切，因为它只表达了讲演者对两国未来关系的主观愿望，没有足够的鼓励带动作用。而统观全篇讲演，奥林斯真正要表达的是他对未来的一个憧憬，对政治家和公众百姓的一个倡议，以便使中美关系朝着促进商业、和平共处的方向发展，超越政治因素的障碍。

　　他开篇就引用英国著名剧作家萧伯纳（1856—1950）的一句名言：如果事情不像我们想象的那么美好，我们要问为什么。言下之意是我们要梦想美好世界，努力铲除达到理想境界的障碍。萧伯纳的话和其他领袖的话都具有激发人心的力量，但他们没有回答当我们理解世界为什么不那么美好之后，我们如何才能不陷入"存在的就是合理的"这种世俗观念。领袖的魅力在于他的逆向思维，他会指出"合理的就应该存在"，并号召带领大家去创造一个合理的、美好的世界。这需要想象，需要勇气，还需要决心和毅力。只有这样，想象才不是空想或幻想。

　　奥林斯在讲话中强调的也是政治决心（政治家主观意志）的作用。他说，民意和公共倾向只能是政治决策的一部分，而不是全部。如果尼克松总统在 1972 年完全根据民意行事，他就会采取观望态度，不可能有访问中国的"破冰之旅"，历史就不会在 1972 年翻开新的一章。如果邓小平墨守成规，不能想象中国社会应该有另外一种组织运作方式，中国也不可能在 20 世纪 70 年代末开始改革开放。奥林斯鼓励人们发挥想象；想象这个世界会更美好，中美关系会更紧密和坚固；并鼓励人们为这个美好前景而努力。

奥林斯 1976 年从哈佛法学院毕业，进入美国外交部，负责东亚及太平洋事务的法律咨询，1979 年参与中美建交；之后从事私营律师业务，在纽约、中国香港、北京的事务所工作。1985 年以后的 20 年间，他活跃于投资银行、私募基金等金融领域，先后任雷曼兄弟亚洲主席，AEA（安盈）投资公司的高级顾问和凯雷亚洲基金的董事总经理。1999 年，他担任中国台湾广播通讯董事会主席的职务。2005 年，他接手中美关系全国委员会。

中美关系全国委员会从 1966 年创立以来，一直通过增进民间交流的方式（指官方以外的交流渠道），致力于促进中美之间的相互理解与合作，相信中美友好不但对两国而且对世界都是有利的。虽然这个委员会在美国税务局注册的类别是非盈利性的民间组织，它的董事会多数由前美国政府高官组成，包括中美建交的关键人物基辛格、前美国贸易代表卡拉·希尔斯，前外交部部长奥尔布赖特，前美国驻华大使芮效俭和尚慕杰，也包括一些美国著名学者尼古拉斯·拉迪（经济学家、中国问题专家）、费尔德斯坦（哈佛大学经济学家，其观点详见《哈佛经济学笔记》中第三辑费尔德斯坦系列）、柯庆生（政治学家、中国问题专家）、孔杰荣（法学家、中国法律问题专家）和李侃如（美国政治学家、中国问题专家）。这个委员会的运作经费中除了私人基金和会员捐款外，也包括美国外交部和教育部的拨款。

中美关系中的关键问题

奥林斯多年的从商背景使他对中美关系的看法明显带有商人的烙印和商业利益，而他早年在美国外交部的工作经历也使他对政治气候相当敏感。他说，他办公室的炉火台上总放着一张 12 美元的旧支票，这是 1979 年 1 月 19 日他还在美国外交部作为法律咨询部一个年轻办事员的时候，为即将建立的中国台湾美国所在华盛顿注册而写给华盛顿地方政府的一张支票。当时，卡特总统为正式建立中美外交关系，面临国会的巨大压力。为了回应国会议员对他"出卖台湾"的指责，外交部决定建立中国台湾美国所，目的是通过这个组织，保持美国与中国台湾的所谓非正式"外交"关系。

这张支票提醒奥林斯中美关系在过去30多年中经历的风风雨雨。这包括1989年，老布什政府不得不暂时中断中美外交关系；1994~1995年民主党在国会中期选举中失败，民主党总统克林顿不得不在是否给李登辉签发美国签证的问题上屈从于国会。

奥林斯说，很多时候美国人在讨论中国问题时都选错话题，与真正需要讨论的问题大相径庭。例如，人民币汇率问题的重要性就被夸大得太厉害。其实，朝鲜、伊朗核武器等问题涉及国际和平与安全，比人民币汇率问题重要得多，但奥巴马2010年11月初在首尔的G20会议上却首先提及汇率问题。这说明，美国把问题的优先次序全部搞错了。

奥林斯认为，中美之间的真正问题在于深层次上的互不信任。中国一直认为，美国有意要限制中国的发展，无论是通过气候变化国际框架，还是设置保护环境的标准，还是在汇率问题上讨价还价，美国都是要遏制中国发展。奥林斯回忆，有一次他在中国做讲座，在问答时间里，有一个学生在提问中把以上这些政策都罗列为美国"遏制"中国的证据，而所有观众都为他的提问鼓掌。双方互不信任的程度由此可见一斑。

对中美关系的四点建议

对于未来中美关系，奥林斯提出四点建议。第一，美国应该取消对中国那些过时的禁运条例。1989年之后，美国对中国的一些禁运条例早就过时了，但还没有改正过来，导致一些高级民用器械不能出口到中国，不能在2008年四川大地震这样的危难场合发挥作用。奥林斯对有可能挽救但因此而没有挽救的生命表示惋惜。

他也借此机会纠正一些中国人认识的偏差。在中国，每次说到中美巨额贸易逆差的时候，中方观点总是：只要美国对中国放开高级技术产品的出口，中美贸易就会平衡了。奥林斯的观点是，放开对中国高级技术产品出口的规定对促进中美贸易平衡会有帮助，但效果没有中方想象的那么大。也就是说，中美贸易不平衡主要不是由美国出口政策限制导致的，但奥林斯没有具体说明怎样才能彻底纠正这个不平衡。

第二，美国应该放松对中国在美国投资的限制，中国也应该这样做；放松对外资的限制应该是双向的。2005年，中海油收购优尼科石油公司失败就是典型的例子。奥林斯说，当时在美国接受电视采访的所有人当中，只有三个美国人公开支持中海油的收购。这三个人是他本人、埃克森美孚的董事会主席和联邦快递的董事会主席。中海油收购失败意味着谁会受损失呢？受损失的是优尼科石油公司的广大投资者，是那些掌管退休金的机构投资者，而这些机构投资者代表的是众多像加州教师团体这样的美国中小投资者。

奥林斯说，当然他也能想象，在同样情况下，如果美国石油公司要买中国石油公司，中国一定不会允许。他认为，开放应该是相互的，双方都应该减少对外资在本国投资的限制。如果一家中国银行要买一家美国券商公司，只要满足一定的金融指标，美国政府应该允许。同样，如果美国公司要购买中国公司，中国也不应该让政治因素影响商业行为。

第三，中美应该建立共同的货币政策磋商机制。让美联储与中国人民银行定期会面，经常交流，相互影响。目的是要在类似量化宽松等重大政策出台之前，对方已经有了心理准备和应对措施，这样可以避免惊讶、误解甚至事后相互指责。在金融领域以外，中美都面临恐怖主义的威胁，中美应该共同保护国际港口的安全，在天灾人祸面前共同组织搜寻营救工作；等等。这些都是非常好的合作机会。

第四，在人权方面，中国已经有了长足进步。奥林斯第一次去中国是1980年，30年过去了，今非昔比。中美关系全国委员会以前在这方面做过很多工作，最近几年相对少一些。这是因为中美关系日益紧密，现在很多美国大学的法学院都有促进保护人权的中心或各种项目，中美关系全国委员会在这方面不需要做那么多工作了。最后，奥林斯倡议，让我们利用好费正清、傅高义、孔杰荣等中国研究前辈教给我们的工具，努力建立中美两国之间的桥梁，使两国关系更紧密、更坚固。

在问答时间里，有人问，中国现在有上万亿美元的外汇储备，很多美国人担心中国把美国的资产，甚至西方国家的资产都买下来的后果。奥林斯的回答代表典型的商人视角。他说，他完全没有这个担心。中国在美国投资，只要不是购买与国防有关的资产，都不是问题，而与国防有关的资产范围相对来说微乎其微。中国在美国投资会创造更多的就业机会，使美国的资产更加值钱，从总体上来说，都是好事。中美利益从根本上来说是相辅相成的、相互促进的，不是竞争的关系。他相信贸易的力量。

第七节　中国是如何影响全球治理的

2007年10月30日，前《金融时报》驻北京的首席记者詹姆斯·金应肯尼迪政府学院邀请，就他的新书《中国震撼世界》做公开讲演。这本书是2006年《金融时报》和高盛评出的年度最佳商业图书，是金在北京做记者、在中国生活16年后的结晶。在讲演中，他既表达了喜爱中国、希望中国和平美好的愿望，也隐含着对中国经济崛起而改变世界秩序的担忧。在经济贸易、气候变化等方面，他鼓励西方与中国合作，否则两败俱伤。

金首先回忆20世纪80年代中期在北京做记者的经历。那时外交部对刚到北京的外国记者例行举办欢迎午餐。外交部会利用这个机会告诉外国记者在中国什么能做，什么不能做。金解释这些外交官的言下之意是，"无论你写什么、怎么写都不会影响我们自己的发展道路"。金说，这沿袭了中国19世纪后期"中学为体，西学为用"的主流思想。

自从1978年改革开放以来，中国把大批学生送到国外学习，减少进口关税和出口补贴，吸引外资，同时淡化共产主义意识形态。在这个过程中，西方一直很关心世界会如何影响中国。他们希望看到中国越来越和西方一样，甚至包括实行西方民主。如果这样，中国就不会损害由美国引领的世界秩序。

金说，这基本上是改革开放后25年的情况，但是在最近几年形势有所变化。现在的问题是：中国是否在影响世界？中国在怎样影响世界？这样问的第一个理由是经济方面的：石油和其他自然资源的价格、全球长期通胀前景、全球不平衡、美元的未来前景，以及亚洲商业周期在一定程度上都取决于中国。中国崛起使7国集团（加拿大、法国、德国、意大利、日本、英国和美国）一类的国际组织不再重要，因为没有中国的参与，这些组织不能真正解决汇率和全球不平衡等问题。

虽然中国改革开放已经29年了（1978~2007年），但中国还没有成为真正的市场经济国家。银行、保险、能源、电信等行业基本都被大型国有企业把持。外资和民营资本几乎不可能进入这些领域。金融业对外资开放的程度还非常有限。资本市场基本是关闭的，人民币仍然不可兑换。在一些重要的行业，国家既是"裁判员"也是"运动员"。

中国的司法体系仍然不够独立，在多方面问题上仍然受中央和地方政府的影响很大。金说："政府仍然是'大老板'，所以无论是外企还是民营企业都要花很多精力和资源与政府部门搞好关系。当中国在2001年加入世贸组织的时候，西方世界希望从此看到一个透明的、法治的中国。这种想法太乐观了。"

金认为中国在影响世界的第二个理由是政治方面的。中国20多年双位数的经济增长并没有带来深刻的政治体制改革，反而使共产党的权力越来越大；党的力量还可以通过国企资源渗透到国外。中国的外汇储备已经高达1.4万亿美元（2007年数据），其中2000亿美元被拨到中国投资公司用于盈利性的海外投资。另一个拥有大量资产的中国国有基金——社保基金——也在海外四处悟策私募基金，准备投资。掌管160个大型国有企业的国资委已经建立自己的基金，对海外投资跃跃欲试。（美国证监会主席考克斯在2007年有同样的顾虑，详见《哈佛经济学笔记》第240页《国家主权基金对资本市场的影响》）。就在10月，世界上最大的银行——中国工商银行用50多亿美元购买了一家南非银行20%的股份。

此外，中国还加大了对国内保安措施和军队的投资。中国一方面加强与美国的合作（例如，积极参与朝鲜的六方会谈），另一方面建立上海合作组织，保持与俄罗斯和西亚一些国家的关系。中国与美国敌视的伊朗、苏丹和委内瑞拉也有关系。中国无条件地给一些非洲国家贷款也阻碍了美国的目的。

另一个令西方担心的是由官方宣传而导致的民族主义情绪。中学教科书一直渲染中国在19世纪后期和20世纪初期所经历的耻辱，让学生感到在共产党领导下"中国站起来"以后的扬眉吐气。中国官方宣传中很少承认外资、外援和中国的海外贸易伙伴对中国的贡献。金说，当然中国也不会无限制地鼓励民族主义情绪膨胀，因为中国对石油和其他资源的依赖使北京重视海外市场和国际形象。他们会尽力运用"软实力"来赢得外国人心。2008年的奥运会就是向到北京的两万多名外国记者展示软实力的最好机会。

在问答时间里，金讲了他对十七大的看法。一方面中央政府集中的权力越来越大，另一方面地方政府越来越不循规蹈矩，经常另搞一套，这使保护环境和知识产权等政策落实的难度越来越大。

关于2008年的奥运会，金说，以前外国记者要在中国国内旅行必须得到政府批准，现在外国记者可以不需要批准在中国随意旅行。政府旨在说明：中国是开放的、透明的现代化国家。这是好现象。"我喜欢中国，所以才在那里居住生活了16年。我相信，新闻自由不会使社会不安定，因为正当的新闻曝光会强迫地方政府对自己的行为负责任，这反而会减少社会不安定因素。"

关于中国对外关系，金承认，中国会集中精力应对国内问题，国内问题是首要的；中国每年要创造2400万的就业机会，这对任何政府来说都是一个挑战。"西方必须接受这个事实——西方必须与共产党共事。中国需要外国市场，美国和欧洲不应该采取保护主义措施，那只会导致中国以牙还牙、以眼还眼的报复。那会给中国造成恶劣后果。"

对中日关系"经热政冷"的状况，金表示担忧。虽然中日的政治分歧还没有影响经济往来，但两国的政治关系仍然严峻，因为日本的民族主义在增强，而中国由于历史原因一直有反日情绪。

对于中国年轻人的文化，金说，代际关系在中国的迅速变化令人惊讶。在他的办公室，大多数工作人员都是二三十岁的年轻人，但他们却属于不同的代际关系。35岁的人认为他们与30岁的人有代沟，30岁的人认为他们与25岁的人有代沟。"政治上的意识形态在中国越来越不重要，所有的年轻人都全身心地追赶物质条件和享受。中国年轻人的迷失方向就像马克·吐温在《镀金时代》里描述的19世纪后期的美国一样。但是我认为，随着时间的流逝，中国会逐渐为思想精神和社会发展留出空间。"

最后，哈佛商学院的一位教授提问："当中国国企收购外国公司的时候，中国政府对外国公司的企业管理和文化会有什么影响？"金回答，当中国公司收购外国公司的时候，确实有国有银行为海外收购提供低息贷款的问题，也有国企高管对谁负责的问题——对股东负责还是对党内领导负责？"但我想，每次海外收购的情况是不同的，还不能一概而论。"

第八节　中国需要一个好的体制

2008 年 11 月 14 日，罗伯特·纪福特——前美国国家广播电台驻北京记者在哈佛费正清中国研究中心以"中国是否像看起来那么强大？"为题描述他 2004 年的中国之行。他的题目至少吸引了五六十名听众，不少人没有座位，只能站在门口。

纪福特于 1996 年获哈佛东亚地区研究的硕士学位。这个跨领域的学位比较鲜为人知，其目的在于培养了解东亚地区的综合性人才。它的不少毕业生成为驻中国和其他亚洲国家的记者。纪福特是比较成功的记者之一。他的指导老师是哈佛大学中国近代史教授柯伟林，现为费正清中国研究中心主任。

柯伟林特地参加这次讲座，对他的学生做简短但富于赞扬的介绍："罗伯特硕士毕业后完全可以在哈佛继续攻读中国历史的博士学位，但他选择了记者这个职业，在波士顿国家广播电台工作两年后，成为驻北京记者，工作了六年，2005 年离开北京成为驻伦敦记者。"

纪福特说他更喜欢给完全不了解中国的外国人介绍中国，现在面对费正清中国研究中心这么多中国问题专家他只能"班门弄斧"了。他用中文说的成语显得恰到好处。然后，他通过展示几十张照片描述他 2004 年沿 312 国道从上海到哈萨克之行的所见所闻。这也是他的新书《中国之路：通往新兴强国的未来旅途》的基本素材。

他赞扬中国政府使 4 亿人脱贫的成功，也指出一些地方政府为了经济利益，不顾百姓福祉的做法，例如封死地方水井迫使老百姓买水，因为地方政府拥有制水厂，老百姓没有任何办法，只能"忍受"。

"如果你问从中国沿海城市来美国的中国留学生：'你对美国的印象怎么

样？'他们会说，'差不多'，'都差不多'。"纪福特强调，中国沿海和内地的差别之大令人诧异。"中国沿海城市的夜总会、酒吧和其他方面的生活确实和美国差不多，但是如果你走出上海不远，在安徽境内，你就会发现农田里的耕作技术还是19世纪的技术，你仿佛倒退了100多年。中国大约有1.5亿流动人口。村子里很少能见到二三十岁的年轻人，他们都在城里打工。如果中国经济增长从11%降低到8%，就业会面临很大的压力。

"几年前，农民对征收土地、高税收怨声载道。现在政府虽然取消了农业税，农民的医疗保险仍然是问题。我还没有仔细研究最近出台的刺激经济的4万亿元新投资方案，是否包括对医疗系统的投资，还是仅仅建更多的桥梁和马路。"纪福特与很多外国人对中国的观点一致。他们认为中国最需要的是一个好的体制。"中国应该把钱花在建立更好的行之有效的体系上，减少人们对医疗、教育和住房的担忧，让人们敢于花钱。只有这样才能改变出口主导的经济发展。"

纪福特通过一些照片显示了旅途中的趣闻，其中一张是他爬华山的照片。"我问身边爬华山的中国年轻人什么是道教，他们支支吾吾说不出来。我问他们：'你们学什么的？'回答是'核物理'、'财经'等等。我想找真正的道教隐士，最后总算在一个庙里找到了，我们聊了一会儿，然后我说以后再来拜访。他拿出一张名片说'这是我的手机号码'。"他的另一张照片是一些和尚坐在电脑房里用电脑，凸显现代技术和信息对人们生活渗透的程度 —— 已经影响到深山老林中的寺庙了。

还有一张照片是他在教堂里传经。"中国信基督教的人越来越多，在6000万到6800万人，比共产党党员的人数少不了太多。我路过一个教堂，想看看中国人做礼拜，但是那天正好牧师不能来，人们非常失望。他们看见我，就说'老外一定会念经'。我本想拒绝，但手里的录音机在转。我一想这也许是个好故事，于是打肿脸充胖子，拿起《圣经》把小时候学的、模模糊糊还记得一点儿的段落重复一遍。"

纪福特与藏族和维吾尔族年轻人的交谈显示出少数民族中年轻人的思想变

化。他问他们："你们喜欢达赖喇嘛吗？""我姥姥喜欢。""这些年轻人都说一口标准的普通话。我问他们'长大以后你们想去哪儿'？他们回答，'上海'。"

最后，纪福特总结说："中国30年的高速经济增长一定有它的成本——中国在资源、环境、人力方面付出了相当大的代价。中国的政治改革滞后，因为领导层担心一旦完全放开，局面会无法控制。中国应该投入更多的人力物力建立更好的机制，而不仅仅是看得见摸得着的大桥和马路。"

第九节　中国不会对国际游戏规则发动革命

2010 年 4 月 26 日下午，印第安那大学政治系副教授、中国政治和商务研究中心主任斯考德·肯尼迪在哈佛大学以"中国学习进度：中国是如何影响全球治理的"为题做公开讲座。肯尼迪于 1991 年和 1992 年在中国南京霍普金中美中心学习中国政治经济和历史，2001 年从乔治华盛顿大学获政治学博士学位，2005 年出版处女作《中国的游说业》。与很多外国人相比，肯尼迪对中国的看法相对客观、积极。

在中国与世界关系的问题上，外国人的观点大致分为两类：一种观点是为中国与世界接轨叫好；另一种观点比较保守，警惕性很高，担心中国会改变世界游戏规则。无论是哪种观点，这些外国人做判断时隐含的前提假设都是：倡导自由主义的国际规则是公平的；如果中国不完全开放，落实、执行国际承诺，错误一定在中国。

肯尼迪则与众不同，他选择从中国的立场上思考中国与世界的关系。他说，如果胡锦涛在人民代表大会做有关中外关系的报告，他不会从中国是否与国际规范合作，是否执行国际承诺这个角度出发，而会从中国是否有效地利用国际规则保护自己的利益、提升自己的国际地位的角度来阐述中外关系。

肯尼迪想研究的问题是：中国人是如何学习国际规则的？中国人玩国际游戏玩得怎么样？与其他国家有什么不同？其他国家要怎样对待已经进入国际领域的中国？他从三个层次来讨论全球治理：国际规则的制定，国际规则的使用，国内政策法规对国际规则的处理。

他认为，国际规则既有自由主义倾向，也包括保守主义因素。例如，位于瑞士日内瓦的世界贸易组织定期为发展中国家的高层官员提供为期一个月的培训。培训的形式一般来说是这样的：前两小时讲解自由贸易的好处，后面29天半的时间都用来训练这些官员如何利用世贸原则在牺牲他国利益的基础上保护自己的利益。虽然中国在贸易方面还没有完全自由，但基本上坚持公平贸易的原则。

肯尼迪认为，有些国际规则本身就是不公平的，应该反对。例如，世贸组织1994年签订的《与贸易有关的知识产权协议》明显是保护发达国家利益的，阻碍知识技术的传播，在损害消费者利益的基础上保护研发者利益。它本身就是由享有很多专利权的十几个大公司起草的。肯尼迪说，他的观点与美国政府的立场相左，他是做学术的，他要保护的是公共利益。

由于时间关系，肯尼迪直接给出他的研究结论：①中国在变得更加自由开放的同时，也更加保守。中国是在国际规则之内玩游戏，知道如何自我保护，例如中国越来越多地用反倾销法上诉他国。②中国在国际竞争中更加倾向保护生产者利益，而不是消费者利益。例如，生产者竞争政策比食品安全政策对他们来说更重要。这是由中国国内政治经济传统决定的。③有国际业务的公司比仅仅有国内业务的公司更有竞争性，他们是坚定的自由主义者，限制着保守主义在中国扩张。④在关于游戏规则的国际谈判中，中国的基本立场都是保持原状。中国在处理技术性问题上比较强，但在大的战略问题上比较弱。⑤中国企业对国际规则还不够了解，他们在多哈回合的谈判中还是一个被动的旁观者；中国政府和企业之间的相互磋商还不够密切。⑥中国在国际上的摩擦几乎都是在国际规则不清晰，或根本不存在的领域发生，况且国际规则本身就是不断变化的。例如，在汇率政策上，国际上还没有达成共识，到底是应该提倡固定汇率还是浮动汇率？在1997~1998年的亚洲金融风暴中，中国因保持人民币坚挺而受到国际赞誉，而现在因为保持人民币汇率基本不变而受到指责，这本身就是矛盾的。在互联网问题上，国际上也没有达成一致意见，所以对于谷歌在中国遇到的麻烦，我们没有一个标准轻易判断。

在铁矿石的谈判中，国际上本身没有好的体制，不完善的国际体系和中国钢铁工业协会（中钢协）糟糕的表现加在一起使谈判结果越来越糟。中国是钢铁最大的生产者，生产钢铁需要大量铁矿石，中国自然而然成为最大的铁矿石进口国。70%以上的铁矿石出口被垄断在三大供应商手中：淡水河谷、必和必拓和力拓。2010年一季度，中国77户大中型钢铁企业中10户亏损，亏损面达到了12.98%。大中型钢铁企业的销售利润率仅为3.25%，处于盈利低水平状态。

在提问时间，有观众问到前一天（4月25日）世界银行决定增长中国整体投票权1.65个百分点（从2.77%提升到4.42%），使中国成为世界银行第三大股东国，仅次于美国和日本。对中国在世界银行投票权地位提高后对世界的影响，肯尼迪判断，中国不会因此而对国际规则发动任何革命，在很多问题上，中国会努力保持现状，维护整个系统的稳定性，而不是重新编写新篇章。

第二章

中美关系与亚洲区域格局

　　东盟通过"东盟加3（中国、日本和韩国）""东盟加6（再加印度、澳大利亚和新西兰）""东盟加8（再加美国和俄罗斯）"等形式囊括各国，让所有国家都感觉舒适放松。但人们的常识是：一个组织包括的成员越多，意见就越难统一，行动就越难协调。如果东盟囊括这么多国家，东盟还能在任何方面有什么成就可言吗？

第一节　亚洲一些国家在中美关系中扮演的角色

日本驻美大使的看法

2012 年 5 月 11 日下午，日本驻美大使藤崎一郎在哈佛大学有关"大国政治和亚洲区域主义的未来"的公开会上做十几分钟的发言。很多细节他都一带而过，但有一点却清晰不疑：日本与美国有很多立场非常接近，至少在以美国听众为主的场合上，日本官方是这样表达的。

藤崎一郎对美国非常熟悉。早在 20 世纪 60 年代初，他就作为交流学生在西雅图的一所高中就读；20 世纪 70 年代初，他又在布朗大学和斯坦福大学各学习一年；从 1995 年到 1999 年他服务于日本驻华盛顿使馆。担任驻美大使是他第二次在华盛顿工作。

藤崎一郎有丰富的国际经验。他生于 1947 年，1969 年进入日本外交部，成为职业外交官。他曾分别服务于日本驻雅加达、伦敦和巴黎使馆，二十一世纪初曾任日本驻日内瓦国际组织的全权大使。早年他曾任亚洲司副司长、北美事务司司长和外交部副部长等职务，多次参与日本自由贸易谈判和 8 国集团会议。

藤崎一郎于 2008 年 6 月成为日本驻美大使，同年 10 月来到哈佛大学，就当时进一步升级的金融危机讲演。他回顾日本"失去的 10 年"的经验教训，强调信心在恢复经济中的重要作用（详见《哈佛经济学笔记》第 249 页《日本"失去的 10 年"之现实意义》）。

这次他特地被哈佛大学邀请谈亚洲区域主义，但面对众多美国听众，他实际上是在不同框架中探讨并促进美日关系。他说，在区域整合进程中，亚洲与欧洲不同（远远落后于欧洲）。因为亚洲各国缺少共同的价值观和思维方式，所以在处理亚洲事务中，他主张两个观点：运用国际规范，而不是地区规范；同时寻求跨太平洋的伙伴关系。

运用国际规范意味着遵循国际海洋法、世界贸易规则、保护知识产权等，还意味着支持国际货币基金等国际经济组织。他说，在运用这些国际规范过程中，要注意平等、公开、透明的原则，防止"有人（国家）比其他人（国家）更平等"的现象出现。他还说，任何形式的亚洲社区组织必须有美国的参与。

藤崎一郎的结束语凸显中庸之道。对于未来，他说，我们应该继续现在的努力，无须改变途径；在原有的国际框架基础上汲取积极有益的东西；我们不拒绝新思想，但要为新思想的诞生做准备，防患于未然。

东盟秘书长的看法

东盟秘书长素林·披素旺与美国和哈佛大学也有很深的渊源。他是 1949 年生于泰国的马来后裔，高中时就作为交流学生在美国明尼苏达州的一所高中学习（1967~1968 年），1972 年从加州一所大学毕业，随即考入哈佛大学研究生院。素林在 1974 年和 1982 年分别从哈佛大学获政治系中东研究硕士和博士学位。然后他在泰国一所大学政治系教书，直到 1986 年被选为国会议员，开始政治生涯。从 1992 年到 1995 年，他任外交部副部长；从 1997 到 2001 年任外交部部长。随后他在联合国等国际组织中参与了众多国际事务。从 2008 年至 2013 年 1 月，他任东盟秘书长。

在 5 月 11 日的简短讲话中，素林一方面用数据说明东盟的重要性，另一方面强调东盟是包容的，对任何大国都不构成威胁。东盟 10 国（马来西亚、印度尼西亚、菲律宾、泰国、新加坡、文莱、越南、老挝、缅甸和柬埔寨）的总人口是 6 亿，总体国内生产总值大约是 2000 亿美元，位居世界第五，仅次于欧盟、美国、中国和日本。素林引用基辛格的一句话来描述亚洲："在经济技术方面，亚洲是 20 世纪的欧洲；在机制建设方面，亚洲仅仅是 18 世纪的欧洲。"这说明亚洲内部机制和体制的整合还远远落后于欧盟。

东盟通过"东盟加 3（中国、日本和韩国）""东盟加 6（再加印度、澳大利亚和新西兰）""东盟加 8（再加美国和俄罗斯）"等形式囊括各国，让所有国家都感觉舒适放松。但人们的常识是：一个组织包括的成员越多，意见就越难统一，行动就越难协调。如果东盟囊括这么多国家，东盟还能在任何方面有什么成就可言吗？素林没有细说，只是笼统地概括：自1967年成立以来，东盟坚持致力于促进经济发展和开放民间社会的双重目标，并且已经给亚洲带来了很多益处、很多希望。

国际关系教授约瑟夫·奈的看法

哈佛大学肯尼迪政府学院国际关系教授约瑟夫·奈是这类话题中不可或缺的人物。奈有丰富的领导经验和学术涵养。他在1994~1995年曾任克林顿政府助理国防部长，在1995~2004年曾任肯尼迪政府学院院长。卸任后的第二年，他就出版了《软实力：在世界政治里通向成功之路》。在2008年他出版了《领导的能力》（对这本书的介绍收录在《哈佛经济学笔记2》第149页《如何培养领导才能》）。2011年他又出版新书《实力的未来》（国内译作《实力大未来》，其内容详见本书第一章第二节）。

奈在5月11日的发言内容基本上是《实力的未来》的上半部分：实力从西方向东方转移的趋势。在《实力的未来》一书中，奈纵观全球实力变化，发现两种趋势：实力的转移和实力的扩散。实力的转移指的是：实力从西方向东方转移。实力的扩散指的是：信息技术革命使实力从政府向非政府的个体或组织转移。

奈在以前的会议上解释过什么是实力。实力就是影响别人，让别人做你想让他们做的事情的能力。有人说，奈所谓的“实力”其实就是人们常说的“影响力”。但影响力没有实力听起来那么重要、那么能吸引别人的注意力。无论哪个词更确切或更朴实，让我们暂且用奈的语言词汇，摸索奈的思想内容。奈说，实力本身没有好与不好，关键要看怎样运用实力。

让别人做你想让他们做的事的传统办法是“胡萝卜加棍棒”，即收买和强制，顺我者会得到好处，逆我者会得到惩罚。这是奈所谓的“硬实力”，别人因为恐惧而听从你或因为想得到好处而讨好你。另一种影响别人的办法是通过游说，即宣传和教育，说服别人，让他们心服口服、心悦诚服，甚至欣赏你、佩服你。这就是奈所谓的“软实力”。说服别人的这套说辞是软实力的基础和源泉，非常重要。软实力还包括整个文化的力量，例如，古希腊的雅典在文化艺术和政治制度方面都具有非常大的生命力和优越性，即软实力；相比之下，雅典的近邻斯巴达因为只注重强身健体的军事生活，没有文化艺术和基本的人性可言而软实力匮乏。灵活巧妙地运用硬实力和软实力达到你所希望的效果的能力被奈称为"聪明的实力"。

5月11日这天奈主要讲两个问题：美国是否在走下坡路和中国相对于美国的位置。奈认为，美国的绝对实力并没有下降，美国和即将崩溃的古罗马截然不同。美国在技术研发、企业创新等领域仍然保持首屈一指的地位。但因为新兴国家奋起直追，美国相对于其他国家的实力在下降。

这就引出下一个问题：中国是否会超过美国？会在什么时候超越美国？奈从3个方面来分析这个问题：经济实力、军事实力和软实力。从国内生产总值来看，中国有可能在下一个10年中超过美国。但因为人口基数太大，人均收入要在21世纪中后期才可能超过美国。在军事方面，美国仍然遥遥领先。在软实力方面，从好莱坞的影视业到以哈佛大学为代表的高等教育领域，美国对其他国家仍然有强大的吸引力。

奈提醒中国，如果在增强硬实力的同时不提高软实力，那么中国在亚洲的邻居会感到威胁。2008年从美国爆发的金融危机让部分中国人觉得美国在走下坡路，自己可以趾高气扬了。这使中国的一些近邻感到紧张。现在中国与亚洲国家的关系有所缓和。

奈说，只有中国提高软实力，在世界范围赢得人心，中国才可能真正强大。奈特别强调，软实力的提高不在于政府主动做了什么——例如，在世界各地设立孔子学院，或者通过媒体大张旗鼓地宣扬什么——而在于政府是否允许民间组织和个人真正发出声音、发挥作用，让草根阶层有活力、有动力，这样的软实力才真正强大，才能持久。

奈重申美国的官方声音：在中美日三边关系这个三角形中，美国希望看到任何一边（任何双边关系）都非常强大；美国欢迎中国加入类似世贸组织等国际组织；美国不是要凌驾于中国之上，而是要与中国一起分享实力。奈澄清：美国不是要围堵中国，因为那不可能成功，唯一能够限制、困扰中国发展的只能是中国自身。

哈佛经济学笔记3：中国挑战

第二节　亚洲内部机制和体制的整合还远远落后于欧盟

马布巴尼的新书《新亚洲半球：势不可当的全球权力东移》并不以它的思想深刻、观点新颖或资料丰富取胜，而是以对新加坡的独特视角吸引读者。

它的语言简朴、流畅，它的思想对西方盛行的主流观点形成挑战。只有深入东西方的工作生活，对两边的文化历史、观点态度了如指掌，但同时又保持思想的独立性才能写出这样的作品：既肯定西方对人类不可磨灭的贡献，又以西方人能理解的语言指出它的弊端。

作者马布巴尼成长在新加坡一个普通印度家庭，周围一直有很多穆斯林和中国朋友。1971 年他以哲学系第一名的成绩毕业于新加坡大学；在此之后的 23 年里，服务于新加坡外交部。他于 1976 年在加拿大获哲学硕士学位，1995 年获荣誉博士学位。他于 1991~1992 年在哈佛大学国际关系中心进修一年，1993~1998 年为新加坡外交部部长，2001 年成为新加坡驻联合国大使，2002 年成为联合国安理会主席，目前是新加坡国立大学李光耀公共政策学院院长。

马布巴尼直言不讳地肯定西方在科学技术、思想文化方面对全人类的巨大贡献，尤其是西方的一些著名大学在教育学生、培养人才时没有狭隘的国家主义，而是鼓励学生不带任何偏见地质疑、检验、挑战一切约定俗成，为全人类拓展知识的前沿，创造积累更多的智慧。"这样的大学应该被认定为全人类的财富。"这样的称赞与他所受的英文殖民教育息息相关，也正是这样的教育使他挑战西方在国际关系方面的一些主流观点。

他也承认美国对世界的贡献在所有国家中首屈一指。美国是"二战"后以规则为基础的国际秩序的主要制定者。这包括联合国体系和布雷顿经济贸易体系（世界银行，国际货币基金组织和世界贸易组织）。"美国用它的军事实力维持1945年后的国际秩序，这才使得美国和其他国家，尤其是东亚国家（有一个和平的环境）取得经济增长和繁荣。""美国在使用其军事力量时非常谨慎，其主要目的是确保所有国家尊重国际规则。""美国海军的作用是国际海域安全畅通的真正原因，这才使得国际贸易前所未有地蓬勃发展。""美国比任何其他西方国家更早、更有效地把'现代化'的理念带到世界的各国角落，使'向现代化进军'和'美国梦'深入人心。"

马布巴尼称赞西方某些方面的目的是显示他在判断国际关系发展趋势方面一分为二、不偏不倚。那么他在哪些方面的观点带有浓厚的亚洲色彩呢？首先，他指责西方国家对国际组织、国际经济命脉、全球传媒的控制和影响。美国在联合国安理会有举足轻重的作用和不可忽视的地位。多年从事外交工作的马布巴尼有不胜枚举的例子。西方国家在世界银行和国际货币基金组织享有约定俗成的领衔特权——世行主席永远是美国人，国际货币基金组织主席永远是欧盟国家的人。

"西方国家不能想象没有西方主导世界，世界有可能会变得更好"，所以他们下意识地觉得他们有道义上的职责去维护西方文明和西方主导世界的主动权。即使那些职业道德最强的西方媒体也会在不知不觉中强化这些潜意识。例如，他们对7国集团年会的大幅报道给人们留下一种假象——这7个国家领导着世界。而事实却是世界的重心已经随着中国和印度的迅猛发展向东方转移。这7个国家在没有新兴国家参与的情况下左右不了国际大事。西方媒体的一个常用词是"国际社会"。马布巴尼曾经问一位西方主流媒体负责人："国际社会是谁？谁组成了国际社会？""思索片刻之后，他承认他所指的几乎全部是那些生活在西方社会的人。那么他们所说的'国际社会'更像自己人内部产生的私人俱乐部，而不是真正的国际社会。"

马布巴尼举例说明西方国家对世界经济命脉的控制和影响。世界最大的10家银行和投资银行都是美国、欧洲和日本的。这些企业的国家属性重要吗？他们的目标难道不是服务客户，为其股票持有者增值吗？马布巴尼说，在正常情况下，国家属性并不重要，但在特殊情况下，这些企业就不得不对其直接监管机构和政府负责。例如，在1997~1998年的亚洲金融危机中，那些在韩国投资的主要银行都接到了美国财政部的电话,"建议"他们不要从韩国撤资,因为韩国对美国来说有战略利益。而泰国对美国来说没有那样的战略意义,所以泰国没有韩国那样幸运。

日本被马布巴尼单独立项,说明日本的经济实力被用于维护西方国家的利益。因为日本力图"脱亚入欧",不惜一切代价加入西方的各种俱乐部:经济合作与发展组织、三边委员会和7国集团等,日本偿付了比其他会员国家更多的"会费"。其中,日本最以7国集团成员国为骄傲,但这也给日本带来不可避免的义务。在第一次海湾战争中,日本并不情愿参与,但却成为最大的埋单国家:付了总费用610亿美元中的140亿,而美国自己只付了70亿,小于总费用的12%。日本的企业为了在西方国家树立良好形象,对西方主要国家的著名大学、博物馆、思想库和其他文化事业大捐其款。日本政府也不甘落后,为与西方建立关系、增进感情大力投资。

马布巴尼最具亚洲特色,特别是新加坡色彩的观点是对西方民主的看法和对"择优而仕"的不遗余力地推崇。他强调西方的民主体系已经到了完全没有能力解决现今的棘手问题的程度。竞选者为了迎合选民的胃口,不能提出正确的目标、做出正确的决定。在位的政治家只能为自己选区的利益做出狭隘的选择。这就是为什么欧盟把大量的时间和精力花在内部争斗和近期矛盾上,而不能着眼于欧盟整体的长远利益。这也是为什么没有任何美国政客提倡增加汽油税,即使这是解决能源问题最合理、最有效、最迅速的途径。美国总统经常把自己的朋友安插为驻外国的美国大使,使得美国外交部不能"择优而仕",大大降低了外交官的士气。这些都是民主体制的弊端。

马布巴尼批判西方认为"民主是放之四海的真理"的想法,认为民主并不是对所有国家在所有阶段都适合的。他把戈尔巴乔夫与邓小平对比,告诉西方读者:戈尔巴乔夫在西方被认为是英雄,但在东方却被认为是傻瓜——买了西方国家的账,却没有得到任何好处,丧失了苏联,把苏联人民推入经济萎缩。而邓小平却恰恰相反,是务实派政治精英的最权威的代表人物。他主张安全稳定是发展经济的先决条件,而经济繁荣又是提高人民素质、政治民主的先决条件。马布巴尼取笑："让这个世界按民主体制运转的这一想法本身就是不民主的，因为西方国家的人口只占世界总人口的一小部分。"他指责美国是"在国内最民主、最守法的国家，但在国际上却是最不民主、最不守法的国家"。

马布巴尼称赞邓小平的"28字方针"：冷静观察，稳住阵脚，沉着应对，韬光养晦，善于守拙，决不当头，有所作为，以及这一方针对中国外交政策的积极而深远的影响。他指出中国与东盟国家日益密切的往来带动了这些国家的经济发展，使得那些企图孤立中国的西方国家不能有效地孤立中国。他肯定中国在非洲投资对非洲经济发展的促进作用，中国经济的起飞给非洲人们带来希望，"华盛顿共识"对非洲来说不再是唯一的选择。他指责西方媒体对中国的曲解和谴责。

马布巴尼的非西方色彩还表现在他对气候变化的态度和对中国与印度的比较。在气候变化问题上，他指出"总量"和"增量"的区别。虽然新兴国家的经济崛起增加了温室气体的总量，但是温室气体的总量主要是由发达国家在工业革命以后迅速而全面的现代化造成的。所以，任何公正的减缓温室气体排放的公式都要把各个国家对温室气体的总量的份额考虑进去。

虽然马布巴尼是出生在新加坡的印度人，但他在中印比较方面与很多西方学者的视角和侧重不同。其实，中国和印度各自的优势和劣势早有大量的文章做了细致入微的阐述。马布巴尼的特点在于强调中国的优点和改革开放以来长足的进步，最明显地表现在对中印司法体制的比较。西方学者大多强调英国殖民者留给印度的司法独立性，而中国的司法体系一直与执政党有千丝万缕的关系。马布巴尼却强调印度司法系统里的拖拉，"对实施正义的拖延就是对正义的拒绝"。与此同时，他强调中国司法体系20多年来在保护人权和财产权方面的巨大进步。

那么，马布巴尼的理想世界是什么样的呢？他建议所有人都读一读联合国的章程。这本可以装在口袋里的小册子包含着许多西方政治智慧的精华：一个世界的精神和全民参与的理念。他认为以5个二战胜利国组成的安理会已不能满足世界发展的需要，但他没有详细指出在错综复杂的国际关系里联合国应如何改革。

他强调管理世界秩序没有必要发明新的理念和组织框架，而是要依靠那些禁得起实践检验的原则来管理世界秩序、处理国际关系。这些原则包括：民主制度、市场经济、法治社会、公平与公正的社会制度、择优录用，发展合作和形成合作伙伴，摒弃意识形态的分歧和发扬务实精神。

马布巴尼相信各个文化和宗教区域可以和平共处，共同繁荣昌盛。他以印度作为这种东西结合、和平共处的典范。他倡议西方国家以他们包容的思想哲学、宽广的胸怀容纳并支持东方的崛起，而不是计较一时的经济得失，阻碍东方的振兴和发展。他希望中国不再像历史上的中国那样闭关自守，而是像大都市那样有容乃大，承担起引领世界的责任。他也理解中国在务实的外交方针的指导下，不愿轻易挑战任何大国。

马布巴尼的理想世界带有浓厚的新加坡烙印。读过李光耀自传的人不难发现二者思想体系的共同之处：批判性地看待民主，极其重视政治稳定和经济发展，肯定市场经济对社会发展、解放思想的巨大作用，不遗余力地推崇择优录用、合作与务实精神；不相信任何教条的意识形态，而相信不同的文化、种族和信仰可以和平共处、共同繁荣。所有这一切在李光耀领导下的"城市国家"新加坡得以实现，但真正的"世界"与"城市国家"有本质上和数量上的巨大差别。

在阐述世界的重心"不可避免地"向东方转移时，马布巴尼忽略了亚洲很多新兴国家与新加坡的一个重要差别。新加坡在李光耀推行的择优录用原则下，政府官员大多廉洁奉公，社会基本保持公正公平。而亚洲一些国家官僚资本主义、裙带资本主义、行贿受贿盛行，以至于公平公正的社会关系凤毛麟角，普遍的腐败才是家常便饭。如何跨越这种差别还是一个巨大的问号。

马布巴尼在否定世界被"西化"的同时，不知不觉地套用了"新加坡模式"，并努力"新加坡化"这个世界。读者在考虑马布巴尼的结论——世界的重心不可避免地向东方转移 —— 是否令人信服时，要清醒地意识到亚洲与新加坡的不同，而且还要扪心自问："新加坡化"是世界人民共同的理想吗？或许一个世界范围的民意测验才能真正"民主"地决策。

第三节　新加坡这个城市国家的历史与成就说明了什么？

1. 最年轻、任期最长的总理

去过新加坡的中国人可能会为这个城市国家整洁而繁华的市容和中西结合的风格而惊讶，以至于一时搞不清自己到底是在中国还是在外国。在这个 692.7 平方公里的小岛上生活着 530 万人（2012 年数据），人均国民收入约 3 万美元（1999 年数据），是世界上第九位最富裕的国家，仅次于美国，超过了德国、英国、法国、奥地利、加拿大和比利时等老牌资本主义国家。

初到新加坡的游客会注意到：新加坡和瑞士一样干净漂亮，和纽约曼哈顿一样繁华，商品琳琅满目，物质极其丰富。这样一个整洁繁华的城市却洋溢着中国人的传统。高档商场为了欢庆中国春节在橱窗里贴满红色剪纸，在门口贴着喜庆的春联和红绸子——毕竟 80% 的新加坡人是华人。可是当游客在地图上看到"中国城"和"印度村"的字样时，又突然意识到这不是中国——中国的城市里哪有叫"中国城"的地铁站呢？

就在 20 世纪 50 年代新加坡还是大英帝国里一个人口只有 150 万的小港口。1959 年新加坡的人均收入才 400 美元。新加坡是怎么在半个世纪中从一个贫穷的村子摇身一变，成为今天这样一个安定祥和的城市国家呢？

《李光耀自传》（上下两册，共 1458 页）是回答这个问题的一把钥匙。李光耀作为"国父"为这个国家打下不可磨灭的烙印。他记录了新加坡半个多世纪的重大历史事件，描述了 20 世纪中期社区混乱、种族敌视互不示弱等各种挑战以及他的应对策略，在字里行间充满着自豪。美国前国家安全顾问基辛格在他作的序中说，《李光耀自传》从一个侧面帮助我们理解一个永恒的话题：到底是客观形势还是领袖的力量主导未来的发展。李光耀写自传的目的是要告诉年青一代：新加坡的安定繁荣和政治独立不是上天的赐予，而是靠持之以恒的辛勤工作争取来的，要靠民选的、诚实的、高效的政府努力保持。

自传的上卷讲述他的家庭背景：在英国剑桥的学生时代，返回新加坡后做工会和学生会的律师，然后从国会议员到 1959 年成为英殖民地自治区最年轻的总理（不到 36 岁）。其中包括 1963 年新加坡加入马来亚，又在两年后与马来西亚分道扬镳的曲折历程。李光耀自传的下卷写的是新加坡在 1965 年独立以后的历史。书的前半部分主要写如何建立一个清廉有效的政府和公平正义的社会，后半部分主要写新加坡的外交关系和国际空间。

哈佛大学社会学教授傅高义在他的《亚洲四小龙》一书中描述了中国台湾、韩国、中国香港和新加坡成功赶超先进国家的一系列社会机制和文化传统。他指出新加坡成功的一个特殊因素就是这位魅力无穷的领袖人物。从李光耀在 1954 年建立反对党人民行动党到他退出政坛的 38 年中，他是毫无疑问的党的领袖，为新加坡的历史、语言、意识形态和社会规范留下了清晰可辨的印迹。

这篇读书笔记主要回答以下四个问题：第一，在新中国成立后共产主义显得势不可挡的 20 世纪 50 年代，为什么以华人为主的新加坡没有成为社会主义国家？李光耀与共产党到底有怎样的关系？第二，新加坡与马来西亚的关系到底是怎么回事？为什么新加坡在 1963 年加入马来亚，两年以后又退出来？第三，为什么新加坡这么小的国家却有四种官方语言？为什么在新加坡最通用的语言不是任何一个种族（华人、马来人和印度人）的母语，而是英文？为什么中文在人口绝大多数是华人的新加坡没有成为唯一的或者是最主要的官方语言？第四，李光耀既有西方人的特点，也有中国人的特点。他在多大程度上是中国人？他把自己看做海外华人吗？

2. 李光耀与共产党的关系

李光耀与共产党的关系很复杂。左派的人批判他是"殖民主义的走狗"，右派的人指责他领导的人民行动党"拥护共产党"。这是因为李光耀对共产党人的看法褒贬兼有。一方面，他佩服共产党人的敬业精神和组织工作的能力；另一方面，他不喜欢共产党人为了彻底打破旧制度而导致社会混乱和流血牺牲。他毕竟是剑桥培养出来的律师，他尊重规章制度和秩序，他要在英殖民地既有的体制下为新加坡创造最美好的未来。在不同的历史时期，李光耀包容共产党的程度不同，影响了他与共产党的关系。

生活在 21 世纪的我们很难想象 20 世纪五六十年代共产主义对新加坡的影响。当时 76% 的新加坡人是华人。1949 年毛泽东成功建立新中国对他们震撼很大，使他们相信共产主义在新加坡和马来亚会取得最终胜利，因为这是历史大趋势，反对共产主义是徒劳无功的，而且新加坡的华人与他们在中国大陆的亲戚有隔不断的血缘关系。他们为中国的抗日战争捐款捐物，甚至想成为中国的一部分。新加坡的邻国当时把新加坡称为"东南亚的小中国"。

共产主义势力在新加坡汹涌澎湃的另一部分原因是，很多从中文学校毕业的学生，尤其是南洋大学的毕业生，基本不会英文。他们找不到好工作，被边缘化了。对工作前途的失望加上对英国殖民者的憎恨使共产主义在华裔年轻人中广受欢迎。各种华人工会、行会、商会和学生会的领袖组织了一轮又一轮的罢工游行。

在 20 世纪 50 年代初，李光耀被有共产主义倾向的年轻人的敬业精神感动而成为他们工会的法律顾问。他也有意让这些人成为自己今后的政治支持者。李光耀对人民行动党的定义一直是"非共产党"，而不是"反共产党"。反对殖民主义是他和共产党的共同底线。共产党也愿意与反殖民主义的非共产党人形成统一战线。于是，李光耀在 1958 年与共产党地下领袖秘密会面。

李光耀明知他与共产党有本质区别。他要在现有的法律制度中理性地、切合实际地争取新加坡从英帝国中独立；而新加坡共产党人却宁肯牺牲鲜血和生命也要彻底打破旧制度，重新建立以共产党为领导的新制度。尽管如此，李光耀还是决定将计就计，与共产党联手。获得共产党的支持后，李光耀在1959年的选举中大胜，成为新加坡自治后的第一任总理。

李光耀在成为总理前就知道，那些游行示威的领袖在被英殖民政府逮捕后反而在民众中更有威信。他们被认为是反殖民的英雄，激励着一拨又一拨的年轻人前仆后继。李光耀不能在成为总理之后继续英国人的做法，那还有什么其他办法来平息这些风波呢？

李光耀决定，让新加坡加入马来亚来稀释这些"领袖"的作用和影响，虽然李光耀知道他的领导风格与马来亚当时的领导人格格不入。新加坡的共产党坚决反对，因为他们知道加入马来亚后，华人就是少数派，不再占有人口比例上的优势，不可能领导首都吉隆坡。1961年5月李光耀再次与共产党领袖秘密会面，拒绝给共产党组织更多的空间。这导致了人民行动党内部有共产主义倾向的13位议员分离出去，在同年8月成立了反对党，使得人民行动党在下一轮选举中仅仅以一票之差险胜，李光耀保住了总理的位置。

1962年9月新加坡议会批准了加入马来亚的决定。在马来亚正式接管新加坡之前，李光耀公开通知共产党领袖离开新加坡，说他在马来亚接管之后无法保证共产党人的安全。这是李光耀为什么在1995年在北京与这些共产党领袖会面时坚持他们之间的恩怨扯平了——他是因为有了共产党的支持才在1959年赢得竞选，成为新加坡总理；在1962年他放共产党人远走高飞，或者说他利用吉隆坡政府赶走了共产党。

在与共产党打交道的过程中，李光耀学到了很多组织技巧，并把这些技巧运用到人民行动党里。在成为总理后，李光耀设置政治培训中心，专门教育讲英文的高层政府官员共产党夺权的危险，让他们认清形势、提高警惕。为了让新加坡的市容干净整洁，李光耀像共产党一样搞群众运动，让政府高官带头动手清洁街道。他还要防止共产党人利用当地华人的不满情绪制造事端。为了让华裔年轻人看到好的工作前途，李光耀在20世纪60年代决定让所有学校都用英文授课。

就这样，在20世纪中期政治动荡——殖民主义退却、共产主义深入身心——华人占绝大多数的新加坡竟然没有成为共产主义国家，反而走到资本主义社会的前列。

3. 新加坡与马来西亚的关系

新加坡与马来西亚的关系非同寻常。马来亚在 1957 年 8 月从英殖民地独立出来，直到 1963 年才包括新加坡和婆罗岛上的沙捞越和沙巴成立了马来西亚，而新加坡又在两年之后——1965 年 8 月，脱离马来西亚成为独立国家。

新加坡比日本更缺乏资源，除了深水海港以外没有任何资源可言，只有 4% 的土地是可以耕种的。虽然在楼顶上种植蔬菜的技术已经研究成功，但实施起来会遇到上下水管道需要重新设计等技术障碍。新加坡不得不依靠马来西亚提供不可或缺的食品和淡水。即使现在，只要马来西亚与新加坡有任何分歧，马来西亚就以切断水源来威胁新加坡。新加坡怎么办呢？

这个复杂而独特的双边关系可以从《李光耀自传》中得到诠释。1961 年李光耀与共产党分道扬镳之后积极争取与马来亚合并。他意识到，英帝国不可能让新加坡完全独立，因为新加坡太小，不可能自卫。李光耀还想让有共产党倾向的新加坡华人在马来亚更大的人口规模中成为少数，不再成气候。

马来亚当时的总理拉曼早在李光耀在英国剑桥读书的时候就是他的朋友。拉曼并不欢迎新加坡加入马来亚，他担心以华人为主的新加坡会改变马来亚的种族比例。就在这时，英国政府想出一个巧妙的办法。他们建议马来亚同时囊括附近的英殖民地沙巴和沙捞越，这样就可以保证新国家里的华人比例不变。有吉隆坡保证新加坡的外交和国防安全，英政府最终放弃了对新加坡的管辖。马来亚、新加坡、沙巴和沙捞越这四个地区在 1963 年 9 月组成了马来西亚。

两年之后，新加坡与马来西亚分道扬镳。按照李光耀的说法，新加坡是被吉隆坡驱逐出去的。而根据其他报道，拉曼总理说，这是因为李光耀早就想搞分裂，成立独立王国了。事实是二者兼而有之。李光耀在很多重要问题上与吉隆坡方面有分歧。李光耀支持马来西亚成为多种族平等的社会，而拉曼总理希望马来西亚成为由马来人主导的国家。他们在中央与地方的分税政策上也有分歧。李光耀公开批评联邦政府的政策，还继续代表新加坡与外国首脑会晤。他要与吉隆坡有切合实际的工作关系，而不是基于上下级的忠诚关系。他大胆的（或者说目中无人的）领导作风得罪了拉曼。拉曼打算要李光耀下台，在新加坡安插自己的亲信。

李光耀后来从英国档案里发现，这一次又是英国人帮助了他。当李光耀还在剑桥读书的时候，他就积极与英国工党、反殖民主义的马来西亚和新加坡学生保持联系。这些人中有很大一部分后来成为他的坚定支持者，并服务于他领导的政府。李光耀与英国政府在伦敦和吉隆坡的高层官员一直关系良好，包括英国首相麦克米伦和威尔逊、外交部长桑迪斯，以及人权事务高级官员菲利普·摩尔和安东尼·雷克。他与英国工党领袖的关系是建立在他们共同的道德原则和对被压迫者的支持的基础上的。

拉曼总理无法让李光耀下台，最终在 1965 年夏天的一个私人聚会上说："新加坡最好脱离马来西亚。"为此，马来西亚会保证新加坡的水源，还保持马六甲海峡几个世纪以来一直是国际海域的状况。这个协议在联合国被拷贝保存。如果任何一条被违背，新加坡可以直接到联合国安理会申诉。

在这种情况下，李光耀同意与马来西亚分手，并建立了新加坡自己的应急空军。20 世纪 70 年代，李光耀的财政部长这样描述马来西亚对新加坡的态度：又嫉又恨。"尽管新加坡面积狭小，在很多方面都有薄弱之处，但我们的经济发展远远超过他们的预期。"在马来西亚看来，如果没有他们的支持，新加坡不可能有今天的繁荣，新加坡的生存完全依靠马来西亚。

李光耀对马来西亚又嫉又恨的心理心知肚明，多年来一直谨慎地经营着这个双边关系。当穆罕默德·马哈蒂尔博士还是马来西亚副总理的时候，李光耀就预计他会有成为总理的一天，因为他的性格强硬，英勇无阻。没有他的支持，新加坡会有很多难题。李光耀决定放弃前嫌（1965 年新加坡离开马来西亚以来的种种不愉快），重新开始。马哈蒂尔在 1978 年接受李光耀的邀请访问新加坡，然后又有几次访问。在多次开诚布公的谈话之后，李光耀消除了他们之间的隔阂，赢得了马哈蒂尔的信任和不损坏新加坡独立的承诺。马哈蒂尔在 1981 年成为总理之后，多次让他的部长和高官们向新加坡学习。这种立场在马来西亚是前所未有的。

就这样，李光耀一直保持新加坡和马来西亚的双边关系在平稳的轨道上发展，任何问题都在技术层面上解决，从来没有扩大升级到政治层面。

4. 一个小国家怎么会有四种语言

新加坡从来没有一种天然的共同语言。它是一个在殖民统治下，各种族并存的大杂烩。英殖民者让人们自己决定用什么语言教育自己的孩子。现在80%的新加坡人是华人，14%是马来人，6%是印度人。虽然中文、马来语和印度语都被承认是官方语言，但英文是最通用的官方语言，是所有学生在学校的必修课。

另一个有四种官方语言的国家是瑞士：74%的瑞士人说瑞士德语，20%说法语，6%说意大利语，还有少数几千人说罗曼语。瑞士是有800万人口的松散的联邦国家，而新加坡却有一个中央集权的强势政府。瑞士的四种语言都是当地人的母语，而新加坡最通用的语言英文是人为进口的外来语。李光耀说："如果说新加坡是一个保姆国家，我作为这个国家的保姆非常自豪。"这个保姆是怎样在新加坡改变了大英帝国在中国香港等其他殖民地留下的放任主义根基的？

中文和中国文化博大精深，经久不衰。即使在元朝和清朝，蒙古人和满人统治大陆的时候，他们也在学习和适应中国文化，而不是用他们自己的文化来统治中国。海外华人除了与中国大陆的亲戚保持联系以外，还竭尽全力让他们的孩子学习中文和中国文化。中文学校和中国文化活动还有成功的华商在资金方面鼎力支持。华人在新加坡比马来人和印度人更具有教育和资金方面的双重优势。

在20世纪五六十年代，在统一战线的思想指引下，共产党渗入工会、学生会和商会，积极地推动中文教育，强调中文的重要性。即使这样，中文在华人占绝大多数的新加坡并没有成为统一新加坡的官方语言，令人诧异。

李光耀是血统上的华人，但从小却用英文与父母交流，基本不会说中文。为了取得20世纪50年代末期政治竞选的胜利，李光耀有意识地强化学习福建话和普通话，还刻苦地学习马来语，最终能用这些语言做竞选讲演。各种族的选民便逐渐接受了他是自己的领袖，对他是"殖民主义的走狗"的指责也逐渐烟消云散。

李光耀深知英文在国际贸易中的重要性，也知道各个种族都要保留自己的语言。他认为，在政治上唯一能够自卫的立场是让三种方言都成为官方语言，同时让英语成为统一所有新加坡人的通用语言。这样没有任何一个种族在语言上有超越其他种族的天然优势，而且还可以让新加坡积极参与国际政治和贸易。

下一个问题是：提倡英文教学让李光耀面对新的指控。一些华人说李光耀是"忘记祖宗的假外国人，和外国人执政一样压迫当地人"。李光耀运用他的政治天才让这些指责不攻自破。他特意把自己的3个孩子都送到中文学校上学。直到两个儿子完成了小学，女儿完成了高中，他才把他们转到英文学校。他在中文学校接送孩子上学的时候，有意让各大报纸的记者照相报道。

李光耀还让英文学校配备中文、马来文和印度文的选修课，这个决定很受欢迎。同时他也鼓励中文学校、马来学校和印度学校开设英文课。马来人和印度父母很欢迎这个决定，但华人父母反对。他们认为，这是让英文成为共用语言的一步，他们在中文报纸上公开反对，认为那些选择英文学校的华人父母只关心孩子的"钱途"，是短视的表现。很多华人不能理解，为什么在英殖民时期他们的孩子可以选择完全不学英文，只用中文学习，而在民选政府的自治时代，他们反而要被迫学习英文？

李光耀再次宣布，四种语言都是官方语言，都是平等的，他不容忍任何人把学习中文作为一个政治问题搞政治分裂。他也知道那些从中文学校毕业的学生没有良好的工作机会，尤其是南洋大学的毕业生。为了解决这个问题，李光耀在1978年说服南洋大学的董事会，把南洋大学与新加坡国立大学合并，强迫师生在英文环境里学习使用英文。

就这样，尽管新加坡华人占人口的绝大多数，中文和中国文化在新加坡的社会生活中并没有占据绝对优势，当然也没有被完全忽视。李光耀为了保留中国传统文化中他认可的优良品质，在合并南洋大学和新加坡大学之后不久，他就意识到应该倡导说普通话了。就像英文成为新加坡3个种族的通用语言一样，普通话可以统一来自四面八方的华人的语言。李光耀随即停止用闽南话讲演，有意让英文和普通话齐头并进。另外，20世纪80年代中国的改革开放也为海外华人学习普通话注入了新动力。当新加坡人看到掌握英文和普通话两种语言的人在职场上胜人一筹，薪水有加，便重新重视学习普通话了。

5. 李光耀在多大程度上是中国人

李光耀在血统上是纯粹的华人，但他的母语却是英文。他在孩提时代就仰慕做过英国轮船水手的祖父。虽然 20 世纪 30 年代的经济大萧条使祖父的大部分财产荡然无存，但祖父对英国舰船上秩序、纪律和高效的描述给李光耀幼小的心灵留下深刻印象。李光耀的父亲在他看来仅仅是一个有钱人的儿子，没有任何用处。作为 5 个孩子的长兄，他还是一个青少年的时候就肩负起家庭的责任。他非常敬重他的母亲，因为她顽强抵抗玩世不恭、无所事事的父亲，保留了自己的嫁妆不被丈夫赌博挥霍，还按照自己的方式养育了 5 个孩子。

因为李光耀从小与父母说英文，他在中文学校赶不上班。在 7 岁转学到英文学校以后，他轻而易举地名列前茅。作为大学班里的第一名，他拿到了英国女皇的皇家奖学金，有机会在剑桥学习 4 年法律。1950 年夏他以优异成绩从剑桥毕业，回到新加坡。

一方面，李光耀非常"英化"。大英帝国是他学习和生活的全部世界，是新加坡赖以生存的保障。他要新加坡自主自治的同时，也要保留新加坡与英国长期以来的历史、文化和经济渊源。在剑桥的学习让他懂得根本的社会变革并不一定要伴随着社会动荡和流血牺牲。在宪法框架内的和平变革可能会有更好的结果。他为英殖民者在撤离新加坡时提供了最不坏的领导选择，赢得了英国人的支持。在政治工作和为人处世中，他学会了英国人的理智、公平和唯贤是用的价值观。

另一方面，李光耀要保留传统中国文化中的优势。他认为，道德责任感的教育对年轻人以及整个社会都有好处。20 世纪 50 年代他还是中文学校的法律顾问的时候，他就为华人孩子的朝气蓬勃、自觉自律和对政治和社会生活的投入精神所感动。相反，他对在英文环境里长大的学生不屑一顾，因为他们缺乏自信和动力，以自我为中心，对其他事情漠不关心。在 1978 年南洋大学和新加坡大学合并之后，他担心中国传统道德和社会价值观所强调的纪律和责任、决心和毅力会随着中文使用的减少而消失。在西方媒体用英文迅速传播美国消费主义的时候，李光耀觉得保留这些品格尤其重要。他决定保留最好的9所中文学校，由政府的特殊资金支持，招收小学毕业班里名列前茅的学生。这些学校保留了传统中文学校的规范纪律和行为准则。傅高义教授在他关于亚洲"四小龙"的书中把新加坡与中国香港对比，他说，如果说中国香港商人觉得新加坡太正统乏味、管理太严格，那么在新加坡领导人眼里，中国香港太投机、太消极，低级趣味横行，完全没有自律。

为了倡导传统中国价值观，李光耀把媒体的作用定义为"加强，不是削弱，在我们学校里教导那些文化和社会价值观"。李光耀坚持认为，新闻自由必须要让位于新加坡的国家需要，让位于民选政府所追求的目标；一些不利于安定团结的新闻报道和图片只会导致社会冲突和政治分裂。

李光耀对言论和新闻自由的看法是人们批评他最强烈的理由之一。李光耀对待这个挑战的办法是公开邀请批评他的人同台辩论。当反对派拒绝与他公开辩论的时候，他说："如果原告都不能与他指控的人面对面讲道理，那么就没有什么好说的了。"

在政治上，李光耀把自己看做东南亚人，而不是住在新加坡的中国人。1976年与华国锋总理、毛泽东主席等中国领导人会面时，他明确表示，不想让中国把新加坡看做"亲属国家"，因为那样会让新加坡与其东南亚邻国难以相处，会孤立新加坡。他还表示，新加坡要等到其他东南亚国家，尤其是印尼，与中国正式建立外交关系之后才能与中国建交。为了区别与中国的不同，李光耀在他访问中国的代表团中特意包括了一个马来人。他还要求所有官方会议使用英文，让中方自带翻译。随着中国改革开放的不断深化，他访问中国的次数逐渐增加，他已经不再那么强调新加坡与中国的区别了，但他仍然把新加坡与东南亚邻国的关系摆在与中国的关系之上。在他看来，东南亚邻国能更直接地影响新加坡的命脉。

总之，两大本《李光耀自传》帮助我们基本了解了新加坡的政治文化和最近半个多世纪的历史。已故哈佛大学教授塞缪尔·亨廷顿在他的书《文化的重要作用：价值观如何影响人类进步》中用李光耀成功领导新加坡的社会巨变为例子，说明政治领袖能够领导文化变革。但亨廷顿是否考虑到新加坡仅仅是一个城市国家的特殊性，我们不得而知。不可否认的是，李光耀把新加坡从一个大英帝国统治的小海港建造成一个政府清廉高效、经济繁荣昌盛、社会安定祥和的现代国家。他的治国原则后继有人，体现在很多现在的政策取向和很多政府高官的讲演或著作中。

第四节 新加坡的外交立场

1. 前外交部长杨荣文其人

2012 年 3 月初，前新加坡外交部长杨荣文作为杰出访问学者在哈佛访问一周，其间包括两次公开演讲活动。一次是 3 月 7 日下午在亚洲中心以"形势变迁：中国与印度重现世界舞台"为题的讲演；另一次是 3 月 8 日下午在东南亚历史教授苏格塔·博斯主持下与哈佛经济学教授、诺贝尔奖获得者阿玛蒂亚·森（1998 年获诺奖）关于重建世界最古老的大学的对话。

两次活动凸显新加坡作为中西文化交汇处的特点：既有西方语言和思维方式又受东方文化和历史演变的影响，是新加坡精英层的共性。这一点在本书前两节中均有体现。

杨荣文与很多新加坡领袖一样，深受西方教育，又有东方的思想根基，习惯用英语表达东方思想和自己独特的立场。他 1954 年生于新加坡，祖籍广东潮州。1973 年他获新加坡总统奖学金赴英国剑桥大学深造，1976 年毕业后加入新加坡武装部队，1983 年获美国哈佛大学商学院硕士学位，回国后任新加坡武装部队参谋长兼联合行动与策划司长。

1988 年他辞去军职，步入政界，当选国会议员。从 1991 年到 1999 年，他任新闻及艺术部长；从 1999 年到 2004 年，任工贸部长；从 2004 年到 2011 年任外交部长。2004 年，杨荣文在联合国大会上发言指出中国台湾一些团体试图让中国台湾走向"独立"是危险至极的举动，引发中国台湾强烈反响。2011 年杨荣文在国会竞选中失败，宣布不再参加国会选举，淡出政坛，结束 23 年的政治生涯。

2. 中印重现世界舞台

在杨荣文描述有关中印比较的常识和人们的共识当中，美国的声音、中国的声音和新加坡的声音清晰可辨。他认为，中国和印度崛起的趋势是不可阻挡的，而且有很好的和平发展、友好往来的前景。

他回顾中印历史及两国文化特征。中印两国都有璀璨的古代文明，都是人口大国，但到了近代，中国成为西方的半殖民地，印度完全沦落为西方殖民地。在中国，汉民族占绝大多数，人种单一；历史上历来是中央集权的国家，地方首长由中央派遣，在政治经济和意识形态上都是大一统的国家。中国从上至下的层级制度森严，层次众多；上层领导需要信息通畅，而下层领导想营私舞弊，然后封锁信息，直到民众忍无可忍，公开造反闹事以获得上层领导的注意和重视。现代社会媒体的触角无所不在，这对层级制度中上下信息通畅很有帮助。在杨荣文的介绍中，中国方面的声音显而易见："现在中国的问题是经济增长中的问题，不是增长停滞的问题，基本体系还是健康的，有很多希望。"

相比之下，印度种族繁多，语言、信仰各异；地方实力大，官员来自当地，各自为政；中央处于相对弱势地位；整体看来似乎一盘散沙，所以中央政府不是可推翻的目标。

随着中国人收入越来越高，想要孩子的人越来越少，每个女性最多有一个或两个孩子，中国人口很快就会到达顶峰，而印度还有很多人口红利。中国有产权不清的问题，尤其是地权不清，使由土地而产生的经济利益说不清楚，收入两极分化。

相对来说，印度的经济增长比较均匀自然，政府人为的成分较少；法律体系与政府相独立，各种法律纠纷连绵不断，各种争吵铺天盖地、连续不断。"中国就像一棵大树，长得越高，风险就越大。印度就像一片低矮的丛林，横向发展，遍地开花，冲突混乱时有发生，但无妨大碍，整个体系没有倒塌的风险。"这是西方对中印比较的共识。

在国际关系的问题上，杨荣文有意促进中印和平友好，强调中印和平友好的古代历史远远比近代的分歧争端要长得多、主要得多。在 20 世纪冷战时代中，中国支持巴基斯坦，印度属于美国的阵营。在 1962 年中印为领土发生争端之后，中印隔阂很大。当中国提出协商议定边界，印度不同意坐下来谈；后来印度提出协商，中国又不同意。但是，如果我们把眼光放得更长远，超越最近的不愉快，我们应该看到，除了最近半个世纪以外，中印之间历来和平友好，互通有无，相互在对方的基础上更上一层楼。

杨荣文强调，人们的思想应该与时俱进。现在时代变了，中印关系进步了很多。印度更多的是为巴基斯坦担心，而不是担心中国（如果巴基斯坦政府垮台，这会造成国家混乱，极端分子、恐怖分子猖獗，而且就在印度的边界）。中印关系已今非昔比。

在讲演中，新加坡独特的视角和立场清晰可辨。杨荣文说："印度不会为美国所利用而成为中国的敌人。印度会从自己的利益出发决定自己的立场，不会对美国听之任之。例如，在世界气候变化的问题上，印度与中国一样站在发展中国家的立场上说话。"对以色列（美国）来说，伊朗是个威胁；对中国和印度来说，伊朗是朋友。因为历史和地理原因，印度对中东的影响很大，而中国在联合国安理会有绝对发言权。美国并不担心印度的崛起，但对中国的崛起有些防范心理。但杨荣文相信，尽管中美在很多领域会有利益冲突，但任何一方都不会用战争的途径来解决分歧。

杨荣文的总结发言也有特点，不相信中国或印度会重复西方的发展轨迹，"他们会信心十足地走自己的路"。中印两国各自的历史和文化传统成为当今现象的组成部分；从长远看，中印之间的文化交流会更加突出、更加重要。这是恢复古代长期友好往来的历史的途径。

杨荣文结合新加坡的经历说明，文化融合、种族融合、友好共存，同时保护健康的竞争是可能的，也是可行的。对于中印实力和关系的变化，杨荣文倡议，无论是企业还是个人都应该审时度势，顺应历史潮流，重新布局，识时务者为俊杰。

在问答时间中，杨荣文就中国南海问题说，东南亚国家与中国的关系一直不错，都不希望让南海问题升级。南海问题很复杂，历史上南海连接着中国与南亚国家。在 20 世纪 30 年代，国民党政府一直称南海为中国海域，其他国家也没有反对。但到 1982 年《联合国海洋法公约》出台，其他国家按照这个法律对海域的定义开始争执这个海域的主权。如果告到国际法庭，胜负很难预测。中国会尽力保全自己的利益，但杨荣文相信，中国不会像西方国家那样为此动武或殖民其他国家，这不符合中国的文化传统。

在很多国际事务中，新加坡显然扮演着调节各国关系的角色。但当杨荣文被问到"新加坡是不是调解人"的时候，他却毫不含糊地否认了，或许他不愿意给新加坡正式戴上这顶帽子，或许说一套做一套（只说不做或只做不说）是外交的一部分。他只是说，促进国家间的好感、善意和理解是我们外交政策的基石；国家间的关系不是零和游戏，而是有正效益溢出的游戏。

有中国访问学者提问，美国在亚太地区的驻军和活动的理由是亚洲的小国家需要美国在亚洲与中国抗衡，东南亚国家是否有这样的需要？杨荣文回答，任何小国家都会在外交关系上分散风险，但有一点是肯定的，没有人会侵略中国。中国可以更多地使用软实力，发挥精神思想文化的作用，从而调节国家间的关系。美国可以在亚洲部署兵力，但杨荣文建议，美军不要离中国海域太近，免得引起争端。

杨荣文重申，中国和印度都有很强大的软实力，他们不习惯用硬实力征服其他国家。他这里所谓的"软实力"在第二天与森教授的对话中得到充分诠释。

3. 全球实力向东方转移

在博斯教授的主持下，杨荣文首先解释重建大学的初衷。那烂陀大学即将建在印度比哈尔邦那烂陀寺的遗址周围。那烂陀寺建于公元 416 年，规模宏大，是古代印度佛教最高学府和学术中心。这个寺院在鼎盛时期藏书多达 900 万卷，学者辈出，课程多样，包括佛典、比较哲学、数学、自然科学，尤其是天文学、冶金术、人体学、医学等，几乎包括当时所有的人类智慧。

那烂陀寺是有史料记载的最早的大学。人们平常所说的"最古老的大学"是意大利博洛尼亚大学。那所大学成立于 1088 年，比那烂陀寺还晚 600 多年。博洛尼亚大学只能说是"最古老而且仍然健在的大学"，因为那烂陀寺在 1193 年被突厥人侵占毁灭。这些突厥人为了传播伊斯兰教，想彻底铲除佛教。他们焚烧藏书及寺院建筑 3 个多月，导致大批僧侣四处逃亡。从此，那烂陀寺失去昔日的光辉，变成一片废墟。

那烂陀寺 700 多年的历史基本可分为两段：从公元 6 世纪到公元 9 世纪是兴盛时期，那个地区周围有 5 个寺院，形成一个相互关联的体系，就如同现在美国东海岸几所著名的常青藤大学，相互有人员交流互动。那烂陀寺也是历史上最早的住校大学——师生都住在寺院里。在它的鼎盛时期，有学员 10000 名以上，教师 2000 多名。寺院里的所有建筑都是当时的精品，包括 8 座建筑、10 个庙和一座有 9 层楼的图书馆。寺院四周城墙围绕，只有一个出口，寺院里面有湖泊和公园式的美景。当地的国王崇尚佛教和有学识的僧侣，用税收供养这一切。公元 9 世纪到公元 12 世纪是那烂陀寺走下坡路的阶段。伊斯兰教和印度教的传播也铸成佛教的颓势。有人认为，那烂陀寺的毁灭是古印度文明销声匿迹的开始。

基于这样的历史，在这里重建那烂陀大学不仅是再现古印度的辉煌（他特别说明，这不是宣扬文化侵略主义），更主要的是要继承文化学术交流的优良传统，在现代社会促进跨国家、跨地域的深入了解，发挥促进和平友好的桥梁作用。那烂陀大学要成为有亚洲风格的全球性大学。

阿马提亚·森的发言主要描述那烂陀寺的辉煌历史和对新大学的愿景。7 个多世纪以来，这个寺院一直是古印度的佛教中心，集人类智慧于一体的高等学府，吸引世界各地的学者。他们有的从中国西藏来，有的从中国的中原地区来，有的从高丽、日本、印尼来，还有的从古希腊和古波斯来。那烂陀寺培养的最著名的中国学者是历史上的玄奘法师。

唐三藏的故事脍炙人口。玄奘（602—664）原名陈祎，13 岁出家，遍访佛教名师，因感慨各派学说众说纷纭，没有统一的说法，便决心去印度（当时的天竺）学习佛教。从公元 629 年到 645 年，他从凉州出玉门关西行，历经艰险抵达天竺。初在那烂陀寺跟随戒贤法师受学，后又游学天竺各地，并与当地学者论辩，名震一时。玄奘见证了公元 7 世纪那烂陀寺的盛况，以他的笔记录了当时的经历。

精益求精、持之以恒使玄奘成为前 10 名能解释 50 部经文的法师。他被邀请留在那烂陀寺继续教书研究，但他执意回国，坚持要把真经带回中国，传遍众生。玄奘于公元 645 年回到长安，带回佛经 52 筐。从此他组织译经，共译出经、论 75 部，1335 卷。

森说，随着印度的佛经传入中国，中国丝绸、医药也流入印度，形成良好的关联与互补。"从经典看，古中国的医药比印度先进，但印度医疗系统比中国好，现在似乎很难想象。"

玄奘西天取经的意义重大。他帮助保留了古印度智慧，使部分典籍免遭焚烧，让我们现在与古人沟通交流、心心相印。中国政府在 1957 年捐款 30 万元在那烂陀寺附近建造了玄奘纪念堂，以纪念这位中印文化交流的先驱。这也是中印两国人民之间源远流长的传统友谊的见证。

2006 年，新加坡、印度、中国和日本在这里宣布重建那烂陀国际大学。为建立这所大学，印度国会特殊立法（2010 年 9 月），走特殊渠道，政府特批启动资金和建筑用地。但要取得最后成功仍然需要信心、耐心和领导力。森坦承：任何事情都有挑战，印度政府效率低下，有些批文要等很长时间，还需要从国际上争取配套资金，更重要的是争取中国的支持和投入。如果中国投入了，其他国家就会跟随。

在问答时间中，哈佛前教务长亨利·罗索夫斯基第一个提问，即将建立的那烂陀大学在建校目的上与其他大学，例如哈佛大学或剑桥大学，有什么本质不同？我们不都是在高等教育领域里为人类文明、为普世主义而促进交流与发展吗，还是说你们要在印度复制哈佛和剑桥？

博斯教授的回答强调那烂陀大学的特性。他说，他从印度最好的大学毕业，即使在这样最好的大学，学生仅仅学印度历史和欧洲历史，没有中国历史、日本历史和亚洲其他国家的历史课程，更没有任何亚洲视角。新建的那烂陀大学要有特殊的亚洲视角，重新发现古老的相互关系，为建立亚洲社区创造氛围。最先建立的几个院系会包括历史文化学、宗教研究、语言文学、国际关系学和环境科学。至于我们是不是要撰写亚洲版本的教科书，还需要讨论。可以肯定的是我们要全球招生，吸纳全球最优秀的教师，不计肤色和人种，唯贤是用。

这时杨荣文强调，如果不加强文化与知识界的交流，发挥软实力的优势，亚太地区和平友好的局面将难以为继。佛教有很强的精神性，相信人与人的和谐，人与自然的和谐，以至人就是自然的一部分。这种天人合一的理念在当代是否太渺茫了呢？有人世故地认为，现代化使天人合一的理念完全不能实现。问题是：如果不能和谐共处，我们还有其他什么选择吗？

有听众问：中国对重建这所大学有什么反响？杨荣文说，对中国学者和政府，我们要说明，这所大学是要从事佛学研究，讨论佛学思想，不是要传播佛教。我们目前只停留在学者交流的层面。森教授说，中国历史上一直把"中学为体，西学为用"作为指导方针，但他最近几年几乎每年都去北京，发现中国在这方面有思想上的变化。

有听众问：那烂陀寺所在地基本上是穷乡僻壤，距离最近的城市也有一个多小时的路程。这个项目已经开始了六七年，仍然困难重重。现在网络那么发达，为什么不通过网络建立一所网上大学，既可以达到目的又可以省时省力？

三位教授几乎异口同声：实现我们的目的需要人与人、面对面的交流，那烂陀寺曾经是佛教圣地，有璀璨的历史，我们有责任光复那段辉煌，为亚洲未来的和平繁荣贡献力量。

第五节 印度大使是这样 "攻关" 的

几乎与中国副主席习近平在美国中部与 27 年前他在美国考察时结识的老朋友座谈的同时，印度大使蕊鸥于 2012 年 2 月 17 日在哈佛大学以 "人民与人民间的关系" 为主题做公开讲演。短短一个半小时的交流不可能面面俱到，更不可能深入任何问题。那么，如何最有效地利用这个时间，建立友好信任的桥梁就要看外交官的技巧了。语言风度、知识层次、随机应变的速度都是影响表演效果的一部分。

蕊鸥这次讲演是一篇书面发言，官方色彩浓厚，但有几点值得注意：

第一，蕊鸥与美国和哈佛的交往深厚。她生于 1950 年，在大学主修英文，获英国文学硕士。难怪她的英语口音纯正，措辞严谨，语言流畅到位。1973 年她以优异的成绩考入印度外交系统，开始外交生涯。从 2009 年 7 月到 2011 年 7 月她任外交部部长。在这之前，她曾任印度驻美使馆对外事务主管、印度驻莫斯科领馆副主管、驻秘鲁大使和驻中国大使。2011 年 8 月，她赴华盛顿任印度驻美大使。

她这次来哈佛是故地重游。从 1992 年到 1993 年，她在哈佛国际关系中心做访问学者一年。2011 年 9 月她还来过哈佛做正式命名的讲演（以某人名字命名讲演比普通讲座更正式，更有来历、有渊源），所以这次她称很多人为 "老朋友"。

第二，全篇讲演以美印民间交往、民间友谊为中心，给美印双边关系注入生命力，说明这个关系不是政府不顾人民意愿，人为制造的无本之木、无源之水。蕊鸥首先说，美印有共同的价值观，相信民主法治。为世界和平稳定，美印关系的重要性愈加明显，但这些不是她这天讲话的重点。她的重点是两国人民之间的关系，这才是两国关系的基石。

哈佛经济学笔记3：中国挑战

蕊鸥追溯哈佛与印度的关系到19世纪中期，说明两国人民之间的关系源远流长。然后她转到现在各式各样大范围的学生学者交换项目、科学技术交流项目等。她倡议美国大学不仅要有亚洲研究中心，也要有像费正清中心这样专门研究中国的中心来专门研究印度。她肯定海外印度人的积极贡献，特别提到曾获诺贝尔经济学奖（1998年）的印度籍经济学家哈佛大学教授阿马提亚·森刚刚获奥巴马总统的国家人文学奖章。

蕊鸥也提到两国日益增长的经贸关系对创造就业、技术升级的贡献等，但强调这不是两国关系的基础。"美印两国关系不是建立在一笔笔五两换半斤的交易上的，而是超越经济利益的。"

蕊鸥说，今天的世界充满各种挑战，恐怖主义仍然存在，亚太地区的各国实力在发生巨大变化，但印度与美国的利益趋同，"我们是天然的战略伙伴……我们在教育、医疗、农业、经贸、科技，还有国防军事等领域都开展全方位的合作。"蕊鸥描述的未来充满希望与机遇。

第三，即席回答听众提问最体现水平和技巧。第一个问题就是关于中印关系的：美印在政治和军事方面的合作是不是针对中国的？蕊鸥的回答在美国和中国之间尽力做到一碗水端平，不偏不倚。她说，中国和印度是近邻，关系非常古老，两个国家都从中受益。在近代历史上，两国有些冲突。"现在中国崛起已经成为事实，我们在认真考虑中美印三边对话的可能。一定程度、一定范围内的竞争是健康的。我们要尽力减少不健康的竞争和两国关系发展的障碍，让友好合作成为两国关系的主旋律。"

下一个问题是关于印度和巴基斯坦的。提问人是一位巴基斯坦记者，他提到一些历史事件，话里带话显然有所指。蕊鸥没有顺着他的思路回答，而是居高临下从整体关系入手。她说，印巴关系在好转，我们继续致力于睦邻友好。"至于在历史上，哪个国家先做了什么，哪个国家后做了什么，我不想与你辩解。我建议你更仔细地读历史。印度为了友好合作，甚至愿意承担大于自己应该承担的历史责任。请不要用有色眼镜看待印度，突破固有成见，重新看待对方。"

最后一个问题是关于印度与伊朗的关系的。提问人引用《纽约时报》的报道，指责印度是伊朗的帮凶。蕊鸥全盘否定这个判断，认为这是完全不顾事实的自由杜撰。她说，印度从伊朗的能源进口在几年前占印度进口的15%，现在已经降低到10%以下。"我们有几百万穷人需要能源，我们必须保护他们的利益，让能源越便宜越好，所以不能一下子切断所有从伊朗的能源进口。我们毕竟是一个民主国家，美国也是民主国家。共同的民主机制帮助我们理解我们之间的不同。伊朗问题对美国来说非常敏感，印度也有非常敏感的问题。我们要尽力尊重对方的核心利益。"她相信，美印之间的利益在趋同，任何分歧都是可以克服的。

第六节　日本新首相上台后的美日关系

麦克·格林在 2010 年 9 月 7 日以《日本在美国宏观战略中的地位》为题在哈佛发表公开讲演。

格林是乔治城大学外交学院副教授，兼任战略与国际研究中心高级顾问。日本国内政治、亚洲地区关系以及美国对亚洲的外交政策是他将近 30 年的研究重心。从 2001 年到 2005 年，他是小布什总统国家安全理事会顾问，主要负责亚洲事务。卸任以后，他在外交领域中仍然非常活跃，成为多个思想库成员，包括外交关系委员会、战略研究国际研究所和阿斯本战略小组的成员。

格林的讲演仅有 40 分钟，但内容相当丰富。他开篇就承认，美日关系目前面临的形势相当严峻，部分原因是由于中国的崛起，部分原因是由于日本内部政治经济形势的变化。他的儿子才 3 岁，早晨起来当他对儿子说："Good morning."他儿子却用中文回答："早晨好。"他说他从 20 世纪 80 年代初就从事日本研究，现在热情依旧，不想让日本被边缘化。

他说，好的战略包括两部分：清晰的目标和达到目标的办法与渠道。日本在二战后的半个多世纪对美国的外交政策至关重要，但现在出现了新情况：日本经济停滞不前，政局动荡不安。"我们要重新审视我们战略中的前提假设。"听起来，格林对美日关系似乎要有突破性的大胆设想。

但从通篇讲演来看，他其实是"雷声大，雨点小"，仅仅主张对现有战略采取"技术微调"，而不是重新设计框架性战略。这与他 2006 年秋来哈佛讲座时的核心思想完全一致。那时他认为，无论哪位候选人成为日本首相或哪位候选人成为美国总统都不会从根本上改变美日牢固的盟友关系，因为决定美日关系的结构性因素依旧。

他正在写一本有关美日关系的长篇著作，其中他回顾了长达一个半世纪的美日关系历史：从 19 世纪中期美国凯瑞舰队打开日本国门（1853~1854 年）到第二次世界大战，到朝鲜战争，到冷战的历史，说明日本在美国外交史中的特殊地位。格林认为，冷战以后，克林顿政府、小布什政府和奥巴马政府都基本沿袭了以前的政策方针，对日本政策的连续性大于不同总统之间的区别。这似乎让人不禁觉得，对历史越熟悉的人城府就越深，越倾向于"存在的就是合理的"，无论情形如何变化，也仅仅主张"技术上的微调"。

格林从克林顿政府助理国防部长约瑟夫·奈（民主党）和小布什政府外交部副国务卿理查德·阿米蒂奇（共和党，2001~2005 年在任）在 2000 年共同主张的美国对亚洲战略开始讲起。这次他只是一句带过，没有时间细说这个战略到底是什么。但 2006 年秋，他在哈佛的讲座中曾经把这个战略与小布什政府外交部副国务卿佐利克（曾任美国贸易谈判代表）和小布什政府财政部部长汉克·鲍尔森（2006~2009 年）对亚洲的战略相比较。佐利克和鲍尔森认为，在美国对亚洲的政策中，中国最重要；只要把美中关系搞顺了，美国与亚洲的其他关系就搞定了。

奈和阿米蒂奇的观点则侧重于美国与中国周边国家的关系，只要把与这些周边国家的关系搞顺了，中美关系就搞定了。格林就是从这个思想体系里出来的，但他明确反对把这种战略看做对中国的包围。2006 年格林在哈佛讲座后的问答时间里就美、日、中三边关系这样说："加强美日关系并不意味着冷落中国，因为这个世界不是简单的两维空间，而是多面向的。在经济领域里，中国与美日两国的关系比中国与俄罗斯的关系更加互补。""我们要积极推进三边对话。如果没有美日同盟关系，中国会更加紧张，因为中国会担心日本的民族主义和军国主义抬头。"关于价值观，格林说："胡锦涛主席已经说了，中国也要民主，只是想按照自己的方式追求和实行民主，所以中美两国并没有价值观的冲突。"

奈和阿米蒂奇的战略思想基本上是在与中国合作的同时，保持并加强美日同盟以及美国和其他亚洲国家的关系。格林虽然是美日关系的坚定支持者，但对日本的愿望并不一味迁就。2006 年日本在努力游说要成为联合国安理会常任理事国的时候，格林就公开声明，这是不可能的：成为常任理事国的门槛太高，涉及的机构性因素太复杂，仅仅美国国会这一关就通过不了；美国国会一直反对扩大联合国的任何机制；即使有一天常任理事国委员会真的多出一个席位，美国也会首先支持印度加入，而不是日本。

格林说，2010年日本本身成了问题，所以我们有必要重新审视美日联盟和我们对亚洲战略的前提条件。他列举了日本在最近几年的3个变化趋势，并逐一解释辩驳。

第一，民主党接替自民党成为执政党；2009年末，日本当时的首相鸠山由纪夫提出要脱离美日同盟，建立除美国以外的东亚共同体。这是否意味着削弱美日同盟？格林认为不是这样的。首先，选民改选执政党不是因为要改变日本的外交政策，而主要是想改变他们的经济状况，提高经济增长。民意测验显示，美国在日本年青一代人的心目中仍然很受欢迎，而且值得信赖。其次，东亚共同体第一次被小泉首相提出时，民主党反对。这一条成为民主党在大选中攻击自民党的理由之一，直到小泉下台，民主党自己成为执政党，他们才改变口径。再次，东亚共同体没有什么实质性内容，不必大惊小怪。民意测验显示，如果日本现在面临威胁，有60%以上的日本人表示仍然要依靠美国。在问答时间中他说，一定程度的中日友好对稳定东亚是有好处的，但美国也要同时把对亚洲的政策放在与多个亚洲国家合作的基础上，包括印度和韩国，而不是日本一个国家。

第二，日本经济实力呈现下降趋势，即使不考虑人口结构的变化，也是这样。在2010年年底，日本国债将达到GDP的两倍，其中90%以上都被各种机构持有。这种债务状况不可持续。而且日本正在经历通货紧缩：在短期利率基本是零的情况下，还有很大过剩产能，失业率很高。衡量贫富差异的基尼系数有所上升。20世纪90年代日本政府利用赤字刺激经济，但效果微乎其微，经济增长非常迟缓。民主党利用这些经济弱点在2009年的大选中攻击自民党，最终把自民党拉下台。格林声明，他并不是说日本无法恢复经济增长，如果日本采取必要的经济措施，例如，实施小泉首相曾经提倡的一些政策（包括增加消费税），日本经济还是可以增长1%～2%的。格林说，有这种可能，但他不能保证一定会发生。

第三，日本政坛动荡不安，频繁更换首相就是典型的例子。目前，民主党内部人才济济，但政见一盘散沙，没有任何统一的声音和步调。党魁选举无论谁赢，另一方都会出局；或者选票太接近，双方共同组阁。无论哪种形势产生，春天的政府预算都不会通过国会，都要进行全国大选。

在问答期间，有人问，日本政局怎样才能更稳定呢？格林回答，在最近两三年，这是不可能的。直到20世纪50年代成长的这批政治家退出历史舞台，有国际视野的年轻政治家接替他们，日本政局才有希望。年轻政治家不是要致力于国内政治的钩心斗角、五两换半斤的交易，而是真正思考日本在国际舞台中的作用，同时在国内采取严厉的经济措施，刺激经济增长。这种现象怎样才能出现呢？格林自问自答，或许是因为日本国家安全受到威胁，或许是因为国内储蓄消耗殆尽，国债无法持续。总之，在特殊情况下，日本有可能打破目前的恶性循环。

那么，美国对日本及亚洲的政策是应该另辟蹊径呢，还是微调现有策略？格林认为另辟蹊径的3种办法都不可取：①中美形成G2的可能性不大，因为他们的政权基础不同、国家性质不同，这个鸿沟不可逾越。②亚洲其他国家团结起来围攻中国也不可能，因为那样费力不讨好；③亚洲国家走向多边区域共同体也不太可能，目前亚洲地区论坛和东南亚国家联盟还停留在形式大于内容的阶段。

格林分析的结果是，美国对亚洲政策应该根据新形势做技术上的微调，而不是另辟蹊径，把过去的政策框架推倒重来。技术上的微调包括加强美韩关系、美印关系等；在比较容易的领域里促进美日合作，例如气候变化、清洁能源等日本有实力的方面。最后，格林特地以乐观姿态作结。他说，他想从历史学家的角度，而不是从政治学家的角度结束讲演：历史表明，虽然日本是一个政治上比较保守的国家，但是每当它面临最大挑战的时候，它总能够成功地调整自己的体制，化危机于机遇，战胜挑战。

第七节 新世界观下的美国未来外交政策

话说美国外交政策，任何成体系的外交政策都是建立在一种特定的世界观之上的，所以在谈外交政策之前必须先谈世界观。

有一种旧的世界观是基于对 18 世纪和 19 世纪国家间关系的解读。那时国家之间是不可渗透的，每个国家拥有完全独立的主权。现在的世界不同了，每个国家都是个多面体；在不同侧面，国家间是完全可以相互渗透、影响，甚至联合起来的。

这就像誉满全球的儿童玩具乐高。孩子们可以把用乐高搭成的房子拆成无数塑料零件，然后重新组装成新的玩具：汽车、飞机、火车、轮船、坦克等等。只要想象力是无限的，重新组装的方式就是无限的。国家也是一样。

每个国家在不同的侧面就是一个零件，任何一个侧面可以把不同国家联系成一个网络。例如，在国家安全方面，北大西洋公约组织就是一个网络，有 28 个成员国。在环境方面，有 40 个城市自发地组织起来节能、节水和各种资源。他们不愿意坐等世界环保协议，而要采取行动"从我做起，从现在做起"，力所能及地保护环境。这些遍布全球的 40 个城市也是一个网络。

用旧的世界观看待世界的时候，我们用的描述语言是：世界是单极的，两极的，还是多极的。在新的世界观下，我们的视角是不同的。我们不再说某个国家是"世界一霸"，或某些极少数国家形成世界的几"极"。取而代之的是，"在某个方面，某个国家的某个城市是这方面的中心枢纽"。世界是由无数个网络构成的，每个网络都有自己的中心枢纽。

以新的世界观和网络的视角看待世界会有不同的启发。

第一，每个城市和每个国家要争取成为多个网络的中心枢纽。

第二，有中心枢纽城市最多的国家是最强大的。美国有高科技的中心枢纽硅谷、影视娱乐业的中心枢纽好莱坞、资本市场的中心枢纽纽约和高等教育业的中心枢纽波士顿。一个国家拥有的中心枢纽城市的数目越多，就越强大。

第三，任何一场战争的范围越局限越好，选择攻击的目标越小越好，影响越大越好。从这个角度说，"手术袭击"或"要害袭击"是行之有效的上策。

第四，面对任何国际争端，美国不应该过早"出头"——采取军事行动保护一方，攻击另一方。美国应该做的是：创造一个让当事人或与事端有关的国家和地区自己能够解决问题的环境。例如，在叙利亚问题上，美国不应该主动出军，领衔打败叙利亚政府，而是要让周边国家或有关国家自己觉得忍无可忍，做好军事行动的准备，只有这时美国才助他们一臂之力。换句话说，美国要等到水到渠成才能行动。（这一观点被共和党在2012年的总统大选中指责为"从后面领导"，其潜台词是"奥巴马没有领导能力"。）当然这不是机械地旁观事态的发展，而是要积极地影响周边国家的民意和政府意图。按照这个说法，美国扮演的角色不是"世界警察"，而是"国际争端的调停人"。

第五，美国要主动创建新秩序和新机构。例如，围绕"反恐主义"就可以建立起新的网络。如果美国要成为国家安全领域中的中心枢纽，美国就要主动与众多国家建立关系与合作。从美国总统大选来看，共和党候选人罗姆尼在这方面不如民主党候选人奥巴马。罗姆尼看起来更注重各方利益和激励机制（动机），对如何短平快地解决具体问题更感兴趣，而不是通过建立机制，设定规章制度，长期稳健地解决根本问题。

第六，在新的网络世界观下，政府的作用是搭建平台，允许并鼓励私有部门——无论是个人还是机构——建立起各自感兴趣的网络，并从中汲取营养，成就自身，即"政府搭台，别人唱戏"。

放眼未来，美国要想重新振兴，就必须解决一系列自身的问题。

第一，政府赤字及债务。美国政府债务累累，已经到了难以为继的程度。再加上国会山两党之间水火不容的政治斗争，原本就很严重的经济问题被上升到政治问题，一拖再拖。

哈佛经济学笔记3：中国挑战

第二，虽然美国非常强大（这里 power 的概念其实就是约瑟夫·奈讲的硬实力），但影响力很小（这里 influence 的概念就是奈讲的软实力。关于奈的主要思想，详见本书第一章第二节）。美国仍然需要通过合作，建立各种伙伴关系及网络。

第三，建立关系网和影响力的一个重要渠道就是贸易（这和经济学之父亚当·斯密对贸易的作用的理解有相同之处，详见《哈佛经济学笔记 2》第 102 页《斯密的洞见》）。美国要相信贸易的好处，防止贸易保护主义抬头。美国应该以跨大西洋的北北合作为基础，向周边辐射威力，建立南北之间的关系。

这种观点与奥巴马政府把外交重心从欧洲和中东向太平洋地区转移的观点非常不同。奥巴马的重心转移有可能会造成顾此失彼、本末倒置的结果，而这种由北北合作向南北合作推进的策略则会循序渐进，柔里有刚，刚柔相兼。

美国的有识之士当然懂得"要想影响别人，首先要管理好自己"的道理。国家之间的关系与个人之间的关系有相似之处。一个人无法完全控制另一个人，但可以尽力控制和改善自己。要想战胜别人，首先要战胜自己。美国也是一样。

第三章

沦为世界三流的欧洲国家

　　如果欧元崩溃，欧洲经济一体化进程就会受阻，政治一体化更无从谈起。不但这些人自己的努力没有成果，而且他们以前几代领导人的努力都会付诸东流。推进欧洲一体化是老一代人工作的意义，是各成员国外交政策的坐标。如果没有坐标，世界会成什么样子？不可想象。

第一节　欧元危机：人力与天性的较量

1. 欧元的未来：增加赌注还是趁早认输？

面对任何挫折，人们都有两种选择：在原有的道路上加倍努力、百折不挠；或者干脆放弃以前的努力，让过去的过去，重新选择、重新开始？经济学家萨默斯在他的有关全球化的课程中提到这种情况（详见《哈佛经济学笔记》第63页）。类似的抉择在生活中比比皆是。当你遵循的减肥方案没有达到效果，你会更加严格地执行同一方案，还是换一整套新方案？当美国在伊拉克的军事状况不尽如人意的时候，美国是应该完全撤兵还是应该增加兵力？

重新选择意味着不同程度地认输，承认过去的选择是错的，至少在新的形势下已经不适用了。这对当事人来说在心理上很难接受。他们以前的付出越多，就越难重新开始。

欧元的命运就处在这样的十字路口。2012年7月的欧洲笼罩在欧元何去何从的阴霾之下。就在5年前，欧元的成就还举世瞩目，转眼间就摇摇欲坠、岌岌可危了。各方各界都在为拯救欧元、控制减缓债务危机而出谋划策。应该说明的是，这些人大多是欧洲的精英，他们为欧洲在"二战"后从废墟中站立起来，通过经济一体化而达到政治一体化，进而实现永远和平的目的工作了几十年。

如果欧元崩溃，欧洲经济一体化进程就会受阻，政治一体化更无从谈起。不但这些人自己的努力没有成果，而且他们以前几代领导人的努力都会付诸东流。推进欧洲一体化是老一代人工作的意义，是各成员国外交政策的坐标。如果没有坐标，世界会成什么样子？不可想象。

但生活中有太多的矛盾，很多方面都是对立的：精英治国与民主机制是对立的，年老的与年轻的是对立的，有二战体会或记忆的与没有二战记忆的是对立的，懂得历史的与不懂历史的是对立的，理性分析与感性直觉是对立的，长期利益与短期利益是对立的，大经济集团的利益和普通纳税者的利益是对立的等诸如此类的矛盾在对待欧元的立场上集中爆发出来。这就是为什么欧元危机辨不清、理还乱的原因之所在。

欧元既然出现危机，就说明有很多"离心力"在起作用。这些"离心力"是各国经济基本面的差距在金融领域中的集中表现。卷在危机里面的人都是"泥菩萨过河——自身难保"，谁知道明天会发生什么。无论宏观经济层面还是微观管理层面都有极大的不确定性。

熟悉赌博游戏"21点"的人一定知道，每个玩游戏的人都必须决定：要加倍赌注，还是趁早认输。想拯救欧元的人要增加赌注，用人为的力量克服自然的"离心力"。他们与这些"离心力"的斗争就如同人的意志要克服自私自利、各奔东西的天性，他们要逆流而上。不想继续拯救欧元的人认为，越早认输越好，免得损失更大。

2. 欧元区的五种"离心力"

（1）经济衰退深化，债务负担加剧

2012年6月，西班牙成为欧元区第四个需要救助的国家，要从欧洲金融稳定设施或欧洲稳定机制得到1000亿欧元，相当于西班牙GDP（1.1万亿欧元）的9%。在这之前，3个被救助的国家——希腊、爱尔兰和葡萄牙——已经分别获得救助2470亿欧元（占希腊GDP的115%）、675亿欧元（占爱尔兰GDP的43%）和780亿欧元（占葡萄牙GDP的46%）。

要使债务可持续，政府总债务与GDP的比例必须稳定，最好逐渐减少。这意味着债务总数必须减少，或者GDP必须增加。如果经济紧缩，GDP减少，债务要减少得比GDP还快，这个比例才能减少。在理论上这是可能的，但在现实中没有先例。通常情况是，GDP减少比债务减少得快，债务比例仍然增加。

实践证明，只有实现经济增长，使 GDP 的增长率大于真实利率，债务才能在经济增长中被消化。问题是，经济增长的目标与整顿债务的财政紧缩政策背道而驰。这是债务危机的两难。这被经济学家萨默斯称为反讽：债务危机是由借债太多造成的，但是要走出危机经常需要借更多的债。

现实是冷酷的。欧元区经济衰退愈加严重。希腊经济连续 5 年衰退，GDP 在 2012 年前两季度衰退率分别为 6.5% 和 6.2%，失业率在 6 月底高达 22.5%。私营部门的平均工资水平已经减少了 30%，警察和军人的工资即将减少 5% 到 10%。经济中流动性减少，税收预计在下半年增加。这些都会使经济继续冷却紧缩。政府担心贫困人口激增，社会治安难以维持。西班牙的失业率更高，在 6 月底高达 24.8%。为了从欧盟总部布鲁塞尔赢得 1000 亿欧元的救助，西班牙要实施 650 亿欧元的财政紧缩政策，所有公职人员的薪水要降低 7%。7 月 23 日，西班牙 10 年期政府债券的利率高达 7.49%，股市下跌，人心惶惶。

希腊、爱尔兰、葡萄牙、西班牙和意大利都在不同程度地挣扎之中。欧元区 17 国的整体失业率为 11.2%，失业大军高达 1780 万人。欧元区第二大经济体法国的失业率（10.1%）竟然与意大利（10.8%）相差无几，所以法国也很心虚，唯恐自己与求援的距离在逐渐接近。经济紧缩使债务愈加沉重，债务又加剧通缩，使经济进一步萎缩，恶性循环。

（2）金融系统流动性衰竭

银行系统永远为经济周期推波助澜，只会锦上添花，绝不会雪中送炭。越不需要钱的人（国家）越容易借到钱；越需要钱的人（国家）越借不到钱。经济衰退需要银行放贷，刺激经济；而银行本身正因为经济衰退、前景不明而缩手缩脚。欧元区越是有困难的国家，信贷紧缩就越严重。

欧洲银行监管部门（EBA）却在这时要求银行的一等资本（流动性强的近似于现金的核心资产）占整个银行风险调整后的资本的 9%。为了满足这个要求，欧元区 27 家银行已经集资 940 亿欧元（2012 年 7 月 17 日《金融时报》数据），同时不得不减少贷款。这使原本已经陷入危机的实体经济更加贫血衰弱。

为增强银行系统安全而设置的第三轮"巴塞尔规范"会在 2013 年全面实施。时机不可能更糟糕了，正是"越渴越加盐"。这些措施在保证银行更加安全的同时，也限制了银行贷出款的自由程度。银行缩手缩脚的表现更集中地表现在跨国资金流动减少。这使资金流动和商业活动本地化，而不是区域化，减少了欧盟总部布鲁塞尔全面监管整合所有欧元区银行的必要性，与欧元区经济一体化的目标背道而驰。

（3）德国疲于救助，默克尔腹背受敌

德国选民普遍为以"欧洲一体化"为名义的大量转移支付而怨声载道。有报纸评论说，欧元就是"没有战争的《凡尔赛条约》"（一战结束后在法国签订的《凡尔赛条约》使德国为赔款不堪重负。通胀率急剧上升，为希特勒上台提供了条件）。很多德国人说，"已经受够了"。任何坐在德国总理位置上的人都会觉得如坐针毡。

应该说，德国总理默克尔的表现已经很不错了。她没有大刀阔斧地及早救助欧元，那是因为民主机制根本不允许她那样做。她怎么可能做得更好呢？事实上，她是一个很受选民欢迎的政治领袖。她不招摇、不显示，生活方式简朴、低调（与法国前总统萨科奇截然不同）。在欧元危机日益深重、矛盾激化的情况下，还能保持头脑冷静清晰实属不易，但形势不容人。当你需要借的钱少的时候，你有求于借出款的人；当你借了很多钱以后，债权人就有求于你了。默克尔就是这样的债权人。

这是为什么默克尔一方面声色俱厉地给周边国家领导人上课（西班牙人的假期应该短一些，希腊私有化的进程应该快一些，意大利的公有经济部分应该进一步瘦身），催促他们进行实质性经济结构改革，被周边国家看做捍卫自身利益的冷血动物；另一方面却不得不一次次屈服于债务国的要求，让德国税收外流向布鲁塞尔，让德国公民间接补充外国政府的债务。这也是为什么她一方面声称"我希望看到更多的欧洲一体化"，另一方面又因为坚持德国的条件而阻碍一体化的进程；为什么她起初毫不犹豫地拒绝许多周边国家的建议，过一段时间后又不得

不妥协反悔，以至于成为被国内舆论指责的众矢之的。

早在 2010 年年初，希腊危机刚刚爆发不久，默克尔就提出让希腊离开欧元区。当时的法国总统萨科奇便威胁说，如果德国真的这样做，法国就中断与德国的联盟（事后看来，对希腊的救助在很大程度上是救了拥有希腊"有毒资产"的法国银行）。默克尔曾经反对金融交易税，后来又被法国说服，支持这种税。即便是德国总理的话，也只是"一时有效，很快作废"。支持欧元的德国人说："欧洲现在讲德语了。"反对欧元的德国人说："但是欧洲的行为却更像法国人。"

普通德国人不能理解，"我们为什么要用自己纳税的钱拯救那些南方不负责任的政府？"现任的政治领袖沿袭欧洲一体化的事业越多，距离普通大众的意愿就越远。理智地分析和继承传统在这种感性评论面前显得微不足道。在大众选票决定政治精英的民主国家，很难想象精英意志与大众情感的差距会持续很久。所以有人预计，默克尔会有更大的转弯。

也难为一位女总理，两面不讨好——对外不得不屈服于债务国的压力，对内又要给反对继续欧洲一体化的德国公民有所交代。这种动态变化和制约关系使欧元区的每一次救助都像小脚老太太一样步履蹒跚、姗姗来迟。每一次防火墙的建立在事后看来都不够及时，数量不够大。

（4）政治动荡，前途未卜

民主国家本身有很大的不确定性。每隔几年的选举机制意味着民意难违，而且党派角逐，谁也不服谁。由于欧元区成员国都是民主国家，每年不是这个国家选举，就是那个国家选举。政治领袖变换频繁，谁也不知道哪位政治家会在位多长时间或紧缩财政政策会持续多久。

即使在欧元区第二大经济体法国，政策也因为总统换人而出尔反尔。前总统萨科奇要提高退休年龄，新总统奥朗德却要把退休年龄从 62 岁降低到 60 岁（德国已经提高到 67 岁）。法国的失业率是德国的 4 倍，新总统奥朗德却要提高法定最低工资。他几乎对 2011 年法国的赤字占 GDP 比例是德国 3 倍的事实视而不见。前总统萨科奇曾经用几次公开讲话给法国人敲响警钟，让法国向德国学习，提高竞争力。看起来新总统要另搞一套。

虽然德国总理默克尔的位置比起欧洲其他领导人来说相对稳定——她在国内没有明显的挑战者——但是她的权力非常有限。德国的宪法法庭权威很大，法官们有权阻止德国为救助西班牙银行而参与的 1000 亿欧元特殊救助计划和由德国出资 1/3 的长期救助机制——"欧洲稳定机制"（初始基金 5000 亿欧元，启动以后会替代暂时的欧洲金融稳定基金，这个法庭最终在 2012 年 9 月 11 日判定德国政府可以出资"欧洲稳定机制"，让默克尔松了一口气）。法官们还有权决定，政府在多大程度上可以把主权上交布鲁塞尔。任何主权转移如果超出这个限度，就必须由全民公决。德国中央银行（现欧洲央行的德国分行）是另一个在政府行政权力之外、声誉有佳的政府机构，完全独立。它使德国长期保持低通胀和金融稳定。默克尔（和她的财政部长）当然知道自己权力的局限性，对这两个机构完全不敢指手画脚，更不敢妄加指责。

（5）机制被践踏，信誉被摧毁

欧元区机制一次次被践踏使人们怀疑任何新的机制。1992 年在荷兰签订的《马斯特里赫特条约》（以下简称《马约》）使原来的欧洲社区变成现的欧盟，并引入单一货币的目标。为了建立欧元，各成员国的主要经济指数必须趋同。《马约》为此设立了 4 个条件，对成员国的通胀率、财政、汇率和长期利率做出具体规定（其理论基础详见《哈佛经济学笔记2》第 26 页有关最佳货币区域的解释）。其中在国家财政方面，《马约》规定成员国的赤字不能超过 GDP 的 3%，总债务不能超过 GDP 的 60%。因为没有惩罚机制，这些条件和欧盟"不救助"条款成为一纸空文。

1997 年欧盟采纳了《稳定与增长公约》，加强对 27 个成员国财政的监督，但也遇到挑战。人们指责，这样严格的财政限制太机械，各国不能根据自己的宏观经济状况做逆周期调控。2003 年 11 月，当法国和德国也超过了这些指标的时候，这个条款沦为纯粹的形式。2005 年欧盟改革了《稳定与增长公约》，允许成员国超出这些指标，但要求在 3 年内回到指标以内。也就是说，这些指标在一个国家的经济周期内可以灵活掌握。

哈佛经济学笔记3：中国挑战

如果以前的指标和"不救助"条款都失败了，有什么理由相信德国总理默克尔倡议的新的《财政合约》会成功？每一次成员国超标，这个国家的政府官员都会说（也可能是很真诚地说），超标是由于某些"不可预见的情况"使经济增长减慢，税收减少；他们预计今后的情况会有所好转。如果是这样，那么到底谁应该为财政赤字和债务超标而负责，即被惩罚？应该怎么惩罚？目前所有的机制都没能满意地回答这些问题。

有些人寄希望于欧元区各成员国把财政纪律写进各自的宪法，就像美国的49个州一样（只有佛蒙特州没有这样的法律）。但是不同的是：美国联邦政府除了在建国之初拯救了一些州的债务以外，从来没有救助过任何州政府。先例是1841年，当时有8个州政府不能按时为州债券还款付息，联邦政府拒绝救助，让投资者损失惨重。这样的先例使人们即使在债务最严重的加州也不寄希望于联邦政府出手救助。美国资本市场没有这样的预期，所以当州政府财政有困难的时候，它的债券的风险溢价会加大，抑制州政府继续借贷。市场会强迫政府遵守财政纪律。资本市场在欧元建立后应该起到这个作用，但没有起到。周边国家的国债利率与德国国债利率相差无几，这就允许也鼓励了周边国家继续发债赤字。

欧元区和美国还有一点不同的是：布鲁塞尔的财政太小，仅仅是欧元区GDP的1.2%，而华盛顿的开支是美国GDP的24%。国防、医疗和福利等人们指望政府做的工作都在美国联邦政府层面，在欧元区则都在国家层面，不在布鲁塞尔。所以，即使财政状况最糟糕的加州也比欧元区的一些债务国要好。

你越是担心机制脆弱、资金流动不畅，机制就越脆弱，资金周转就越停滞。你所担心的经常就是你所得到的。还有什么能树立信心、建立信任呢？

3. 救助与不救助的成本比较

这些自然的"离心力"使任何人为的力量都显得微不足道。在悲观者看来，任何人为的救助项目都是在拖延时间，改变不了欧元最终瓦解的命运。可是那些服务于欧洲一体化，为其尽心尽力的人仍然在冥思苦想，试图修改现有机制或重新设计救助机制，以缓解危机，走出困境。

那么，我们怎么知道救助欧元的成本一定会小于某些国家离开欧元区的成本？这个问题很难回答，至少有两个原因。

第一，很多成本类型不同，很难量化，更不能直接比较。例如，如果希腊离开欧元区，无数商业合同会突然由于外因而不能被执行，法庭上的理论狡辩会不计其数；希腊货币相对于欧元会非常低廉（有可能过度贬值），很多银行和企业会突然发现资不抵债，破产倒闭；通货紧缩会加剧，经济呈现自由落体式降落，看不见底。所有与希腊有经济往来的其他国家的银行和企业都会跟着损失。

第二，到现在为止还没有任何成员国离开欧元区，离开欧元区的成本只是一种假设条件下的预测，是一种假想。而现在需要救助的成本却是真实的。把真实的成本与假想情况下的成本比较显得海市蜃楼、虚无缥缈。很少有人能说出所以然，只能凭感觉，笼统性地说一种比另一种好。其实哪种情况都糟糕透顶，只是形势迫使你不得不按照某一条思路走下去。

欧元危机从 2009 年在希腊爆发，发展至此，早已不是流动性问题，而转变为偿付能力的问题了。而偿付能力的问题又是各成员国经济实力、竞争力愈加背离造成的。各成员国的经济基本面本没有因为单一货币而逐渐趋同，反而逐渐扩大。这意味着任何解决方案都应该既治标（金融层面的危机）又治本（经济结构性不平衡），需要一揽子计划共同发挥作用。

欧元区内部不平衡的解决办法的理论基础可参见《哈佛经济学笔记 2》第一章《开放经济学》。这里没有百分之百的灵丹妙药，每一剂药都利弊皆存，而且经常相互牵连，需要配套协调才可能行之有效。接下来让我们看看，为什么每种解决机制都有举棋不定的原因。

4. 克服"离心力"的 5 种办法及其利弊

（1）债务减免与重组

最明显、最直接的解决办法就是债务减免和重组，让债务国如释重负，重新开始。持有欧元区周边国家债券的个人和机构在享受高利率的时候，一定知道高利率意味着高风险，有可能损失本金应该是投资者意料之中的。但这个办法普遍被认为是下下策，其主要原因是担心道德风险和赖账蔓延。

如果一个国家减免了债务，那些勒紧裤腰带还款付息、实施财政紧缩的国家就亏了。他们也希望如法炮制，减免债务。于是就有如何区分、如何划线的问题——为什么给一些国家减免债务而不给另外一些国家减免债务？而且更重要的是，政府救助的长期目的是让这些国家恢复经济增长，然后依靠资本市场融资。当投资者看到一个国家不能按时还款付息，他们"一朝遭蛇咬，十年怕井绳"，以后就不会再买这个国家的债券。这个国家今后就越难在资本市场融资，对欧元区政府救助的依赖就越强。

欧洲央行一直反对让投资人损失。前行长特里谢在两年前处理爱尔兰债务危机的时候，坚决反对让投资者损失。他当时的技术性理由是防止诱使信用违约调期，引发普遍的信用危机。现任行长德拉吉的立场刚刚有些松动，理由是损失共同承担，人人有份，投资者也不例外。这个提议目前处于与欧元区其他机构内部讨论协调阶段，还不是欧洲央行的官方立场。

（2）更大的防火墙和官方救助

建立火力更大的防火墙和救助机制是另一个直接解决问题的方式，但这里不但有债权国的承受能力问题，还有很多技术性问题。这里仅举三例。

第一，新债务的优先权。如果布鲁塞尔借钱给陷入危机的西班牙银行，这些新债务是否应该比已有债务有优先权？如果是，那么还不能达到救助目的。如果不是，那么看起来很不合理——新的欧元区政府的用于救助的钱怎么能和旧的私人的钱级别一样呢？其实，任何救助机制的设置都面临两难：如果对债务国要求太严，则达不到救助的目的；如果太松，就会有道德风险，便宜了那些财政不谨慎的国家，而且对他们今后从资本市场融资不利，对其他债务国也不利。

第二，应该救助债务危机的国家，还是直接救助导致危机的银行？债务危机国家与他们危在旦夕的银行有千丝万缕的联系，他们之间相互作用。这些银行往往是危机国家债券的大户持有者。国家债务危机越严重，债券贬值越厉害，银行资产就越打折扣，银行距离破产就越接近，就越迫切地需要救助。反之亦然。银行的资产平衡表越弱，信贷就越谨慎（惜贷），经济中流动性就越小，通货紧缩压力就越大，经济越冷却，GDP 增长越慢（负增长越快），国家债务负担就越沉重，国家就越需要救助。也就是说，国家经济与银行经常是一荣俱荣、一损俱损的关系。

从欧元区领导机构来看，哪个机构应该救助国家、哪个机构应该救助银行区别很大。欧洲央行原则上说不能救助国家，只能救助银行，但是通过接纳危机国家的债券作为抵押、银行从央行换出现金的时候，央行已经在间接地救助国家了。

同样，欧元区预计救助西班牙银行的 1000 亿欧元是集债权国政府的钱，原则上应该用于救助政府，但西班牙急等着这笔钱用来救助银行。于是就有直接给银行注资，还是经过西班牙政府转手，让政府给他们的银行注资的问题？前一种办法最快、最直接，但是德国反对在没有欧元区共同银行监管的情况下直接为任何银行注资。后一种办法是由西班牙政府对布鲁塞尔的钱负责，管辖自己的银行，但问题是这 1000 亿欧元就等于加在了政府的债务表上，西班牙政府的债务负担会因为被救助反而变得更加深重。

第三，德国政府的权力有限，德国宪法法庭在与欧元命运相关的关键问题上有很大决定权，完全独立于政府。2012 年 7 月初，有 37000 名公民签字、反对欧洲稳定机制和救助西班牙银行 1000 亿欧元特殊贷款的告状信把德国政府告上法庭。信中的理由是这些机制的经费有 1/3 来自德国，却没有类似德国的民主控制机制；这些机制会损害德国主权，继续把德国纳税人推向深渊。

直到 9 月 11 日宪法法庭公布判决，市场才取消了这个不确定性。法庭最终以欧元区的整体利益为重，宣布这些机制符合宪法，但今后的任何修正或扩展都需要经过德国国会批准，德国总理为首的政府不能说了算。欧元区内部的国家权限、各部门权限等法律条文太复杂，即使是美国驻欧盟的全权大使也在边干边学。

哈佛经济学笔记3：中国挑战

（3）上收银行监管，中和各国债务

解决信用危机的第三个办法是：欧元区银行由位于法兰克福的欧洲央行监管，所有银行存款保险全部由欧盟总部布鲁塞尔统筹监管，然后各成员国的债务中和，以欧元区的名义共同发债。

位于布鲁塞尔的欧洲委员会要求欧洲央行在 2013 年初就接管欧元区所有6000 家银行，统一制定银行倒闭清算政策。但德国财政部长朔伊布勒有不同看法，他怀疑欧洲央行的执行能力和执行速度，认为欧洲央行只要监管最大的有系统性风险的 60 家银行就可以了；至于其他绝大多数银行，欧洲央行只需要制定统一的监管政策，让欧元区成员国监管就行了。虽然德国原则上同意欧元区统一监管银行，但在欧元区中央集权进程的速度上比较保守。欧洲委员会与德国财政部的意见谁上谁下一直僵持不下。

以欧元区名义共同发债的确是一个解决办法，虽然前提条件很多，包括统一银行监管和存款保险等。资本市场对可靠的、流动性强的金融产品需求很大。中国等外汇储备大国正在寻找可替代美元债券的同等产品 —— 一方面新产品的利率会高于美国国债（美国 10 年期债券的利率在 7 月 26 日低到 1.43%，真实利率为负值），一方面分散风险。所以，以欧元区名义共同发债的新产品会受到很多基金经理的青睐。

欧元区的公债一直以国家为单位发债，不是以 17 个成员国为统一的一体发债。这是欧元作为国际储备货币一直不能与美元匹敌的主要原因之一。缺乏竞争对手使美国财政部几十年以来（自从 1971 年"尼克松震荡"，美元与黄金脱钩以后）一直能够以极低的利率融资。如果欧元区能联合起来共同发债，即德国隐性地把自己的信誉借给其他国家，那么这个形势会有所改观。

但德国担心，用来解决问题的方法反而会使问题更加严重。如果那些周边国家知道，欧元区共同发行的债券有德国在撑腰，他们发债的动机就更大，入不敷出的状况就更加难以扭转。德国推测，法国之所以与西班牙和意大利合起伙来强烈要求德国这样做，就是想借机减轻自己的债务负担。"动机"这个东西，谁也看不见摸不着，只能揣测，不能证明。

德国要求其他国家首先放弃财政主权，但其他国家不愿意放弃。僵持不下的结果是和稀泥，问题一拖再拖，程度越来越深，今后的选择会越来越难。与此同时，资本市场对有困难的国家不断施压，西班牙和意大利很快就会看到他们国债的利率高到不能承受的地步。防火墙的大小和威力需要大到德国和其他债权国无法承受的地步。

当然，在讨论债务如何中和的过程中，也有一些技术性的折中方案。德国的一些经济学家组织起来，建议成立一个叫欧洲赎回基金（ERF）的基金。具体做法是，中和各成员国大于 GDP60% 的债务，以欧元区的名义发放 25 年期债券，同时采取与默克尔倡议的《财政合约》一致的财政经济政策；GDP60% 以下的债务由各国自己承担。但这样做仍然没有解决"道德风险"的问题，便宜了那些以前花钱大手大脚的国家。

有经济学家建议相反的做法，中和各成员国 GDP60% 以内的债务，超出这个上限的债务仍然由各国自己负担。这样做虽然激励机制是正确的，但没有解决巨大的债务负担，即所谓的债务积压问题。提这个建议的经济学家也承认：现在已经没有十全十美的解决方案了，就如同癌症的晚期，只能多管齐下，控制危机蔓延深化。

（4）欧洲央行保底

有人认为，欧元区需要救助的国家的范围之广、程度之深已经远远超出了任何政府和国际组织的财政能力。目前唯一还有能力救助的就是欧洲央行（ECB）。欧洲央行最直接的解决办法是：一方面实行货币宽松政策，一方面接受有问题的债券作为抵押，向市场注入流动性。

2012 年 7 月下旬西班牙和意大利的债券利率高到使人们觉得，这些国家距离求助的时候不远了。这时行长德拉吉于 7 月 26 日说："央行会不惜一切力量保护欧元。"仅仅一句话就让西班牙的 10 期债券利率下降了几十个基点，到 7% 以下；意大利的 10 年期债券利率降到 6% 以下。

但央行不愿意出手过早。很多国家的经济结构急需改善，如果央行过早地把问题解决了，政治家们就不会有动力解决棘手的经济结构问题，应有的改革措施就不可能实施。央行一方面要让政府有紧迫感，声色俱厉地敦促他们改革，另一方面也在内部考虑备用方案，毕竟救助这些国家就是救助欧元，救助欧元就是救助他们自己。

例如央行在考虑，是否应该向市场宣布，在债务国债券的风险溢价高于德国债券一定程度的时候，央行会出手，大量购买这个国家的债券，不让利率高到让这个国家求援的地步。这样做的问题是市场有可能联合起来围攻央行。9月6日，欧洲央行决定不公开宣布这个风险溢价到底是多少，部分原因是央行内部的技术人员没能找到或建造能够比较确切地估计危机国家债券应有的市场价值，但欧洲央行会进入危机国家三年期以内国家债券的二级市场直接购买。

央行行长德拉吉说，直接购买这些问题债券是有条件的，西班牙和意大利等国家必须有实际的结构改革和财政纪律。但他没有说，如果这些国家不履行他们的诺言，央行会怎么办。到那时，欧洲央行会面临继续救助（购买危机国家债券），允许这些国家一如既往，还是停止购买、惩罚这些国家，让市场风云再起？欧洲央行直接购买意味着对债权国的隐性担保和央行自己可能的损失。荷兰、比利时、卢森堡和芬兰的央行（欧洲央行在这些国家的分行）正在思考下策：退出欧元的步骤——他们应该如何准备退出欧元。

其他克服"离心力"的措施也需要央行积极配合。例如，重新分配欧元区内部再平衡的负担。把结构调整的重心从债务国紧缩到债权国通胀。如果德国接受较高的通货膨胀，那么其他国家通货紧缩的压力就会减小一些。德国同样需要改善经济结构：减少储蓄，增加消费；减少对欧元区其他国家的出口，增加从这些国家的进口。但德国央行（现欧洲央行的分行）有强烈的反通胀传统，对任何价格指数的提高极其敏感。欧洲央行至少可以在私下里与德国分行就德国内部的信贷情况沟通，当然不能公开地说："德国要搞通胀。"有些事情本来就是只能做不能说的。

（5）欧元贬值

通过欧元贬值来刺激欧元区出口是帮助所有危机国家经济复苏的另一个办法。哈佛经济学家费尔德斯坦从 20 年前就怀疑欧元的可行性。他的理由是，这些成员国的经济情况和基础差距太大，不适合同样的货币政策。美国各个州的经济差距也很大，但与欧元区不同的是，美国劳动力市场的自由流动程度很大，而欧元区的很多国家不讲德文；而且联邦政府在发现地区性不平衡的时候，美国有自动的跨州转移支付机制，例如，失业金就是一种由联邦政府主持的跨州的自动转移支付，而欧盟总部布鲁塞尔没有这个权力。

但费尔德斯坦现在却认为，让欧元分崩离析的成本太大了，对政府、投资人以及普通公民来说都不可想象。他建议通过欧元贬值来走出危机。在过去一年中，欧元相对于美元已经贬值 15%（1 欧元约 1.2 美元），而且还有进一步贬值的空间。欧元最便宜的时候只相当于 84 美分。那些有困难的周边国家的对外贸易中有一半是与欧元区以外的其他国家交易的。欧元贬值有利于他们的出口，抑制进口，减少贸易赤字。

欧洲央行不需要为此特殊做什么，但保持宽松货币政策会有利于欧元贬值。费尔德斯坦仍然认为，创建欧元的本身就是一个错误，可现在事已至此，走回头路的成本更大，只能将错就错，利用一切可能的手段减少损失。

5. 早知如此，何必当初

悲观主义者认为，欧元区崩溃是迟早的事，而不是会不会崩溃的问题。任何人为的努力——增大防火墙、利用 IMF（国际货币基金组织）的资金等——都是徒劳无功的，只是拖延欧元区崩溃的时间，解决不了欧元区内部经济结构不平衡、各国竞争力差距悬殊的根本问题。

在他们看来，现在已经不是德国支持不支持欧元的主观愿望问题，而是形势会迫使德国不得不放弃拯救欧元，因为那些南方国家已经证明：他们是扶不起来的阿斗。债权国芬兰或许会比德国还率先离开欧元，因为欧元对他们来说显然得不偿失，他们只会看到自己为欧元承担的责任越来越大，牺牲的利益越来越多。

如果欧元区因为存在根本的结构性不平衡而注定要失败，那为什么欧元一直存在到现在？在悲观者看来，事情发生的过程有时候会很慢，人都有不到黄河不死心、不撞南墙不回头的时候。这就如同你告诉孩子，吃糖多了会长虫牙，孩子不信，非等到长了虫牙才会相信你的话。谁会因为担心长虫牙的后果而克服想吃糖的愿望？多数人都是"不试不知道""事后诸葛亮"。

那么早知如此，又何必当初呢？结婚有结婚的原因，离婚更有离婚的理由。不是某个人的初衷变了，而是形势不由人，此一时，彼一时，世道变了，能怪谁呢？希腊于1981年加入欧洲经济共同体（欧共体）。当时法国总统密特朗出于政治原因，欢迎希腊加入，希腊领导人也愿意投入欧洲的怀抱。

单一货币在1992年的《马斯特里赫特条约》中正式提出来，并设立了4个条件。根据2000年的数据，希腊满足了这些条件。虽然希腊有统计数据不牢靠的声名，但即使扣除一些水分，打出一些富余，希腊的情况与《马约》中要求的技术性条件也相差不多。希腊又有意愿加入"欧元俱乐部"，于是在欧元成立后的第三年，即2002年，如愿以偿。

当时就有经济学家凭直觉认为，希腊的经济实力和竞争力与其他欧元成员国不是一个级别的。希腊更像一个发展中国家，从本质上不属于这个"俱乐部"。可是错误的婚姻到处都有，再加上资本市场在欧元早期（2003年到2007年）不分青红皂白，把所有欧元国家的债权一视同仁，以至于希腊国债与德国国债的利率相差无几。这使希腊得以低息借贷，越借越多。再加上政府不清廉，有些债务隐瞒不报，真实债务情况在2009年年底政府换届以后才暴露于光天化日之下。2009年的财政赤字不是原来预想的3.7%，而是12.7%。

惊讶之余，欧元区领导人一拖再拖。当然他们不是有意识地拖拉，而是下意识的。他们起先认为，这是欧元区内部的事情，不愿意也不需要让国际货币基金组织插手。直到2010年春，他们才不得不向国际货币基金组织求援。在以后的一年时间里他们又认为，债务重组——让私有投资者损失部分投资——不可想象。到 2011 年年中形势恶化，债务重组不得不被正式提上议事日程，各方面讨价还价的会议紧锣密鼓地展开。事态变化使原来不可想象的事情变得不但可以想象，而且还成为了必然。

与此同时，问题越积越深。加上救助机制本身的特性，所有救助从事后看，几乎都是"太少太晚"。爱尔兰、葡萄牙和西班牙各自因为不同原因陷入危机，问题叠加、蔓延扩散到现在，以至于几乎所有经济学家都承认，已经没有什么比较好的解决办法了，只能在都不好的办法中选择最不坏的办法。

比较乐观的人把这场危机放在更大的范围、更广的视野中去思考，于是能泰然自若、荣辱不惊。在他们眼里，危机比比皆是，每几年就有一个，不是这个国家就是那个国家，每一次某些人的利益都会牺牲，但时间会愈合一切。毫无疑问，欧元区会经历阵痛，跌宕过后，只有真正属于一个俱乐部的国家会继续留在欧元区，原本不属于的国家会自然退出，这只是自然规律而已。至于欧元区何时才能达到这种新的均衡，怎样达到新的均衡，现在距离新的均衡还有多远？没有人能未卜先知。

第二节　德班气候变化会议：半瓶子满还是半瓶子空

很多事情都像是"半瓶子水"——半瓶子空，半瓶子满，就看你强调的是哪一半。人们面对的事实和运用的逻辑推理都是一样的，为什么有些人看空、有些人看满呢？视角和思路的不同决定了人们对事物的判断迥然相异。在评价2011 年 12 月德班气候变化会议的效果方面，肯尼迪政府学院环境与资源项目的经济学教授罗伯特·斯达文斯看的是"半瓶子满"，哈佛大学国际经济教授理查德·库珀看的是"半瓶子空"。

2011 年 12 月 12 日联合国气候变化框架公约第 17 次缔约国会议在南非德班结束了。为了避免由 190 个国家参加、为期两周的会议彻底失败，会议代表们加时一天半，签署了语言蹩脚的、意思需要翻译才能明白的协议。这个形式挽救了各方的面子，其实际内容怎样呢？

1. 德班气候变化会议的结果

德班会议结果包括三项内容。第一，细化之前的坎昆协议（联合国气候变化框架公约第 16 次缔约国会议的结果）。各国设立自己的减排目标，并接受国际监督。发达国家用政府和私人的钱建立"绿色气候基金"，通过技术转让，帮助发展中国家应对气候变化。

也就是说，发达国家把钱从自己的左手转到了右手——用自己的钱购买自己的技术——只是发达国家里出钱的人和卖技术的人不同而已。这样转化的目的是要发展中国家做发达国家想让他们做的事情。发展中国家为了得到资金和技术，同时也从自身发展的角度出发，需要保护环境，必须参与这个游戏。发展中国家要明确自己的减排目标，同意建立市场机制保护各种自然资源。在之前的哥本哈根会议上（联合国气候变化框架公约第15次缔约国会议），主要排放国家已经做出公开承诺，递交了在2020年前各自减排的行动方案。

第二，延续唯一有法律效力的《联合国气候变化框架公约的京都议定书》5年。《京都议定书》于1997年在日本京都由其附件一中的国家签署（以发达国家为主，但美国不在其中），承诺以1990年各国的排放量为基准，在2008年到2012年间减少6种温室气体的排放量，2012年底到期。德班会议是国际社会继之前的哥本哈根会议和坎昆会议之后，第三次为《京都议定书》过期之后寻找有法律效力的国际框架的努力。

在德班会议上，发展中国家坚持，如果附件一国家不同意延续自己的承诺，发展中国家（包括金砖四国、韩国和墨西哥）就会一走了之，整个会议就只能以失败告终。在这场游戏中，谁缓解气候变化的愿望更迫切，谁更需要保留自己的面子，谁更惧怕会议的失败，谁就会首先做出让步。因为所有国家共享一个地球，所有国家的利益都在这里面，所以发展中国家也要对发达国家留有余地。这个余地的表现形式主要是让欧盟接受的减排目标不大于原来在他们内部就已经承诺的目标，新西兰和澳大利亚也是如此。

很快世界温室气体排放的一半就会从没有法律约束的国家排放出来，发展中国家也有责任减排。有50个《京都议定书》以外的国家的人均GDP高于部分签署《京都议定书》的穷国家。这显然不合理。

好在这些附件外的国家已经被说服——或者说为了取得西方的资金和技术支持，也为了自己保护环境——主动申报减排目标，然后接受国际监督。这些附件外国家的减排目标是自下（各国）而上（国际会议）自愿设定的，没有任何国际法的要求。美国原来就在《京都议定书》之外，加拿大、日本和俄罗斯决定不再继续《京都议定书》的承诺。

第三，作为交换，发展中国家同意在2015年前达成在2020年开始履行、由所有国家都遵守的、有法律效力的协议——《强化行动的德班平台》，而2015年前是否能达成协议的本身并没有法律效力。这里的"文字游戏"需要"翻译"才能清楚：并不是所有国家都必须在 2015 年前达成这项有法律效力的协议。如果能达成协议，那么这项协议必须包括所有国家，而且在 2020 年开始执行。如果成功，新协议会完全取消《京都议定书》附件内国家和附件外国家的区别，也取消发达国家和发展中国家的区别，所有国家被一视同仁。如果在 2015 年前不能达成这样的协议，没有任何法律惩罚。

2. 斯达文斯定义德班会议的"成功"标准

对于这样的会议结果，斯达文斯表示谨慎乐观。斯达文斯于 1988 年获哈佛大学经济系博士学位，是环境问题专家。他的职业背景和对环境经济学的讲解详见《哈佛经济学笔记》第三辑第 13 节《从经济学角度分析环境问题》和第 14 节《比较征收污染税与配额交换制度》。

他首先解释"成功"的定义。如果"成功"的标准是解决气候变化问题，那德班会议当然没有成功。如果"成功"的标准是把世界放在能够解决气候变化问题的一个有效路径上，那么德班会议仍然不能算成功。但是斯达文斯坚持："这样的定义对于解决像气候变化这样全球性的、长期的、异常棘手的国际问题是不适合的。"

他认为适当的"成功"定义是：德班会议是否把这个世界比以前更有可能放在一个从根本上解决这个长期的全球性问题的路径上？他的答案是肯定的，德班会议因为增加了这种可能性而为缓解气候变暖起了促进作用。

除了最终语言蹩脚的协议以外，斯达文斯的另一个理由是：德班会议和之前的哥本哈根会议、一年前的坎昆会议一样，进一步让《京都议定书》附件外和附件内的两类国家的界限更加模糊。"共同但有区别的责任"的字样在斯达文斯看来已经成为"发达国家努力减排，发展中国家随便"的代名词了。斯达文斯反对任意的"双轨制"，认为"共同但有区别的责任"这个词不在德班会议谈判结果之中是德班会议的进步。

根据他以前做公开讲座的态度，他倾向于设置一种国际机制，或者说目标减排量的计算公式，而这种机制已经把发展中国家的经济实力、发展水平、目前排放量等因素考虑进去了（关于斯达文斯比较认可的方法，详见《哈佛经济学笔记2》第133页）。也就是说，这种机制既一视同仁，没有人为的随意性，又照顾到发展中国家的特殊性。

3. 理查德·库珀定义发展中国家的根本立场

哈佛大学国际经济教授理查德·库珀认为通过配额制来解决气候变暖问题从根本上行不通，即使建立配额交换等市场机制来控制总排放量也会不可避免地漏洞百出。

配额制有两个最根本的问题。

一是配额从哪里来？如何分配？配额来自国家政府在国际会议上的减排承诺，然后政府或者无偿分配，或者通过拍卖到各个排放企业。在这个过程中，行政官员的权力大大增加，为腐败提供温床，从本质上说防不胜防。

二是在国际会议中，发展中国家为什么要以牺牲经济增长为代价来减少排放温室气体？温饱问题、追求小康的生活目标对他们来说比气候变暖重要得多。这就决定了国际会议上的尴尬——任何签署的协议不可能有真正的约束力，任何有真正约束力的协议不可能被签署。因此，国际会议中剩下的工作就是"文字游戏"和"表面文章"了——如何冠冕堂皇地挽救各方的面子，如何制造一层面纱来掩饰会议的彻底失败。文字游戏可以玩很长时间，但从根本上说，于事无补。

在德班会议上，中国的立场似乎也印证了库珀的预言。中国气候变化谈判代表团副团长苏伟说，中国不排除签署有法律效力的协议的可能性。但苏伟把这协议的具体内容——减排的数量和时间表——这些更重要、更艰难的问题都留到今后。

中国气候变化谈判代表团团长、中国发展改革委员会副主任解振华在德班阐明，中国可以接受2020年之后新的法律框架的5个先决条件，其中包括《京都议定书》第二承诺期；兑现每年100亿美元的绿色气候基金，落实资金、技术转让等问题；有透明度地监督执行和评估审核；坚持"共同但有区别责任"原则，体现公平原则和各国能力的差异。这是解振华所坚持的"双轨制"，即参加《京都议定书》的国家在议定书下采取减排行动，没有参加议定书的国家在公约下做出有可比性的努力。但目前还没有任何文件替代《京都议定书》的法律效力，无法定义"可比性的努力"，更没有国际组织能要求发展中国家必须怎样做。

这些先决条件在 2015 年之前能落实吗？库珀估计，在 2015 年前很有可能达不成任何协议；也可能达成形式上的协议，但没有真正的约束力。这就如同俄罗斯和乌克兰在《京都议定书》上的承诺——减排配额大到他们不需要采取任何行动的程度。这些国家不需要任何牺牲，一切照旧就能完成任务。库珀认为，科技进步从理论上说可以使经济增长和温室气体减排不冲突，但是除非发展中国家能够看到这些技术和资金对他们近在咫尺，他们是不会签署真正有约束力的国际协议的。

为此，库珀的建议是避开设立减排目标的途径，采取协调减排行动的途径，让所有国家采取一致的行动来达到共同目的。这样还可以避免在国际贸易中一些国家以"反补贴税"的形式来制裁另一些在他们看来没有囊括减排成本的国家。征收碳税——或更好听一点儿说成是"碳费"——就是这样一种既容易理解又容易实施的行动。碳费和其他矫正性税收一样，会鼓励企业和个人减少排放温室气体，增加各国政府迫不及待的财政收入。

库珀相信碳税的观点在经济学家中并不独特。无论"碳税"实施的可能性是大是小，很多经济学家都相信矫正性税收（或称"庇古税"）的矫正力量。哈佛大学经济系教授曼昆就非正式地设立了"庇古俱乐部"，专门收集为缓解气候变暖而支持"碳税"的政届和学界精英的名字。

库珀说，从"碳税"这个渠道收集的财政收入既可以用在缓解气候变暖的研发项目，也可以用在减少其他扭曲性税收上（关于这些税收的扭曲性，详见《哈佛经济学笔记》第109页《美国税收制度的弊端与改革前景》)，还可以用于减少财政赤字——不少国家的债务已经到了不可持续的地步，各国可以酌情而定。

因此库珀主张，国际社会应该从设定减排目标的谈判转移到协调减排行动的谈判。之前，斯达文斯和库珀对哥本哈根会议有类似看法，详见《哈佛经济学笔记2》第133页《对后〈哥本哈根气候协议〉的两种思路：斯达文斯的期待与库珀的预言》。

第三节　金融改革法案引起多方激战

1. 美联储前行长格林斯潘反对大规模金融改革

2011 年 3 月 30 日美联储前行长格林斯潘在《金融时报》发表评论员文章，题目是《多德—弗兰克金融改革法案为什么禁不住时间的考验》。格林斯潘再次表明政府监管对导致 2008 年雷曼兄弟破产的金融动荡无可奈何，否定类似危机可以被人为制定的大范围立法彻底根除。在他看来，这种横扫一切的金融立法弊大于利，得不偿失。

2010 年 7 月美国国会通过了《多德—弗兰克法案》，其精神和原则被有关政府单位翻译成几百页的具体规章制度。格林斯潘预计，这些政府官员会被这个任务搞得一团乱。他说，现代金融体系的运作比国会议员、政府官员想象的要复杂得多，我们几乎可以肯定这些规章制度里面会有不少前后矛盾的地方，我们现在还很难料想这些矛盾的后果。

格林斯潘接着列举早期施行这个法案的 5 个不良征兆。

①福特信用公司因为拿不到资产公司的评级，而撤销原本要发行上亿美元资产抵押金融产品的计划。《多德—弗兰克法案》要求资产评级公司对自己的评估承担法律责任，所以资产评级公司不愿意对资产抵押金融产品评级。证监会不得不搁置上市 ABS 必须有评级的规定。

② 2010 年 12 月，美联储根据这个法案的规定，要求银行减少征收与转账卡有关的零售费，于是银行抱怨无法赔本为终端零售客户提供这样的服务。

③如果这个法案不做修改，很大一部分外汇衍生品市场会离开美国。美国财政部想让国会修改这项法规，但是国会议员坚持要政府执行既定法规。

④这个法案有很多对交易员自营账户交易的规定，适用于所有美国银行在全球范围的运作。但是其他国家的跨国银行不受这些限制，他们可以轻易把这些业务从他们在美国的分公司转移到他们在其他国家的分公司，使美国银行在国际竞争中处于不利地位。

⑤这个法案的另一个失败之处在于对银行高层执行官收入过高的界定和限制。银行高层执行官很小的技能差异会导致银行最终利润很大的差别。银行市场对有细微技能差异的人才竞争非常激烈。与这些高层执行官打交道的客户基本上都是执行官自己的客户，不是银行的客户。这些客户认可的是执行官个人，而不是他所在的银行机构。执行官在哪家银行工作，这些客户的生意就会到哪家银行。在薪酬这个领域里，立法人员和政府很难有所作为。

格林斯潘说，这个法案对全球金融的关联性和复杂性没有充分认识，2008年的金融危机并没有从本质上改变这些性质，这个法案有可能导致1971年尼克松控制物价和工资以后，政府主导的、法规诱使的最大的市场扭曲。没有人有预测危机的远见，更没有完全防止危机的能力。

就在2006年夏天，美国联邦储蓄保险公司还认为，99%以上在这个公司上保险的银行满足或超过监管机构对资本金准备率的最高要求。直到2007年4月，国际货币基金组织还认为国际经济风险在此前的半年已经降低了。

政府监管人员或任何其他人永远只能看到现代金融体系运作最表层的东西——就像冰山上的一个小角——完全看不深、看不全。亚当·斯密说的"看不见的手"的国际版本是今天市场竞争的幕后黑手，非常不透明。2008年的金融危机是个特例。除此之外，这个全球性幕后黑手运作得还不错：汇率、利率、价格和工资一直都相对平稳。在监管最强的金融市场，大量交易是监管人员看不到的，也不可能看到。这就是为什么对这次金融危机根源的解释如此五花八门，与物理实验中清晰的因果关系大相径庭。

那么，我们是否应该让复杂的现代金融操作回归到半个世纪前简单的银行操作？格林斯潘说，如果我们要保持今天的生产效率和生活水准，这几乎是不可能的。在二战以后，随着劳动分工、全球化的深入和科技创新的日新月异，金融系统的复杂程度也随之增加。金融和保险业在 GDP 中的比例增长很快。在美国，这个比例从 1947 年的 2.4% 增长到 2008 年的 7.4%，再到 2009 年的 7.9%。美国在 20 世纪 80 年代普遍的"去管制"促进了这个趋势。这个趋势在英国、荷兰、日本、韩国和澳大利亚也同样明显，即使中国也不例外。在中国，这个比例从 1981 年的 1.6% 增长到 2009 年的 5.2%。

最后，格林斯潘为监管者和学界提出一道思考题：金融业在经济中所占比例的扩大是不是经济增长的必要条件？还是这个趋势仅仅是个偶然？他说，在强化金融监管的同时，我们不得不把金融复杂程度与生活水准高低的关系问题搞清楚。

格林斯潘的这篇文章与 2010 年 3 月他在一所华盛顿智库就 2008 年金融危机发表的论文中的观点有相同之处。他反对大规模的金融领域改革，只赞成一些技术性的微调（详见《哈佛经济学笔记 2》第 156 页《格林斯潘反思金融危机，捍卫货币政策》）。2010 年他的中心论点是：2008 年的危机是多种因素聚在一起的偶然，从本质上来说是不可预见的，美国货币政策本身并没有任何错误。

2. 理查德·库珀质疑格林斯潘

在 2011 年 3 月 31 日《金融时报》里，有 3 封读者来信是关于格林斯潘前一天发表的评论员文章的。这些信无一例外都谴责任期长达 18 年半（1987 年 8 月到 2006 年 1 月）的美联储行长格林斯潘，认为他对 2008 年爆发的经济危机有不可推卸的责任。或许是篇幅有限的原因，这些来信仅仅表明读者反对格林斯潘的立场，并没有展开阐述他们的理由。

与此不同的是哈佛大学国际经济学教授理查德·库珀。他对格林斯潘的观点有具体的批判性见解。库珀对格林斯潘及现任美联储行长伯南克的认可程度一直都很高。很多人指责格林斯潘在 2003~2004 年把美联储基准利率压得太低、时间太长（详见《哈佛经济学笔记》第 99 页《格林斯潘为何长期实行低利率政策？》），但库珀基本赞同格林斯潘的立场。他说，即使他自己是美联储行长，他可能仅仅比格林斯潘提前五六个月提升利率，不会像大多数经济学家那样更早就提升利率。在通胀与就业的权衡中，库珀相对来说更重视就业，对通胀的容忍程度相对高于大多数经济学家。他倾向于让经济有充分的时间增长，不应该像一部分人那样——当经济稍微一增长就担心通胀。他认为，一定限度的通胀对发挥经济潜力、实现经济增长是有好处的。

库珀也赞同格林斯潘认为金融监管人的能力都是有限的、金融危机是不可避免的说法。不错，监管人员只能看见"冰山的一角"，他们不能也不应该企图看见冰山的全部，因为如果那样，整个系统的效率就太低了，没有活力，容易变成一潭死水。每隔几年一次危机正是纠正系统中矫枉过正的因素的大好机会，但任何政府机构不应该企图完全杜绝危机（有关库珀的见解，详见《哈佛经济学笔记》第 273 页《不信偏见的经济学家：库珀解读经济热点问题》中《2008 年金融危机爆发的原因》《美国长期通胀前景》《比较市场经济与计划经济》和《高管薪酬制的改革策略》等部分）。

大范围金融监管弊大于利吗？库珀一贯避免一概而论，主张"具体问题，具体分析"。具体到格林斯潘在文章中的 5 个例子，库珀一一评价。

第一点库珀与格林斯潘相同，都认为《多德—弗兰克法案》不应该要求资产评级公司对自己的评估承担法律责任。任何投资决策应该是投资者（投资机构）自己的独立决定，别人的作用只是提供建议和咨询，不能替代投资者自己的独立思考与判断。

第二，《多德—弗兰克法案》要求银行减少征收与转账卡有关的零售费，银行抱怨说，无法赔本为终端零售客户提供这样的服务。库珀对这个理由深表怀疑。事实是，对任何影响银行增加收入的规定，银行都会怨声载道。但立法人员不能因此而放弃保护消费者利益的改革。转账卡与信用卡不同，消费者在用这个卡消费时，费用直接从消费者的银行账户里扣除，银行风险很小。即使消费者透支，银行还收取高额利息。即使银行对转账卡用户不收其他费用，银行也未必在赔本做生意。银行很可能是"瞎咋呼"。

第三，关于部分外汇衍生品市场有可能离开美国境内的说法，库珀说，这要从外汇衍生品市场收集一些数据才能判断这个法案对这个市场影响的程度。外汇交易与外汇结算是两个不同的程序。交易场所与结算场所由于时间差的关系很可能是跨地域、跨国家的不同城市。《多德—弗兰克法案》到底会影响哪一部分生意、影响的程度如何目前还不是很清楚。纽约市市长可能非常关心金融业为纽约创造就业的影响，即使这些就业会导致更大范围的负作用。但是国会的立法人员和政府官员要超越局部利益和部门利益。他们关心的范围更大，需要平衡的关系更复杂，保护金融产业的利益肯定不应该是首选。

第四，格林斯潘说，这个法案有很多对交易员自营账户交易的规定会使美国银行在国际竞争中处于不利地位。库珀反驳，用"竞次"的逻辑（生意会跑到法律最宽松的国家去）为理由来反对某项法律的设立，来保障某个行业的利益已经被滥用了。我们应该——也一定要——设立我们认为正确的法律，同时联合其他国家，确保私有经济运行的法律环境在国家与国家间的一致性，不给跨国公司和跨国资本利用政策差异投机的余地。至于英属的开曼群岛等国际资本的避风港，美国应该把类似问题作为经济外交政策的一部分，与英国政府直接洽谈，协调私有经济运行的法律环境，就像我们在建立反腐败法中的跨国合作一样。

第五，对于银行高管层的超常收入，库珀有不同看法。他说，如果他们真的手里把握着那么多对银行利润有很大影响的客户，而且这些客户真的像格林斯潘说的那样跟他们走——某个高管走到哪家银行，生意就到哪家银行——那么这些客户应该担心他们付给银行的费用太高了：他们在聘用银行时，不是在看哪家银行给他们的价格最优惠，而在选择与他们打交道的人。这与他们各自的公司利益（银行客户的公司利益）背道而驰，那么客户在他们各自公司的职位就不会长久。如果他们在从与某家银行高管的生意交往中谋取私利，那就是渎职，就会触犯公司规定和有关法律。

库珀说，银行高管与电影明星、体育明星、创业家（谷歌、微软的创始人）有本质区别，他们要更本分、更尽职，而不是制造耸人听闻的娱乐或商业新闻。

哈佛经济学笔记3：中国挑战

在银行业，我们不需要"明星级"领袖，我们需要稳定的、运转有效的银行体系。这是不是意味着金融创新不利于稳定呢？

库珀说，这要看是怎样的创新，不能一概而论。过多的、过于复杂的金融衍生品不是件好事。而资产抵押金融产品本身是件好事，因为它加快了资金运转，衔接了资金需求方和供给方，使资金运转更高效。2008年金融危机不能诋毁资产抵押金融产品本身的作用和价值，只是各个金融机构在房贷抵押产品方面做过头了，转手次数太多，再加上借贷的"杠杆效应"，危机才一发不可收拾。

由于银行业高管的收入过高，职员的平均收入都高于很多其他行业，造成了大量社会资源配置扭曲。这次危机爆发以前，哈佛大学每年大约一半的本科毕业生都去金融业工作了。这不是最合理的人才配置。哈佛大学另一位国际经济学家罗高夫在危机爆发前好几年就说，金融产业太大了，不可持续（详见《哈佛经济学笔记》第237页《哈佛专家解读金融危机》中《利润过高的金融产业》一节）。库珀很赞同这个观点。

关于格林斯潘在文章最后提出的问题 —— 金融业的增长与经济增长和提高人均收入之间的关系，库珀回到对金融创新和高管薪酬的看法。金融业有一定的增长是好事，但这里有一个度的问题。在美国，金融业占 GDP 的比例从 1947年的 2.4% 增长到 2008 年的 7.4%，再到 2009 年的 7.9%。在中国，这个比例从 1981 年的 1.6% 增长到 2009 年的 5.2%。这是不是最优资源配置？库珀的直觉是否定的。

3. 众议院议员质疑格林斯潘

2011 年 4 月 4 日，在华盛顿国会山代表马萨诸塞州的众议院民主党议员弗兰克在《金融时报》发表评论员文章，毫不留情地抨击格林斯潘的观点。他的题目分外鲜明：《格林斯潘是错的：我们能够改革金融》。他对格林斯潘束手无策的态度表示惊讶和愤慨。

弗兰克说，自从 2010 年《多德—弗兰克法案》通过国会，很多人各抒己见，从各个方面建议如何改进这个法案。但在格林斯潘发表文章之前，还没有人在 2008 年金融危机之后说我们不该改革金融系统。只有格林斯潘独一无二，认为我们根本不应该试图在这方面做出努力。在格林斯潘眼里，现代跨国金融体系是如此复杂、如此不透明，以至于立法人员和政府官员根本不可能有什么作为。

显然，格林斯潘没有从这次席卷全球的金融危机中吸取金融立法和监管松懈的教训，而他在美联储的前任保罗·沃尔克和后任伯南克都呼吁金融改革，并帮助设计新的游戏规则。如果格林斯潘认为，金融监管人员只能看到"冰山的一角"，那么他领导下的美联储就真的只能看见"冰山的一角"—— 你预期的就会是你得到的。现代科技可以使我们跟踪数以亿计的金融交易。如果我们选择不跟踪交易，不披露信息，那么这只能说明我们不愿意这样做，而不是我们没有能力这样做。

《多德—弗兰克法案》为那些"大得不能倒"的金融机构提供了自我解决的办法，不让他们再像雷曼兄弟那样牵连整个金融系统的稳定。这个法律还为监管人员提供法律依据，让他们有权力在金融系统防微杜渐，有能力在危机到来之前就采取行动，防止危机出现。这个法律对公司自营账户交易，交易大小、杠杆比率、资本金充足率等都有规定，大大减少了整个系统的风险。

对 600 万亿美元的金融衍生品市场，这个法案也有规定。新设计的"压力测试"、政府新成立的金融研究机构，以及其他原本不在监管范围之内的对冲基金和非银行金融机构的管理办法等都是要让一直以来模糊不清的金融市场变得透明，要让所有资本在监管面前无处可逃。

造成 2008 年金融危机的部分原因是：房屋贷款人和最终提供资金的投资人的距离太远；房贷被切割、打包、包装的次数太多，以至于直接发放贷款的人在这个链条中间没有自身利益，轻易地放出贷款，导致本来买不起房子的人成为房主。这次金融改革让这个链条中所有的人都有切身利益，不能不负责任地放贷。这些规定和《巴塞尔协议Ⅲ》的要求加在一起会进一步防止金融危机再次发生。

　　弗兰克引用一位英国金融监管者的话："金融业在国民经济中的占比太大会导致生产资料错误配置，酝酿投机，制造危机，降低生活水准和生产效率。"但弗兰克承认，金融业在国民经济中的比例与经济发展之间到底是什么关系，的确值得认真研究。

第四节 萨默斯辩论泰勒：财政刺激政策是否帮助了经济复苏

2012 年 2 月 28 日下午哈佛大学经济学家、前奥巴马国家经济委员会主任萨默斯（2009~2011）与斯坦福大学经济学家、前财政部负责国际事务的副部长泰勒（2001~2005）同台辩论 2009 年年初奥巴马总统 8700 亿美元的财政刺激政策是否对遏制经济危机、促进经济复苏起到了正面作用。主持这场辩论的是哈佛宏观经济学家费尔德斯坦（关于萨默斯和费尔德斯坦在经济政策方面的观点，分别详见《哈佛经济学笔记》的第二辑和第三辑）。

费尔德斯坦首先说明财政刺激政策的影响非常不确定。经济衰退一般持续时间——经济从阶段性顶峰到谷底——只有大约 10 个月，而财政政策从酝酿，到提议，到国会讨论，到通过，到执行需要很长时间。这个时滞使财政政策不好使用，对政策效果不好预测。在 20 世纪 80 年代以后，经济学界的一般共识是，只要经济衰退不太深、不太长，货币政策因为没有时滞而且可以微量调控而更好使用，更有效果。财政政策是不得已而为之的下策。费尔德斯坦说："关于 2009 年财政政策的效果，没有比今天讲演者更好的人选来评论这个问题了。"

1. 萨默斯陈述正方观点

在 10 分钟的观点陈述中，萨默斯说，没有任何研究报告能够完全不带任何不确定性地回答这个问题，但是大多数组织和研究人员对 2009 年财政政策效果的评价都是肯定的。政治倾向于中立的国会预算办公室、以支持财政紧缩政策而著称的国际货币基金组织、以斯坦福大学为基地的胡佛研究所里的一些人，还有哈佛大学的费尔德斯坦等人都普遍支持这个财政刺激政策。美联储主席伯南克就更不用说了，他是促成这个政策的人之一。

关于这个刺激政策有很多争论：8700亿美元是否足够大？这些钱在增加政府花销和减税之间应该如何分配？在政府花费部分中，政府应该把钱用在哪儿？怎么花？在减税部分中，应该对哪些人减税？减少什么税？如何减税？这个刺激政策应该持续多长时间才能对恢复经济增长起到恰到好处的作用？萨默斯说，这些都是应有的、正当的、有意义的争论。但是，是否应该在总需求不足的经济形势下有类似的财政刺激政策应该是毫无疑问的。

接着，萨默斯按凯恩斯经济理论的思路来描述这个政策"逆经济周期"的正面作用。刺激政策的钱部分用于联邦政府的直接花销，例如，公路桥梁等基础设施建设；部分用于退税给那些需要用钱的人，其中一半以上的钱退给了年收入4万美元以下的人；还有一部分钱给州政府和地方政府 —— 他们在当时已经辞退了50万名员工；如果没有联邦政府的资助，他们会辞退更多员工，造成更多失业。

至于人们关心的财政刺激政策的"挤兑效应" —— 政府由于通过从资本市场借贷来刺激消费而导致利率上升，挤兑了在原有利率上可能发生的私有投资，萨默斯认为这完全不是问题。因为在2008年和2009年美国利率基本上是零，不能再低了。美国当时面临的问题是产能过剩、需求疲软、资本市场流动性匮乏。这是典型的"流动性陷阱"。只有大力增加政府投入，刺激需求，让人们看到前景和希望，2008年年底经济自由落体式下滑才能得到扼制。

萨默斯以反问的方式承上启下：为什么在联邦政府借贷的真实利率是负值、经济陷入严重衰退的情况下，联邦政府不应该主动出击，创造需求和就业，让经济恢复增长呢？"就这个问题，我非常希望听到泰勒教授的解答。"这就自然而然地过渡到泰勒的反方立场。

2. 泰勒陈述反方观点

泰勒开门见山："财政刺激政策不但对经济没有帮助，而且还有可能有害。"

凯恩斯"逆经济周期"的财政刺激政策在性质上是短期的、目标性很强的、对时间很敏感的(必须非常及时)。这需要在技术上有很多微调,而这些微调造成了政策上太大的不确定性。正是这些不确定性和不可预测性阻碍了私有经济的投资和消费。所有财政政策的调整——无论是2009年、2008年,还是2001年——都是如此。

在短期性、目标性和及时性方面,2009年的财政刺激政策都是不足的。正因为财政退税和政府暂时增大花销是短期行为,这对总体消费量的提高没什么作用。根据永久收入理论,人们的消费是由长期收入水平决定的,短期收入变化对消费的影响微不足道。而且人们知道政府债台高筑,继续依靠赤字刺激消费只会迫使政府在今后提高税率,所以人们的长期收入并没有变化。政府自制的不确定性只会使人们看紧钱包,增加储蓄,以防今后的高税收。

在增加政府花销方面,其实联邦政府的直接花销部分非常小,对刺激经济的效果微乎其微。联邦政府给州政府和地方政府的钱是政府内部的转移支付——也就是说,政府把一个口袋里的钱转移到另一个口袋,对凯恩斯理论中的所谓"政府支出"(凯恩斯模型中的G)没有任何影响。更何况这个转移支付部分在很大程度上被地方政府"存"起来了,而不是像想象的那样被用于扩大就业。"存"的表现方式是偿还地方政府的债务,减少地方政府的财政赤字。这对经济不但没有刺激作用,反而有冷却作用。

在这次财政刺激政策的及时性方面,让我们更仔细地查看数据。美国零售销量和工厂新订单等数据都表明,经济在2008年12月至2009年1月间达到谷底,然后保持了一段时间。而财政刺激政策是在2009年2月才通过国会的,也就是说刺激效果是在到达谷底之后好几个月才开始实施的。

一些预测凯恩斯政策效果的模型显示,财政刺激政策的乘数效应仅有1.5,也就是说政府投入对经济的带动效率是50%,政府花一块钱,可以增加GDP一块五毛钱。新凯恩斯政策模型显示这个乘数效应就更小了,只有0.5,小于1。也就是说,政府投入小于产出。

泰勒说,无论这些模型输出的乘数效应到底是多少,从本质上说,财政政策几乎不起作用，即使有作用，也是负面作用。有些人甚至指责，这些模型的假设就隐含了结果，所以模型根本不能说明任何问题。现在我们撇开模型不谈，而只谈凯恩斯理论的性质。

用凯恩斯理论说明财政政策的必要性在历史上有很多次：福特总统用的是这套说辞，卡特总统也是这套说辞，现在的说辞仍然一样。而诺贝尔奖获得者卢卡斯（1995年获奖）在20世纪70年代初就质疑凯恩斯主义经济学的有效性；另一位诺贝尔奖获得者萨金斯（2011年获奖）在1977年发表论文设想后凯恩斯主义（《凯恩斯主义经济学是死胡同吗？》）。"我希望这次我们真正能从这样的论文中学到东西，不再重复以前的错误。"

3. 双方辩论

在泰勒的陈述之后是费尔德斯坦主持下的双方辩论。对于在2009年收到退税的人到底花了多少、存了多少这个问题，萨默斯说，这要看什么样的人收到了退税。"你认为那些年薪4万美元以下的人会在思考永久收入理论后做长期消费计划吗？"关于财政政策的及时性，萨默斯指出另一组数据：美国股市在2009年1月奥巴马入主白宫的时候仍然继续下跌，一直到3月才到谷底。

很多人都能成为事后诸葛亮，但在事前，"除非你是能预见未来的极少数人，在2009年1月和2月的时候，我们谁都不知道股市何时才能见底——资本市场流动性衰竭，资产价格崩溃，房市更糟糕。私有投资和消费剧跌，利率已经是零，没有下调的余地。在我们看来，经济已经进入恶性循环，呈现自由落体式降落。在这种情况下，难道政府应该袖手旁观吗？"

泰勒对萨默斯的这个问题没有针锋相对地回答。他完全可以重申他在2008年11月《华尔街日报》评论员文章中的观点。当时他建议：①永久性保持个人所得税率不变；②对任何工作的人，永久性保持工资收入的6.2%抵税上限为8000美元；③把"自动稳定器"（例如失业金）作为财政政策的一部分；④任何短期的刺激政策应该与我们对经济的长期目标相吻合，以避免浪费和低效。他说，仅仅暂时的短期减税不是好的政策工具。在货币政策方面，他反对量化宽松，主张货币政策公式化、稳定化，基本按照所谓的"泰勒规则"制定（详见《哈佛经济学笔记》第96页《费尔德斯坦讲货币政策：美联储的任务》）。从这些建议看来，显然泰勒更注重经济的长期走势和政策的长期效果。

对萨默斯的反问，泰勒选择再次强调政府行为制造的不确定性。政府一时看起来要挽救投资银行雷曼兄弟，一时看起来又不想挽救，市场情绪随之摇摆不定。在增强财政刺激政策的目标性的同时，政府也使税率机制愈加复杂：对较穷的人减税两年，对较富的人减税一年；让一部分减税政策到期作废，同时又延长另一部分的减税政策；允许公司投资折旧的速度也经常变化。总之，政策变来变去，越变越复杂，越来越让人不知所措，更不用说为长期投资和消费打算了。

这时，费尔德斯坦列举2009年《多德—弗兰克法案》中的措施，包括在基础设施、教育、医疗、新能源等方面的花销和扩大社会失业金等各种项目。他问泰勒对这些具体政策的效果怎么看。或许因为时间关系，泰勒没有一一评价，而是一概而论：这些项目为恢复GDP增长的作用微乎其微，而它们的负作用比比皆是；财政政策不是利用资源的最佳方式，甚至浪费了资源。从长期看，除了更多的公债，我们得到了什么？这次经济复苏是最缓慢、最疲软的一次。

萨默斯对答：这次经济衰退不能与以往普通的衰退相比，而应该与日本20世纪90年代初房地产泡沫破灭之后引起的衰退相比。比起日本"失去的10年"来说，美国的经济复苏和前景比日本好得多。萨默斯区分两种不同的经济衰退。一种经济衰退是由于中央银行提升利率，导致泡沫破灭，迫使经济重新调整适应。在这种情况下，调整货币政策就会帮助经济复苏。另一种经济衰退是由于总需求不足，产能过剩，资不抵债，社会各阶层都在"去杠杆化"，经济进入"流动性陷阱"。在这种情况下，唯有财政政策才能帮助经济走出泥潭。

4. 双方总结发言

然后，费尔德斯坦给泰勒和萨默斯各5分钟做总结发言。泰勒承认，在奥巴马入主白宫的时候，经济形势非常严峻。无论谁主持经济工作都会困难重重，他必须给予奥巴马团队的政绩以应有的肯定。但是泰勒不接受用"云杠杆化"来解释经济复苏缓慢、失业率居高不下的说法。他认为，真正妨碍经济复苏和发展的原因不在于私有经济本身的不稳定性或内在的失败，而在于政府在税收制度和游戏规则方面人为制造的不确定性，这种不确定性导致延长甚至恶化了危机。

萨默斯在总结发言中强调这次经济衰退的特性——其严重性、持久性以及导致衰退的原因和低利率的大环境都与 20 世纪 70 年代和 80 年代经济衰退有本质区别。数据显示，接受联邦政府转移支付越多的地方政府创造的就业越多，经济复苏得越快；反之亦然。萨默斯的结束语铿锵有力："2009 年 1 月奥巴马政府入主白宫时的挑战是超乎寻常的，我们采取的措施也是超乎寻常的。正是因为当时措施得当，我们才得以力挽狂澜，今天的美国经济才有希望、有活力。"

费尔德斯坦也顺势而为，总结道："我们今天这场辩论也是超乎寻常的。虽然我们还有很多内容可以讨论，但是已经没有时间了。"整个辩论会正好 60 分钟，就像校园里张贴的广告里预告的一样。

第四章

美国怎样赢得未来

20 世纪的美国比别的国家有更多的钱、更多的资源、更多的技术人员——我们占据领先地位。21 世纪不同了。新兴经济体参与进国际竞争，人才分布更加分散。所以新世纪的竞争是关于如何笼络人才、如何重新建立组织关系的竞争。美国必须成为世界人才合作网络的中心枢纽。

第一节 政府要创造一个有可能产生卓越的环境

1. 新世纪的竞争是笼络人才、重新建立组织关系的竞争

2011 年 1 月 25 日晚 9 点，奥巴马总统按惯例在国会山向民选议员和全国人民做一年一度的"国情报告"。在这之前的两周，人们就开始议论纷纷：总统应该利用这个黄金时间说些什么？达到什么目的？

前经济顾问委员会主席、现加州大学伯克利分校经济学教授罗默在 1 月 15 日《纽约时报》发表文章认为，奥巴马这次讲演的重心应该放在控制美国的长期赤字上，并用大量篇幅指出具体步骤。罗默重视财政纪律的程度在经济学家中有一定代表性。她的这篇文章受到哈佛大学宏观经济教授曼昆的赞赏。她的基本思路是：现在就许诺减少长期赤字，但小心裁减眼下赤字，因为经济复苏还比较疲软，失业率居高不下。这与哈佛大学肯尼迪政府学院的国际经济学家弗兰克尔的想法如出一辙（他的观点详见《哈佛经济学笔记 2》第一章《开放经济学》）。

罗默不无感慨地说，2010 年这个时候，她作为奥巴马的经济顾问委员会主席正在为总统起草国情报告，其中很多语句她已烂熟于心；而今年她会坐在电视机旁和全国人民一起聆听总统讲演。她建议，奥巴马从他自己在 2010 年设置的两党联合财政责任和改革全国委员会的政策建议说起。

罗默说，2010 年 11 月全国选举议员的结果表明，选民已经厌倦了联邦政府年年入不敷出的局面。2012 年总统选举的胜负也可能取决于奥巴马是如何处理这个问题的。过去几年的经济衰退和政府罕见的应对举措使财政赤字异常增大。即使经济复苏强劲，在其他政策不变的情况下，财政赤字在 2020 年也会

达到 GDP 的 6% 以上。到 2035 年，"婴儿潮"退休的人和他们的医疗费用将达到高潮，会使财政赤字增长到 GDP 的 15% 以上。这么大的比例是不可持续的。很可能在这之前，投资者就把美国国债当成垃圾股对待了，美国就会成为 21 世纪的阿根廷。所以罗默强调，要遏制美国赤字的长期走势，就必须有大刀阔斧的改革。

在掌握裁减赤字的时机方面，罗默非常谨慎。她说，现在经济复苏的迹象仍不牢固，政府不应该像共和党建议的那样立即减少花销 1000 亿美元，但奥巴马应该在国情报告中承诺并具体阐述今后几十年的长期裁减计划，请求立法机构批准并签署为法律。现在国会有要废除 2010 年 3 月才通过的医疗改革法案《病人保护和经济适用法案》（其内容详见《哈佛经济学笔记 2》第二章《有关医疗体系的政治与经济》）的动向。在罗默看来，奥巴马不但要声明他会否决这项提案，而且要发誓努力保持这个医改法案中那些控制成本的措施。例如，一旦 65 岁以上老年人的国家医疗部分的花费超过一定上限，"独立付款顾问委员会"就要按照法律拿出具体减少开支的方案。奥巴马要为这个委员会在国会争取最大的权力，切实落实削减开支。

对于美国军费和社会保障等支出类别，罗默建议，我们一定要限制增长上限。美国军费开支（除去通胀后）从 2001 年到现在已经增长了 50%。保护老人和穷人的社保基金（具体运作详见《哈佛经济学笔记》第 125 页《美国社会保障制度的挑战与出路》）的支出也增长迅猛。控制这些花销的增长意味着很多人要牺牲自身利益，罗默说，但我们别无选择。与此同时，罗默和其他很多经济学家一样支持奥巴马再次许诺对公共设施和科研教育的投资，因为在经济学家看来，这是提高长期生产效率和生活水准的源泉。

最后，罗默建议奥巴马实事求是地向全国人民说明，仅仅减少政府花销是不够的，提高税率在所难免。在这方面，富人有能力也应该做更大的贡献。当然，普通美国中产阶级也要为此而付出。房子贷款利息部分减税（对买房子的人有利，对租房子的人不利）、雇主把为员工提供的福利作为花销减税（对大公司有利，对小公司和个体户不利，导致美国医疗体系"冰火两重天"的局面——有医疗保险的人过度消费，没有医疗保险的人消费不起）、为非盈利性组织捐款减税（对富人有利，穷人不利）等特殊减税款项（详见《哈佛经济学笔记》第109页《美国税收制度的弊端与改革前景》）都要取缔。这些措施不但会增加国库收入，而且会使整个税收体系更加公平高效。此外，联邦政府还要考虑征收污染税，提高汽油税。这不但会增加税收，而且鼓励发展清洁能源。共和党历来有反对税收的传统，现在严峻的财政形势会使他们不得不接受高税收势在必行。奥巴马现在做出长期增收减支的承诺会增加人们对美国长期经济远景的信心，当然也会激怒一些利益集团。奥巴马对付利益集团的唯一办法就是唤起美国人的清醒理智和爱国主义精神。罗默指出，国情报告就是奥巴马向全体美国人沟通的一个契机。

1月23日做国情报告前夕，《纽约时报》专栏作家、诺贝尔经济学奖获得者克鲁格曼得知奥巴马要讲美国竞争力的问题，就此发表文章。他对美国目前在经济方面的挑战有不同的分析。他说，美国的问题不是缺乏竞争力的问题，而是因为我们经历了"二战"后最严重的金融危机和经济衰退。奥巴马曾经在公开讲话中慷慨陈词："我们能够竞争得过地球上任何一个国家。"克鲁格曼说，不错，如果美国进口得更少，出口得更多，我们会有更多的工作。但这个办法不能扩大：如果每个国家都这样做，那么我们就需要再找一个地球，我们大家都出口到另外一个地球才行（这与库珀的观点一致，详见本书第一章第三节《弗格森谈从国际体系的角度思考国际问题》）。如果奥巴马在谈竞争力这个问题时，脑子里想的其实是中国庞大的贸易盈余，那么他就应该直言不讳地说，中国应该减少贸易不平衡，不要借用"提高竞争力"这个幌子。

奥巴马的"经济复苏顾问委员会"已经被改名为"就业和竞争力委员会"。通用电器的首席执行官伊梅尔特取代了美联储前主席保罗·沃尔克成为这个新委员会的主席。克鲁格曼说，奥巴马这样强调竞争力，容易使人们误解"对公司好的（政策）就是对国家好的"，其实这是两码事。

一个国家不是一个公司。一个企业家可以通过裁员提高利润。人们会说，他是个优秀的企业家。但对国家来说，这不是好事。从宏观上说，这就是我们目前的状况：就业率很低，公司整体利润却很高。公司个体利益和国家整体利益的区别从来没有像现在这样明显。克鲁格曼声明，他与伊梅尔特没有任何过节，但是他指出奥巴马委任伊梅尔特的不妥之处。通用电器只有少于一半的员工在美国，多于一半的利润从其他国家得来，他为什么会有动力提高美国的就业？而且通用电器金融服务公司也是政府救助华尔街、担保私有债务的主要受益者之一。

那么，奥巴马为什么要强调竞争力呢？克鲁格曼揣测，一种积极的解释是：奥巴马想为以政府投资为中心的经济策略（创造就业同时改善长期增长前景）做包装。一种消极的解释是：奥巴马和他的智囊团真的相信，美国经济低迷、复苏脆弱是因为他们以前对企业界太严厉了，减少企业所得税和全面放松管理是必要的。克鲁格曼希望前一种猜测是对的。

1月25日《纽约时报》专栏记者大卫·布鲁克斯也就竞争力发表文章，描述他自己对美国长期经济走势的愿景——21世纪欣欣向荣的美国应该是什么样子？其中政府的功能又是什么？谈竞争力的传统说法是：扩大出口，改革教育，降低企业所得税来帮助企业提高竞争力。布鲁克斯认为，这样说不足以激励人心，奥巴马对"竞争力"应该有一种全新的解释。

他建议，奥巴马开篇就谈美国在世界上地位的变化。20世纪的美国比别的国家有更多的钱、更多的资源、更多的技术人员 —— 我们占据领先地位。21世纪不同了。新兴经济体参与进国际竞争，人才分布更加分散。所以新世纪的竞争是关于如何笼络人才、如何重新建立组织关系的竞争。美国必须成为世界人才合作网络的中心枢纽。

在布鲁克斯的愿景中，世界上各个角落的中产阶级家庭都愿意把孩子送到美国上大学。有志向的年轻人渴望到好莱坞或硅谷工作。从以色列到印度尼西亚的企业家都到旧金山风险基金市场或纽约股票市场融资。这个世纪里的竞争不是通过提高效率、你死我活的残酷竞争，而更像精英大学之间的竞争："我们有最高级、最优秀的人才和最和善的价值观，如果你想最好的发挥自己的潜力，你就会加入我们。"

这种新式的竞争需要"魅力"—— 吸引人才、聚集人才的魅力。当人与人面对面地合作，人最容易发挥创造力，然后提高周围每个人的技能，有更多的合作，吸引更多的人才，达到良性循环。其实，这就是哈佛大学的实力所在，它已经"形成气候"了（相关文章见《哈佛经济学笔记2》第六章第三节《2008年哈佛本科生录取率最低：高等教育市场与资本市场的区别》）。布鲁格斯认为，拥有最多这样有创造力的热点地带的国家就会在21世纪占据上风。

在这种新式竞争下，政府的作用就像大学里的行政人员。校长按惯例住在一个地点最好、最气派的大房子里，但是所有人都知道，那只是个形式。校长是形式上的领导、真正的仆人，服务于大学里真正的主人：教授、研究人员和学生，因为他们才是真正做事的人。行政人员的作用很重要，但是辅助性的。他们集资、招生、聘用教员，帮助落后学生，还要做市场宣传。行政人员不可能理解或掌握各个系的工作内容，他们的职责是招揽人才、制定政策，建立一个物尽其用、人尽其才、创造卓越的环境。

这就是政府在一个创新型经济里的功能。企业家、管理者、执行长官和员工才是经济的实体。政府要创造一个有可能产生卓越的环境。政府怎样才能做到这一点呢？首先，设立有竞争力的税率、可预计的规章制度和财政收支平衡。税率不一定要最低，但整体环境要最有力于新企业的生长；其次，政府要确保每个人都有平等的机会参与进来，不能让人才聚集地带成为一个特权繁殖的地带，确保公平开放的竞争环境。布鲁克斯说，奥巴马个人就是美国有吸引力的结果和典例 —— 他爸爸就是从肯尼亚来美国上学的学生，他一定理解美国怎样做才最有吸引力。

2. 奥巴马：美国不仅仅是世界地图上的一个地方，而是世界的一个灯塔

在国情报告中，奥巴马首先承认，我们（民主党和共和党）在过去两年中为各自的政策立场而大动干戈，展开了持续不断的唇舌之战。奥巴马说，这实际上是好事，这正是一个民主社会需要的，也是我们这个国家区别于其他国家的特点。但是最近在亚利桑那州图森市的枪杀事件（造成9人死亡，多人受伤，包括1名民主党议员重伤）提醒我们："我们每个人都是更大框架中的一员，这个更

大的框架超越我们之间的不同，比党派和政治立场更重要。我们都是美国大家庭中的一员。我们都有同样的希望和信念，我们相信那个在图森市枪杀事件中去世的小女孩的梦想应该和我们自己孩子的梦想一样能够实现。这也是我们国家与其他国家的不同之处。"

为了超越政治分歧，奥巴马强调我们共同的责任。他说，认识到我们都是美国大家庭中的一员还不足以换来一个崭新的合作时期。以后事态会怎样发展不是看我们今晚能否坐在一起，而要看我们明天能否一起工作。"我们能够，也必须超越我们的分歧，因为那是让我们来华盛顿的选民对我们的期望。我们面临的挑战重于党派之间的政治。我们这个国家能不能有新的就业和企业？人们努力工作是否能得到适当的回报？我们在世界上是否还能保持领导力，使美国不仅仅是世界地图上的一个地方而是世界的一个灯塔？"

经济危机过后两年，股市回转，企业利润上升，经济开始复苏，但这不是我们度量自己的成绩的唯一标尺。"我们还要看有多少就业，还要看这些就业意味着怎样的生活质量；还要看小生意人是否看到做大、做强的希望；我们的孩子有多大的可能比我们生活得更好。这就是美国人民让我们来华盛顿一起工作的目标。2010 年 12 月，我们通过了保持小布什政府减税的政策，美国人的税后收入会高一些；每个企业可以把今年的投资全部作为花销从总收入中减去。"这是用税收政策鼓励投资的办法之一（其利弊详见《哈佛经济学笔记》第 116 页《开放经济中的税收政策：猫鼠游戏》）。

然后，奥巴马进入"竞争力"这个话题。技术革命改变了我们的生活。以前有 1000 名员工的钢厂现在雇用 100 人就能做同样的工作。任何公司可以在任何有互联网连接的地方建立分店、雇人销售等。中国、印度这样的国家已经参与了竞争。他们更注重对科研和技术的投资；他们对孩子的教育更早，更持续，更强调数学和理科教育。最近，世界上最大的私营太阳能研究基地、快速计算机研究基地落户中国了。

奥巴马一方面要整个国家意识到危机感，另一方面又要保持乐观向上的情绪。他说："即使那些预计美国走下坡路的人也必须承认，美国仍然是世界最大

哈佛经济学笔记3：中国挑战

最繁荣的经济体。我们拥有最多的成功公司，最多发明创造的知识产权以及最吸引外国学生的大学。我们也是世界上第一个建立于一个思想上的国家，这个思想就是每个人都平等地享有掌握自己命运的权利和机会。这就是为什么几个世纪以来，成千上万的移民冒着失去一切的风险要来我们这个国家。"我们的学生不仅要记住公式，而且要思考这样的问题："你对这个问题怎么想？你想怎样改变世界？你长大后要成为怎样的人？"未来不是任何人给的礼物，未来要靠我们去努力创造。这意味着牺牲，意味着奋斗。具体来说，我们应该怎样做呢？奥巴马有条不紊，一一道来。

首先，我们要鼓励发明创造。我们无法预计下一个增长行业是什么，以后的就业从哪里来，但我们可以帮助点燃人们想象和创造的火花。与其他国家相比，这是我们的长处。在美国，创造不仅仅改变我们的生活，创造的本身就是我们赖以生活的源泉。因为基础研究对公司来说没有利润，所以历史上政府一直资助做前沿研究的科学家。

正是这些长期投资和浇灌，孕育了改变我们生活的互联网、计算机芯片和GPS等重大突破。这些突破带来了从生产到销售链条中一系列的好工作。现在我们要加大对生物工程、信息技术和清洁能源的投资，这对国家安全和保护环境都有好处。奥巴马列举国家帮助贷款的小型能源公司（一个制造太阳能屋顶的小公司）的成功案例和其他节约汽油的新发现。他倡议国会取消对石油公司上亿美元的税收补贴，应该把对过时的能源的补贴用于对未来能源的投资。他提议在2035年之前，要让80%的美国电力从清洁能源中来。

其次，我们要更好地教育孩子。在今后10年中，将近一半的新工作都需要有高中以上的文凭，但是我们有1/4的学生不能从高中毕业，数学和理工科的教育落后于其他国家。在这方面，家庭的作用与学校同样重要：是家庭最初让孩子热爱学习；是家长关上电视，确保孩子每天完成作业；是家长教育孩子成功不是搞关系的结果，而是努力工作、严格要求自己的结果。太多的公立学校对学生没有高标准、严要求。为此我们出台了"竞优"项目：只要学校有提高教师质量和学生成就（不是成绩）的带有创新精神的计划，我们就给予资金支持。提高的标准不是由华盛顿制定的，而是由各州州长制定的。改革不是从上至下的命令，而是地方上的老师、校长、校委会和社区共同努力的结果。奥巴马又列举成功学校案例。在今后 10 年中，我们需要 10 万名数学和理工科方面的新老师走上讲台。我们要养成尊敬老师的社会风气，奖励那些好老师。奥巴马对那些在当时听讲演的年轻人说，如果你想改变我们的国家，改变一个孩子的生活，那么你就成为一个老师吧 —— 国家需要你这样做。

当然，高中不是教育的结束，高等教育要"人人可及"。奥巴马请求国会批准为 4 年大学学费提供 1 万美元的税收补贴。我们要为社区大学重新注入活力。奥巴马列举一位 55 岁的妇女在北卡罗来纳州一个社区大学重新塑造自己的经历。这位妇女从 18 岁就在一个家具工厂工作，直到工厂关门。她在社区大学里学习生物工程，打算进入新的领域，开始新的生活。她说，她要为自己的孩子追求梦想树立永不放弃的榜样。

再次，我们要继续投资于公共设施，重建美国。我们在公路、铁路、机场设施、互联网覆盖面等方面已经落后了。我们要在这方面加大投资力度，建设高速铁路，缩短交通时间。在今后 5 年中，我们要让 98% 的美国人能上高速网络，让整个美国进入数字时代；让美国中部的农民和小生意人在世界范围内销售他们的产品，让学生通过长途授课进行学习，让病人在网上与医生沟通。我们要减少阻碍企业成功的障碍，取消税收政策中的漏洞，降低企业所得税的同时还要不增加国债。在 2014 年之前，我们要实现出口翻一倍。我们与印度、中国和韩国的贸易协议会增加几十万的就业机会。

对于政府在经济社会中的作用，奥巴马是这样描述的：一个多世纪以来，政府一直在保护美国人民的利益；政府一旦发现有损人民利益的事情，就马上纠正。这就是为什么我们的食品是安全的，水是清洁的，空气是干净的；我们限制高速公路上的车速，设立童工保护法。2010 年我们又立法，在信用卡公司和医疗保险公司面前保护消费者权益。

任何法律都有改进的余地。医疗法案 PPACA 也不例外。奥巴马不愿意在原则问题上让步。他说："我愿意与所有议员合作改进其中的不足，但我不能允许保险公司拒绝给已有病情的人上医疗保险。所以与其把 PPACA 推倒重来，还不如解决其中的具体问题（例如减少小公司报告程序等）。"

直到讲演尾声，奥巴马才直面政府赤字的难题。他说，每个家庭每天都要生活在收入范围之内，他们理应有一个支出在收入以内的政府。奥巴马建议在今后 5 年中，冻结政府总开支的增长。这会在今后 10 年中减少赤字 4000 亿美元，使政府可控支出占经济的比例降低到自艾森豪威尔总统（任期 1953~1961）以来的最低点。具体来说，在今后两年中冻结所有联邦政府工作人员的工资，减少奥巴马非常热衷的支持社区活动的项目资金，国防部部长也同意减少几百亿美元的军事费用。这些只覆盖了政府总预算中的 12%，是远远不够的。

国有医疗消费是政府长期赤字的主要原因。2010 年制定的 PPACA 法律就是要控制医疗费用的增长。除此以外，我们还需要进一步减少开支。奥巴马表示，愿意考虑共和党的建议，改革有关医疗事故的法律，阻止敲诈医生的诉讼。他还说："如果我们真正关心政府赤字，我们就不能继续对收入最高的 2% 的人减税。这不是'惩罚'成功的人，而是帮助美国更成功。"

和哈佛校长福斯特的讲演一样（详见《哈佛经济学笔记 2》第 225 页《校长毕业典礼讲演：大学的三个原则》），奥巴马强调，我们要想的是：做同样的工作，什么是可有可无的？在削减开支的同时，我们还要确保不损害弱势群体利益。我们要减少的是"赘肉"而不是"肌肉"。最容易被裁减的是对科研和教育的投资，但这对长期是不利的。

我们要改革政府，使其更低廉而高效。很多议员曾经提议要简化税率，我愿意加入他们，支持这个主张。我们要出卖多年不用的政府大楼，然后机构重组。我们要重建人民对政府的信心。人们要知道他们上缴的税是怎么花的，民选官员在何时与特殊利益集团见面等信息。白宫已经把这些信息都放在网上，奥巴马希望国会议员也这样做。21 世纪要求我们改革创新并承担责任。

然后，奥巴马综述美国在外交方面的成就和挑战。就像商务可以跨国界流动一样，我们在外交方面的挑战也是跨国界的。哪里有敌人，我们就要在哪里战败他们，建立跨地域、跨种族、跨信仰的联盟。伊拉克战争就要结束了，有

10万美国官兵即将光荣地撤出伊拉克。当然，"基地"组织和他们的同伙仍然在算计如何攻击我们，在我们境内制造暴力。我们的情报人员和警卫人员随时都在瓦解他们的阴谋，显示我们社区的强大，我们对法律的尊重和对美国大家庭中穆斯林的信任。我们也在阿富汗与"基地"组织做斗争，缩小他们控制的地盘。

2011年我们会与将近50个国家合作，帮助阿富汗政府自己站起来。我们计划从7月开始逐步撤回我们的队伍。我们积极与其他国家合作，严格控制核武器扩散，确保这些危险武器不落在恐怖分子手中。由于我们外交上的努力，伊朗面临愈加严厉的制裁。在朝鲜半岛，我们与盟友韩国合作，坚持让朝鲜履行放弃核武器的承诺。与我们的欧洲盟友一起，我们为北大西洋公约组织重新注入活力，从反恐到导弹防御我们都在合作。我们重新建立了与俄罗斯的关系，加强了与亚洲盟友的关系。3月份，奥巴马会出访南美，建设新的联盟关系。纵览全球，我们与那些负责任的政府站在同一个行列——帮助农民多产粮食，鼓励医生关爱病人，与那些抢夺人民应有的机会、侵蚀社会的腐败做坚决斗争。我们就是这样让世界向着我们希望的和平和繁荣的方向发展的。

最后，奥巴马回到更大的框架——民主的复杂性和优越性，以及世界人民都憧憬的"美国梦"——让选民感到作为美国人的骄傲和无限的可能。奥巴马说，我们的国家区别于其他国家不仅仅因为我们的实力，而且因为在"实力"背后我们追求的目标。我们永远不能忘记，我们所追求的价值活在世界所有人的心中。我们不能忘记承担这些义务、服务于我们国家的美国军人。让我们坚定地支持我们的军人，就如同他们为我们服务得一样好：让我们提供他们需要的机械设备，给他们应有的福利待遇，让退伍人员重新投入国家建设中。

对前面的路，我们不能抱有任何幻想。改善教育，改变能源使用方式，减少赤字——没有任何一件事是容易的。所有这些都需要时间，而且我们还要为每一件事争论——成本、细节，以至于每一个用词都要争论。我们的任务就更加艰巨了。一些国家没有我们这么多的争论。如果他们的中央政府要建一条路，无论要拆多少房屋，这条路很快就能建起来。如果他们的政府不喜欢某家报纸的某篇文章，这样的文章就不能再写。

"即使我们的民主运作这么杂乱无章，我相信没有任何一个议员愿意调换自己的位置到世界上任何其他国家。我们会有不同政见，但我们都相信宪法里规定的那些权利，无论你从哪里来，无论你的宗族信仰，只要你努力，就有无限可能，相信美国是一个充满任何可能的国度。这就是为什么我今天可以站在你们面前，为什么一个从工人家庭里长大的孩子可以成为美国副总统，为什么一个打扫他父亲的酒吧的人可以成为众议院发言人。正是这个梦想使很多小生意人、小生产主和很多普通美国人重新投入，再次发展、重塑自己。"奥巴马再次表彰小企业做大事的例子，说明"我们能做大事"。从我们建国之初，美国就是一个普通人敢梦想的国度。这就是我们如何赢得未来。

奥巴马最后再次定义：美国是一个怎样的国家？我们是这样一个国家："在这里，我可能没有多少钱，但我有一个成立公司的好主意；我可能不是从一个白领家庭出生，但我要成为家里第一个上大学的人；我可能不认识那些生活在困境中的人，但我想帮助他们，我愿意努力；我不知道怎样能把世界变得更好，但我相信我一定能这样做，而且世界也一定会变得更好。我们的这个信念经久不衰。正是因为我们有这样的信念，我们的未来才有希望，我们的国家才能强大。"

3. 美国要变得更有竞争力

持肯定态度的人认为，奥巴马在国情报告中表现得谨慎、智慧，政策宏图既有改进，又有连贯性；既实际，又超越；既具体，又抽象；从多方面达到了完美结合。这正是中国儒家所崇尚的"至中和"的境界（2009年年底奥巴马在获诺贝尔和平奖后的讲演中也体现了这一特点），既承认矛盾，又和谐统一。

美国政治气候如此分化，财政赤字挑战如此艰巨，奥巴马还能找到一些有共识的中间地带，从此入手建立两党之间的相互信任，为解决长期问题打下基础，实属不易。他着眼于提高美国未来长期经济实力，主要讲教育改革、公共设施投资和科技创新，并没有迫不及待地为减少失业率而特意制造项目浪费钱。

奥巴马使共和党相形之下显得危险和不稳定。他说提高公立学校教师工资，为提高长期人力资源打基础，显得积极乐观，而共和党只会说全面紧缩，弄得人心惶惶。虽然美国债务沉重，但其他发达国家并不比美国强。日本和欧洲的债务问题更严重。从世界资本市场来看，美国债券仍然很受欢迎。美国距离债务危机还有相当的距离，只要在财政上稍微注意一下节支增收就可以了。

激进的人认为，奥巴马太缺乏魄力了，在棘手的问题上"和稀泥"。他不敢让美国人从全方位做出牺牲，而是把这个真正的主题掩藏在呼唤美国人发扬团结一致、积极乐观的语言上。这儿一点儿税收补贴，那儿一点儿节省支出根本解决不了美国财政的根本问题。2011年美国赤字会创历史新高，1.48万亿美元，在8年内，美国国债会达到GDP的90%。仅仅利息就需要占用1万亿美元的税收。奥巴马在国情报告中说，政府冻结支出增长会在今后10年中节省4000亿美元，但没有说在这10年中，政府要花45万亿美元。即使奥巴马自认为成功的医疗体制改革（PPACA）也没有铲除能使国库破产的体制上的"病根"（详见《哈佛经济学笔记2》第二章《有关医疗体系的政治与经济》）。现在发达国家之间的竞争就是看谁能最先解决"福利国家"的问题。奥巴马谦和的语气意味着把领导大权让给共和党控制的国会。如果没有大刀阔斧本质上的改革，希腊的今天就是美国的明天。

支持奥巴马的人说，奥巴马当然知道美国财政的严峻，但他毕竟是在职人员，不是某个智库里张口就说的学者或研究人员。他说话要负责任，要考虑政策可行性和政治后果。现实是：选民不会接受任何削减退休和医疗福利的政策主张。无论民主党还是共和党执政都不敢这样做。

奥巴马到底是像共和党指责的那样是社会主义者，还是"保持现状的人"，还是实际的成熟的中间派，取决于你对政府作用的不同定位和对美国债务问题严重程度的不同判断。

此外，还有人对奥巴马在国情报告中的具体论点评头品足。克莱夫·克鲁克在1月31日的《金融时报》发表文章，指责奥巴马搞错了创新与就业的关系。他说，很多时候技术创新取代了就业，鼓励技术创新和提倡就业经常是矛盾的，而奥巴马在讲演中却把二者混为一谈。克鲁克还说，提高生活水准的根本在于提高生产效率。这不是炫耀拥有最先进的技术，而是要积累资本、传播知识；在新技术打破传统生产方式的时候，政府要帮助受负面影响的人渡过难关。提高生产效率说到底是要把枯燥乏味的事情做好，做得扎实到位。这是对美国长期经济前景的不同希冀。

哈佛大学宏观经济教授曼昆在 2 月 12 日《纽约时报》发表文章，指责奥巴马零和游戏的世界观。在国情报告中，奥巴马多次用到"赢得未来"这个口号式语句。怎样才能赢得未来呢？他的办法是变得更有竞争力。怎样才能更有竞争力呢？奥巴马讲话中隐含着的意思是把别人（别的国家）比下去。这种世界观意味着，别的国家强大就是我们的威胁。曼昆说，事实并非如此。

他引用李嘉图的自由贸易原理说明，只要贸易双方是自愿的，双方都会从中得利，不存在谁是输家的问题。所以贸易的对方不是我们的竞争对象，而是我们的贸易伙伴，他们愈加富裕不是建立在我们愈加贫困的基础之上的。一般来说，贸易的结果是双赢的局面。当然，这里也有特例。如果有的国家不尊重知识产权，无偿剽窃软件，那么这应该被看做偷盗行为。如果他们在注重经济增长的同时，排放大量温室气体，使大气变暖，那么我们就有理由干涉。但是曼昆说，这些特例不应该让我们把国际经济关系看做敌我关系。曼昆的这些观点与他在做小布什总统经济顾问的时候（2001~2003）完全一致（详见《哈佛经济学笔记》第11 页《美国总统经济顾问的中美贸易观》）。

国情报告可以有多种版本，各自代表对当前政治经济形势的不同解读和对未来发展方向的不同愿景。总统要选择最代表他意愿的版本，当然更重要的是选择与他的思想最接近的人为他工作，起草不同场合的各种讲演。总统在台上一小时的讲演凝聚着多少人在台下多少小时的深思熟虑和字斟句酌。即便如此，唱反调的人还是大有人在，众口难调。领导就是要在一盘散沙中凝聚一股力量，艰难跋涉。

第二节　奥巴马总统在"不可能"中寻求"可能"

1.《美国就业议案》出台背景

美国经济自 2007 年年底进入衰退，2008 年秋进入危机，2009 年第二季度达到谷底以来，一直没有恢复到衰退前的水平。在 2009 年中期经济趋于平稳之后，人们开始谈论经济复苏的强劲程度和可持续性。可是两年过后，人们发现经济复苏疲软，各种数据令人们担心经济有可能"二次触底"。

2011 年上半年美国经济增长率低于 1%；8 月就业增长率为零，失业率仍然在 9% 以上，失业大军高达 1400 万人。与此同时，美国国债备受追捧，利率与很多人预测的相反，几乎在历史最低位。8 月初，标普评级公司下调美国国债级别，国债利率却不升反降。9 月 9 日，10 年期债券已经降到 1.91%。这被经济学家、《纽约时报》专栏作家克鲁格曼解释为投资者对经济没有信心的表现：经济前景不明朗，投资人担心需求疲软，不愿意投资实业；再加上股票市场低迷，他们只能把富裕的钱投入美国国债这个深度、广度巨大，流动性极强的债券市场。抽样调查显示，约 60% 的美国人对奥巴马的经济治理表示不满。

2011 年 9 月 8 日晚，美国劳动节过后的第三天，奥巴马总统就当前经济形势及对策对国会山上下议院做集体讲演。这种除"国情报告"以外，总统在国会山的正式讲演在 1990 年以后只有 5 次，其中 3 次都是与发动战争或恐怖主义有关。可见这次讲演并不寻常，奥巴马是因为形势紧急才特事特办。

2. 奥巴马：让制造业回归美国

奥巴马的讲演简单明了，从始至终仅有 33 分钟。他的语言铿锵有力，大有破釜沉舟之势。与其说这是奥巴马政府如何创造就业、请求国会批准的工作计划，还不如说是讨伐阻挠经济复苏的共和党的檄文。

奥巴马从以前共和党和民主党都提议过的创造就业的办法出发，入情入理地解释、推销自己的议案。言外之意是，如果这么折中、这么合理的议案还不能通过国会，那么这只能是因为某些议员存心阻挠经济复苏，把击败政治对手的目的放在美国人民的共同利益之上。奥巴马号召选民不但在心里支持这项议案，而且要明确要求在华盛顿代表他们声音的政治家投票通过这个议案。

他开门见山，指出经济危机导致了上千万失业大军，而政治危机使萎靡不振的经济雪上加霜。政治家在公开讲演时，总会把自己放在平民百姓的位置——兢兢业业的小生意人，为房子按揭还款付息而发愁的人，四处找工作、处处精打细算的人，等等。对这些人来说，一年减税 1500 美元能起不少作用；用现在的低息贷款偿还以前房子按揭时的高息贷款，一年所节省下来的 2000 美元对平民百姓来说是个大数字。政治家设身处地为这些人着想，为这些人说话。

世故的人会说，这只不过是政治家在大庭广众之下的表演作秀罢了。但如果这个政治家也是个卓越的表演家，他也会给人情真意切的感觉。20 世纪 80 年代的里根总统原本是个电影演员。记者采访时问他："一个演员怎么能当上国家总统呢？"里根随即回答："一个不是演员的人怎么能当上总统呢？"脱口而出的俏皮话里也不乏道理。这就引出一个问题：好演员的必备条件和素质是什么？想人之所想，急人之所急应该是其中之一。

奥巴马描述现状：人们尽量少出去休闲，少与家人朋友聚会，以节省汽油和其他开支；人们推迟退休，以偿还房子贷款，让孩子上大学。这些人从小到大都相信：在美国，努力工作和承担责任会得到适当的报酬，每个这样做的人都会生活得不错。但是，这个信念在过去几十年中被逐渐动摇。人们得出结论，华盛顿的政治家并没有总是把人民的利益放在第一位。

奥巴马然后自问自答："美国人民努力工作以履行责任，问题是我们这些政治家做到这一点了吗？我们能不能不玩政治游戏，而真正做些实事、帮助经济复苏呢？我们能不能光复美国建国时定义我们这个国家的那种公平、正义和安全感呢？"

美国的所有伤口不能被在座的政治家完全解决，毕竟经济复苏从根本上说还要依赖企业和员工，而不是华盛顿，但是华盛顿的政治家要为经济复苏及发展助一臂之力。奥巴马接着罗列政治家们现在就可以为提高人民生活而做的一系列事情。这些政策措施统称为《美国就业议案》。奥巴马敦促国会立即通过这个议案。

他说，这个议案中的各项条款没有什么值得非议的，每一个条款都曾经有民主党和共和党的支持。这项计划会创造更多就业机会，让就业的人有更高收入；给企业注入信心，鼓励他们再投资、再扩张，不用因为担心没有需求而驻足不前。这项计划可以为建筑工人、复员军人和长期失业人员创造更多的就业机会；减少教师裁员；为那些增加新员工的企业减税，同时把每个在职工作的人的人头税（就是为社会养老基金和医疗保险而上缴的税）减少一半，并且将符合领取失业金的期限从半年延长到一年。

奥巴马说，大公司的利润水平已经恢复得很好了，但中小型公司还没有，而正是这些中小型公司才是创造就业的主要力量。如果这项议案通过国会，小企业主只要雇用新人，马上就会在税收上得到立竿见影的好处。无论大企业还是小企业都可以把他们在 2012 年的投资迅速在财务报表的支出栏目中去掉（让新投资快速折旧，这样就可以在财务报表中减少每年的企业利润，从而理所应当地减少上缴的企业所得税（这种做法在税收政策中的作用详见《哈佛经济学笔记》第116 页《开放经济中的税收政策：猫鼠游戏》）。

奥巴马把修建基础设施作为创造就业的一个主要突破口。世界一流的交通系统是我们成为经济强国的部分原因，而现在破旧不堪的公路桥梁、水泄不通的交通枢纽、年久失修的校舍随处可见。这些设施急需整修，这正是上百万失业建筑工人就业的好时机。《美国就业议案》要翻新至少 35000 所校舍，修建无数房屋，安装互联网，重建交通。同时我们要保证，没有任何建筑项目的设置是为某一个利益集团而量身定做。我们要减少审批程序，我们的审批标准就是简单的两条：这个项目有多么必要？这个项目能为经济做多少贡献？这个想法有共和党支持，也有民主党支持；有最大的商业行会支持，也有最大的工会支持。

奥巴马保证，创造这些就业不会增加赤字。在 2011 年 7 月底，美国债务上限即将被打破时，政府与国会达成共识：美国政府花销在今后 10 年中要减少 1 万亿美元；国会要在 2011 年圣诞节前再找出节省 1.5 万亿美元的办法。奥巴马说，一周以后，他会有更加雄心勃勃的减少赤字计划出台。他权衡利弊后自称稳妥的财政计划主要是从这几方面入手：调整国家医疗保险政策，改革税收，让高收入阶层和大公司在纳税方面做更大贡献。

少花钱多办事就是要在"不可能"中寻求"可能"。奥巴马坚持，政府减少赤字不会妨碍政府对中小企业和低收入家庭的支持。对那些反对改革国家医保政策的人，奥巴马说，我们必须面对事实，不能自欺欺人。事实是医疗成本越来越贵，人们的寿命越来越长，国家医疗项目会入不敷出，长此以往，这个项目就会不复存在。为了让这些项目持续下去，我们必须改革。

对那些反对对高收入阶层和大公司增税的人，奥巴马引用美国首富之一巴菲特的话：巴菲特的税率低于他秘书的税率，这不公平。他接着对比大多数美国人紧巴巴过日子与少数富有的美国人和利润丰厚的大公司享受税收上的特殊待遇，说明我们为什么必须改革税率。奥巴马相信，大多数富人会支持这项改革。

奥巴马主张"两条腿"走路：一方面创造就业，一方面增加税收、减少赤字。现代技术可以使公司搬到世界任何一个地方。如果我们要把生意和就业留在美国，我们就必须比世界上任何一个国家都有更好的硬件设施、更好的人才储备，更有能力发明创造、破旧立新。精简产权申请和审批程序，加快产品从研发到生产、到市场的过程。在美国人开日本车和韩国车的同时，他也希望更多外国人用更多"美国制造"的商品。

奥巴马深知，政府必须依靠企业的力量来提高生产力和竞争力，所以他召集各行各业的企业领袖，组成"就业委员会"，要求他们集思广议、想方设法帮助公司成长、创造就业。他说，如果我们提供适当的激励措施，如果我们确保贸易伙伴照章行事，我们就能生产节能汽车、先进生物能源、半导体等高科技产品，并在全球销售。

奥巴马接下来反驳可能反对这个《美国就业议案》的理由。有些人真诚地相信，只要大幅削减政府开支，取消大部分政府规章条例及监管，经济就会走向正轨。奥巴马承认，有些过时的规章制度为企业增加了不必要的负担，应该改革——每一条政府规定都应该符合"合情合理"这个基本条件，不符合情理的、讲不通的规定应该一律废除。

"但是我绝不同意有人以这次经济危机为借口，解除美国人民几十年来一直依赖的基本保会保障。我反对让人们在就业与经济安全保障之间做非此即彼的选择。"奥巴马在从根本上相互矛盾的目标中（创造就业与社会保障）寻找平衡。中国儒者说，"极高明而道中庸"。一个人的位置和角色越重要，就越要接近中庸之道。

奥巴马接着描述他的对立面。有人说，要实现经济增长，就要减少对信用卡公司、医疗保险公司、环境保护等方面的监管，减少对工会讨价还价能力的制度性保护。这些人主张，这些方面的法律法规要相对宽松。奥巴马坚决反对这种"竞次"的思想。他说，我们不能依靠最便宜的劳力、最松懈的商业和环境标准来吸引公司，我们要"竞优"。奥巴马再次在"不可能"中寻找"可能"。

奥巴马反对无政府主义、各人顾各人、各立章程、自行其事的原则。他说："那不是我们，那不是美国故事。"不错，我们是棱角分明的个人主义者，我们依靠自己，自强不息，是无数辛勤的员工和企业家使我们的经济成为世界经济的引擎和骄傲。但是在我们的历史中，还有另一条主线：我们是相互关联的整体，有些事情只有我们作为一个国家，我们一起努力才可能成功。奥巴马列举共和党的建党人林肯总统在美国内战中，动员整个政府的力量修建洲际铁路，建立国家科学院等事例，说明后来的总统——无论是共和党还是民主党——都以林肯为榜样，前赴后继。

奥巴马晓之以理，动之以情。"让我们自问：如果我们不为公立学校、研究设施、公路桥梁、机场水坝等基础设施投资，我们做得对吗？如果以前的国会不支持那些最终引出互联网和计算机芯片的基础研究，我们会牺牲多少就业机会和生产效率？如果我们否决医疗、养老等社会保障机制，多少美国人会为此经受煎熬？""媒体人已经断定，我们之间的意见分歧如此之大，以致无法调和，只有在人们投票选举时才能见分晓。可是还有14个月才到下一次总统大选，选民的问题不能等到14个月以后再解决，我们现在就需要行动起来。"

奥巴马倡议国会议员们一起承担起责任：我们不但要对自己负责，也要相互负责。《美国就业议案》不是要解决所有的问题，也不可能解决所有问题。世界上没有万能的灵丹妙药，但是这个议案代表我们持之以恒的努力——聆听好的建议，尝试新的办法，无论是哪个党派首先提出来的。

最后奥巴马表示决心。他要把这个议案的思想和办法带到全国各个角落，要让所有支持它的人都积极表态，敦促在华盛顿代表他们的声音的政治家迅速通过这个议案。奥巴马要让选民告诉他们的政治代表，无所作为不是一个选择，不是一条出路。奥巴马引用肯尼迪总统的名言作结，说明我们能够超越政治，超越各种人为的阻碍："我们的问题是人为的，所以这些问题可以人为地解决。人可以像他希望的一样伟大。"

国会山讲演后的第二天，9月9日下午，奥巴马就踏上游说之旅，深入选民，在距离华盛顿大约一个半小时路程以外的一所大学再次讲演，重申前一天讲演的主要思想和政策措施。

3. 财政和货币刺激政策能抵制经济本身固有的规律吗？

2011年9月中旬，人们对美国经济形势的看法并没有因为奥巴马总统9月8日在国会山慷慨激昂的讲演而统一口径。共和党领导人没有立即全面否定奥巴马倡议的《美国就业议案》，而是措辞严谨地为以后的角逐和妥协埋下伏笔："虽然我们看法不尽相同，但我们可以一起工作。"这样的措辞进可攻、退可守，无懈可击。

政治上相互不服的明争暗斗是残酷的，财政上加减乘除计算出的数字是冷峻的。真情实感和道义责任在冷酷无情的现实中显得微不足道。股市和美元继续疲软，加上欧元危机的笼罩，美国国债继续备受青睐。美国保守派仍然责备政府政策多变，恶化投资环境，导致人心惶惶；自由派仍然觉得政府改革的步伐不够大胆，行动不够坚决，对共和党让步太多，以至于最终的结果不过是和稀泥而已。简而言之，一切如往。

但是工作还要继续。为了兜售《美国就业议案》，也为了给明年总统大选铺路，奥巴马踏上旅途，深入选民。在一周中他走访了总统大选中的关键地带：俄亥俄州、北卡罗来纳州和弗吉尼亚州。奥巴马试图利用推销这个议案为契机，为他的总统任期重新注入活力。

《美国就业议案》的实质是4470亿的财政刺激计划，其中包括削减2450亿美元的人头税（员工方面减1750亿，雇主方面减700亿）和其他方面的减税增支（例如延长失业金期限等）。奥巴马在讲演中保证这项计划不会增加财政赤字。那么，这些钱到底从哪儿来呢？

奥巴马一贯主张通过改革税收政策上的漏洞（取消富人常用的税收优惠：为非盈利组织捐款抵税、房子贷款利息部分减税、公司为员工上缴的医疗保险减税等，详见《哈佛经济学笔记》第109页《美国税收制度的弊端与改革前景》），让年收入为25万美元以上的美国人、大石油公司、对冲基金等利润丰厚的公司多缴税，同时改革社会保障体制。社会保障体制是根据国会制定的法律而执行的，属于政府财政中的不可控花销（具体运作详见《哈佛经济学笔记》第125页《美国社会保障制度的挑战与出路》和《哈佛经济学笔记2》第二章《有关医疗体系的政治与经济》）。

创造就业和减税不但不能增加赤字，还要为长期减少赤字做贡献。奥巴马计划，在今后10年中财政赤字要减少4万亿美元。"又要马儿跑得快，又要马儿不吃（少吃）草"就是在"不可能"中寻找"可能"。除了减税在共和党中比较受欢迎以外，其他政策措施都会在国会山争议非凡。奥巴马在巡回讲演中把国会山议员们面对的取舍选择浓缩为一个简单而清晰的政治选择问题：是那些大公司的利益更重要，还是那些有可能被裁员的教师的利益更重要？

哈佛经济学笔记3：中国挑战

可是现实没有这么黑白分明。哈佛大学经济系教授巴罗2011年9月10日在《纽约时报》发表文章，指责正是政府这种忽快忽慢、忽软忽硬的经济政策导致投资前景不明，人心惶惶，结果是个人和企业都推迟投资、谨慎消费，经济低迷。巴罗说，以前3年政府通过庞大的花费和赤字来挽救危机，辅之以美联储的低息政策，效果令人失望。他曾经支持2008~2009年的财政刺激计划，但是从此留下的赤字和债务已经不允许联邦政府再次用赤字来走出重围。

巴罗主张，完全取消企业所得税，取而代之的是消费税。具体来说，他有6项建议：①推迟符合领取社会养老金和医疗保险的年龄；②取缔"税收花费"（指房子贷款利息部分减税，公司为职工购买的医疗保险减税等允许人们名正言顺地减税的规定）；③降低纳税人边际税率；④取消前3年财政刺激计划中不合理、不明智的花销；⑤实施消费税（例如增值税，美国目前是唯一没有增值税的发达国家）；⑥完全取消企业所得税和遗产税。其中前3项建议与2010年鲍尔斯—辛普森赤字削减委员会的建议吻合；后3项是巴罗的个人想法，争议非凡，经济学家没有共识，甚至有人说根本不可能。但巴罗相信，危机正是使"不可能"变得"可能"的好时机。

巴罗的观点与哈佛大学宏观经济教授曼昆的观点有相似之处。在9月10日《纽约时报》的专栏中，曼昆也主张减少公司所得税以鼓励投资。他说，投资是GDP波动最大的组成部分。想要经济增长，就要鼓励投资；想要投资增长，就要让企业看到需求前景；要想需求前景好，就必须有经济增长势头。这就是良性循环，物理学家称其为"正向反馈循环"。在这个循环中，从哪里入手才能打破恶性循环呢？曼昆一贯注重投资，主张从鼓励投资入手，同时鼓励自由贸易。他认为，鼓励投资是对经济短期增长和长期增长都有好处的政策。

在其他场合，曼昆指出，奥巴马在讲演中引用美国富翁巴菲特的话是以偏概全。巴菲特指责美国税率不公平的语言需要恰当地分析。巴菲特在2007年对当时民主党总统候选人希拉里说，他个人在2006年的平均税率是17.7%，而他的秘书的税率是30%，所以美国税制需要改革。熟悉美国税收政策的曼昆推测这个差距为什么是可能的，并解释为什么这个现象没有代表性。

在巴菲特的个人收入中，投资利息和股票分红占很大比例，而这些收入的税率是15%，远远低于他个人劳动收入（工资、奖金等）的边际税率35%（这是美国收入最高的人的最高边际税率）。因为他的劳动收入在他的总收入中的比例很小，他的平均税率就有可能是17%左右。而他秘书的个人收入组成比例与他相反，所以平均税率会远远高于他。曼昆继续说，巴菲特这种现象在美国富人中并不普遍。有研究表明，在美国收入最高层，即0.01%的美国人中，资本收入（利息、股息等）占他们个人总收入的比例已经从1929年的70%降低到2004年的25%。这说明，美国富人收入的绝大部分来源于个人劳动，他们的财富是自己创造的。曼昆说，如果你想象中的美国富人形象是在自己的游艇上悠闲地度过下午的人，那么你的想法早就过时了，游手好闲的富人早已被辛勤工作的富人所取代。

与巴罗和曼昆立场相左的是2008年诺贝尔经济学奖获得者、《纽约时报》专栏作家克鲁格曼。克鲁格曼是自由派经济政策代表人物之一。他认为奥巴马在承认美国国债不可持续的时候，就输给共和党人的思想框架一大半了，以至于华盛顿的政策辩论是以减少赤字为中心展开的，而不是以扩大就业展开的。克鲁格曼认为，在短期内过度担心美国债务问题是误入歧途。他赞扬奥巴马在讲演中大胆坚定地推出这个增加就业的议案，重新把扩大就业放在制定所有政策的中心位置。他说，虽然4470亿美元不足以扭转乾坤，但是一个很大的进步。

《纽约时报》另一位专栏记者布鲁克斯在政治上属于中间偏右翼。他不极端，理智且温和，是"兼听则明"的典型。敏锐的洞察力和非凡的语言天赋使他在业界享有盛誉。布鲁克斯对任何扩大政府功能的行为都持谨慎怀疑态度。9月初他写专栏，罗列政府花巨资支持清洁能源政策的失败实例，说明政府只能"搭台"，不能"唱戏"。他说，这么多钱与最后在清洁能源领域里增加的就业完全不成比例，有些收到政府资金支持的清洁能源企业反而把一部分生意挪到中国或其他国家去做，有的企业甚至倒闭关门。

对奥巴马9月8日的讲演，布鲁克斯仍然持怀疑态度。按照奥巴马倡议的《美国就业议案》，政府会为那些雇用新员工的企业减税，那么如何区分这些新就业是因为这项新政策而产生的，还是本来就会增加的呢？如果是后者，那么这个

哈佛经济学笔记3：中国挑战

议案的后果只能是减少税收和增加赤字。但是布鲁克斯在文章结尾却笔锋一转：如果让奥巴马的这项议案胎死腹中的后果是经济第二次探底，那么他还是希望国会能通过这项不完美的议案。

在 9 月 12 日的《金融时报》里，专栏记者克莱夫·克鲁克赞扬奥巴马主动坚定地向国会发出明确的政策建议和号召。他说，即使奥巴马的议案最终不能全部通过共和党主掌的国会，这也是向正确的方向前进了一步。克鲁克指责奥巴马在上任的前两年，国会还在民主党手中的时候，一直处于被动地位，让国会有过多的决定权，以致在 2010 年的中期选举中，民主党失去江山。在奥巴马任总统第三年末的时候，他终于选择了主动出击。这是好事。如果奥巴马从上任一开始就像现在这样主动、坚决，或许经济不会走到今天这个地步。

经济复苏迟缓使人们经常提到 2009 年出版的一本书《这次不同了》。这是由哈佛大学国际经济学教授罗格夫和马里兰州大学经济学教授莱因哈特合著的。书名本意是个反语。对每次金融危机过后的危机，人们都会说："这次不同了。"其实呢？每次危机都是换汤不换药，其实质和经历都大同小异。通过研究过去 800 年的金融历史，两位学者发现，由银行危机导致的经济衰退比其他类型的经济衰退持续的时间要长。这样的危机一般要经过 6 年房价才会停止下跌；失业率在 5 年中都会居高不下，甚至还有可能上升；国家债务平均增长 86%。

历史令人悲观。2007 年年底开始的经济衰退已经将近 5 年了，难道还需要两年经济才能彻底走出阴霾？难道各种财政和货币刺激政策不能抵制经济本身固有的规律？或许仅仅是减轻经济衰退的程度？或许任何政策性的、人为的粉饰都是无用功？

布鲁克斯曾经在他《纽约时报》的专栏中说，如果罗格夫和莱因哈特发现的规律是对的，那我们还不如利用经济缓慢期注重经济发展的根本动力——提高教育质量，理顺税收体制，改善政府监管政策及体制等根本因素，以不变应万变。改善这些基本条件的工作不是短期的，不会产生立竿见影的短期效果，而需要长期的艰巨努力。当经济本身固有的规律让我们走出衰退的时候，改善后的基本条件（教育质量、税收体制和适当的政策监管）会让我们觉得"准备好了"，我们就能顺势（经济走出颓废的势头）走得更远。而正是这些长期的基础工作我们最有能力控制和把握，而短期内的很多事情例如下个月的失业率数据等，我们几乎无法控制。与其担心我们不能控制的因素，还不如做好我们能做的最基本的工作。布鲁克斯不是经济学家，但他的专栏经常充满智慧，值得一读。

企业界人士的想法也有意思。投资公司黑石集团总裁及创建人之一施瓦茨曼9月12日在《金融时报》发表文章，一方面表示自己对经济形势担忧，另一方面表示愿意在纳税方面为经济复苏做贡献。他下意识地把自己在企业的微观经历套用在宏观经济层面。

他说自己25年来投资企业，与企业紧密接触的经历表明：企业扭亏为盈要有3个必要条件：①对现实客观清醒的认识；②坚决果断的行动计划；③齐心协力、团结一致的团队。虽然国家比一个企业要复杂得多，但这3个条件同样适用。问题是，美国目前不具备这3个条件的任何一条。对国家财政赤字的危害程度都没有共识——国会山众说纷纭就是最典型的例子——更不用说齐心协力的领导团队了。施瓦茨曼倡议在思想认识上形成统一战线，在责任义务方面共同分担。他表示愿意为此贡献自己的力量。

第三节　辨析收入两极分化

在 2011 年秋季美国多个城市出现的"占领"运动中——从"占领华尔街"到"占领哈佛"——最突出的主题莫过于人们对经济收入两极分化的强烈不满。这促使精英界反思：到底是什么原因导致两极分化加剧？这个趋势是否会随市场经济商业周期的变化而变化，还是会长期存在？政府是否应该采取对策？应该采取哪些对策？

11 月美国国会预算办公室的最新研究表明，从 1979 年到 2007 年间，收入最高的 1% 的美国人的真实收入（去通胀后）增长了 275%，最高层 1/5 的人的收入增长了 85%，最低层 1/5 的人的收入仅仅增长了 18%。总体来说，中产阶级的收入仅仅增长了 40%。而且在过去 40 年中，就业率有很大变化。在 1965 年，20 个 25 岁到 54 岁工作年龄之间的男人中只有一个男人没工作；预计到 2020 年的时候，即使经济周期的负面影响完全调整过来，6 个工作年龄的男人中就会有一个没工作。对此，仁者见仁，智者见智。

1. 绝对自由派观点

纽约大学法学院教授埃普斯藤代表极端自由派观点（更靠近保守派，与一般自由派相反）。极端自由派从根本上怀疑政府各方面的能力，相信个人比政府更会理财，会更有效地配置资源。政府的官僚作风太重，程序太多，浪费太大，任意性太强。而个人对自己的钱最有责任心，最知道如何把有限的资源用到刀刃上。所以在极端自由派看来，政府越小越好，私人空间越大越好。

埃普斯藤沿袭这套思想，同时强调法律规则的重要性。也许是法学教授的原因，他说，只要法律法规、游戏规则公平透明，并严格执行，市场经济就可以充分发挥其优越性，最高效地利用资源，为最多的人创造最大价值。

埃普斯藤认为，一定程度的收入不平等是必需的，正因为收入有高低，人们才有动力通过创造更高的价值来争取更高的收入，人们才会更积极地工作、创新，创造更大的"饼"。埃普斯藤说，最容易区别自由派与保守派的问题是：（一般）自由派认为提高富人边际税率对"财富再分配"的正面作用大于减少富人工作积极性的负面作用，保守派（与极端自由主义接近）认为相反。

记者问，难道提高个人所得税的边际税率对比尔·盖茨和乔布斯这种超级富人的工作积极性有什么影响吗？这些人热爱自己的工作，发自内心地不断创新，缴税多少一般来说不是他们考虑的因素。

埃普斯藤回答，即使税率对他们个人的工作积极性没什么影响，他们的投资者也会对税率非常敏感，这些创业家需要说服投资者慷慨解囊。高税率从两方面打击投资：一是减少投资者用于投资的钱。缴税多了，税后可以用于投资的钱就少了。二是减少投资者纳税后的净投资回报，净投资回报率直接影响投资者的积极性。

然后埃普斯藤说，虽然这些人是身家上百亿的富翁，但他们创造的价值比他们的收入要大得多得多，很可能是 10：1 或 20：1。当很多人花几百美元购买 iPhone（苹果手机）和 iPad（苹果平板电脑）的时候，实际上他们宁愿花比市场价格更高的钱购买这些东西。也就是说，这些商品的价值远远高于它们的价格，消费者剩余是相当可观的。这些"自制"富翁（而不是世袭富翁）的收入与他们所创造的价值相去甚远。

记者再问，你不担心这些富人会控制国家政治吗？埃普斯藤肯定地回答，这些富人会影响政治，但完全不会控制国家政治。如果富人控制国家政策，为什么 100 万美元以上的房贷不能享受利息减税？（关于房贷利息减税在美国税制中的作用和影响，详见《哈佛经济学笔记》第 109 页《美国税收制度的弊端与改革前景》）为什么奥巴马总统要提高年收入 25 万美元以上的人的所得税边际税率，并且想以此为他在 2012 年总统大选中争得选票？国家政治是建立在"一人一票"

哈佛经济学笔记3：中国挑战

的基础上的。

"只要我们为更多的人创造更多机会，只要有公平透明、严格执行的法律，收入不平等不但不会妨碍良好的社会秩序，而且会激发人们高效利用资源，不断创新并创造价值。"埃普斯藤最后引用林肯总统的话作结，再次反对任何劫富济贫的再分配政策："我们不能通过让富人变穷来让穷人变富。"

2. 经济学家与社会学家同台对话

12月1日晚肯尼迪政府学院院长埃尔伍德在肯尼迪学院就经济不平等组织一场由4位专家参加的大约一小时的对话，其中包括两位哈佛经济系教授——劳动经济学家，曾经服务于克林顿政府劳动部的凯茨和城市经济学家格雷瑟以及两位社会学家。

他们对话的总体效果令人悲观 —— 他们之间不但没有达成共识，而且他们各自的建议都显得苍白无力，让人们怀疑：民主体制是否还有能力从宏观层面采取任何强有力的措施？与会人员唯一的共识是：他们都不反对在过去30年中经济两极分化愈加严重的趋势，并且都强调教育在决定机会平等、收入高低方面的重要性。

凯茨说，无论怎样分割数据，怎样选择衡量指标，经济两极分化都是不容否认的事实。他把这个趋势归咎于技术飞跃前进，全球化纵深发展的长期趋势，以及里根时代以来降低边际税率、金融去管制的政策。这些基本趋势强化了有大学以上高等学历与没有大学学历的人之间的收入差别，受过常青藤大学教育与非名牌大学教育的人之间的收入差别，从事金融业与非金融业的人之间的收入差别。

他认为，技术和全球化的发展，以及由此而导致的加工业向发展中国家转移的趋势是不可阻挡的，例如，一些原本中产阶级收入的工作在"数字化"以后转移到了印度等其他国家。对于这个大趋势，他认为，我们应该顺势而为，"现代经济对研发、设计、管理等高层次人才的需求尤其强烈，提高高层次的人才供给只能通过教育"。他还强调创业的重要性，尤其是要创造那些高附加值的知识密集型工作和人对人的服务业，例如，医疗、养老等劳动密集型行业。

显示凯茨民主党派经济思想的例子是：他指责一种为极高收入辩护的理由是不成立的。收入最高的 0.5％的人大多是大公司的最高层管理人员，只有少数是影视、体育明星。掌管 10 亿美元资产公司的人比掌管 1 亿美元资产公司的人的薪酬要高很多倍，理由是他的责任更大，他的决策更重要，影响和后果更大。凯茨说，这个理由是错的，因为大规模公司的主管想做好决策的动机和努力程度与小规模公司的主管想做好决策的动机和努力程度是一样的，所以他们不能用这个理由为他们的极高收入辩护。

一位社会学家从家庭关系频繁破裂、孩子成长环境不同的角度来解释社会阶层差异的持续性。数据显示，越是低收入家庭，夫妻关系越容易破裂，孩子成长就越容易出现问题，越有可能延续甚至恶化低收入势态。这些家庭经常入不敷出，生活在社会边缘。

另一位社会学家赞赏哈佛等常青藤大学对中低层收入家庭的孩子减免学费的行动。他主张，强化那些能使社会更加平等的机制和机构，例如，提高公立学校的质量和规模、全民医疗保险、最低工资标准。

经济学家格雷瑟 1992 年从芝加哥大学获经济学博士，可以推测芝加哥学派相信市场意志对他的影响。但他意识到问题的复杂性，没有直接反驳其他人的任何观点，只是缓和地说，他倾向"劳动所得退税制"。这是一种鼓励穷人工作的减税政策（详见《哈佛经济学笔记》第 159 页《公共财政领域里的前沿性研究》），而不是直接硬性提高最低工资标准。他还强调投资人力资本的重要性，从更广阔的视角看待教育，包括学龄前教育、成人教育、社区教育等能够加强机会平等、工作技能和社会流动性的各种渠道。

3. 权衡"公平"与"效率"：萨默斯的"中庸之道"

"经济收入两极分化"不是所有经济学家都重视的话题。很多经济学家或者视而不见、或者闭口不提，或者在被问到这个问题的时候用"标准的经济学解释"作答：只要我们保持经济增长，随着"饼"的增大，穷人自然而然就会减少，贫穷的程度也会随之降低。

而哈佛大学前校长、克林顿政府的财长和奥巴马政府国家经济委员会主任萨默斯不属于这一类人。他曾经多次提到经济不平等对"机会平等"的影响。他在担任哈佛校长期间（2001~2006）主动减免中低收入家庭出身的学生的学杂费，有意识地增加这些学生在哈佛的比例。这一行动迅速被其他常青藤大学效仿。萨默斯也多次在《金融时报》的专栏中提到美国中产阶层的真实收入停滞不前的现实。

在权衡"效率"与"公平"的辩证关系中，萨默斯基本持"四六开"的态度，认为在现阶段，"如何分配饼"至少与"饼的大小"同样重要。在 11 月 21 日的专栏中，萨默斯专门谈经济不平等这个问题。与对待其他问题一样，在收入两极分化的问题上，萨默斯保持一贯复杂的、谨慎的批判态度，并提出积极的建设性意见。他说，目前收入悬殊太大，以至于一般解释收入不平等的理由已经不够了。

萨默斯对"效率"与"公平"之间的权衡不是绝对的，而是随形势的变化而变化的。他根据现在形势的特殊性，认为我们有必要偏重"公平"。可以推测，如果形势变化，他的侧重点也会变化。有侧重的辩证就是中庸之道。那么，他怎样判断现阶段的收入分配形势呢？萨默斯说，科学技术空前发展和范围更广阔的、层次更深入的全球化是 1% 的人与 99% 的人的收入差距加速扩大的两个主要原因。

萨默斯一直认为，2008 年金融危机之后，美国和欧洲发达国家面临的最主要挑战是总需求不足以及形影相随的高失业率。这已经不是经济周期能简单解释的了。经济基础和结构已经随着我们进入知识型经济而改变了。这个变化的一个突出表现就是相对于绝大多数人来说，极少数人有超出常规的高回报。

我们在经历从工业型经济向知识型经济的转型，这个转型对社会机制和结构的影响就像农业社会向工业社会转型那样深远。萨默斯回顾历史：当美国发明家乔治·伊斯曼（1854~1932）在摄影胶卷和设备领域有革命性的贡献，并于 1892 年在纽约州罗彻斯特市创建著名的柯达公司的时候，罗彻斯特市随之变得欣欣向荣，兴旺了大约两代人的时间。

相比之下，在一个世纪后的今天，当乔布斯的苹果公司领导网络技术革命的时候，乔布斯和分散在世界各地的苹果股东赚得盆钵溢满，但对美国大多数中产阶级的员工来说没有很多经济上的好处。这是因为苹果产品的生产分散在世界各地，而且高技术的软件和硬件的生产是资本密集型产品，不是劳动密集型产品。

萨默斯说，我们曾经认为，只要有跨阶层（穷人变富与富人变穷）、跨代际（一代人与下一代人）的社会流动性，收入悬殊巨大也是可以接受的。但数据表明，这两种流动性都非常小。从富裕家庭出生的美国大学生比例在增加，从最穷的1/4家庭出生的美国大学生比例在减少。

收入两极分化日趋严重对发达国家的政治气候影响很大。这个问题在美国政治辩论中已经呈现两极分化。一极抱怨经济不平等，以指责富人为主旋律。萨默斯说，持这种观点的人应该自问：我们的生活是否因为苹果、谷歌、微软和Facebook（脸谱网）这样的产品和服务而变得更方便、更舒适了？创业家不应该因为大众的嫉妒心理而被丑化。

另一极认为，任何对收入两极分化的关心都是要搞阶级斗争的先兆。萨默斯说，这一极的观点更不靠谱。经济基础和结构已经变化到了如此程度，以至于总体经济增长不再是决定大多数中产阶级收入的主要因素了；"如何分配饼"至少与"饼的大小"这个问题一样重要。片面地强调"提升美国竞争力"，以及在这个名义下减少公司所得税或一味地保护知识产权等政策都会加剧收入两极分化。

那么，应该怎样平衡"公平"与"效率"之间的矛盾关系呢？萨默斯试举三例。

第一，政府对富人的要求要非常谨慎，避免加剧经济两极分化的可能性。当政府打算分配公有财产或有价值的许可证时，应尽量使用公开透明的拍卖形式。政府要培养良性资本主义，而不能偏袒任何有关系的资本家或利益集团。

第二，政府在税收政策上要兼顾"公平"与"效率"。现在越来越多的财富云集到极少数人手里，而政府却陷入越来越深的财政赤字泥潭。在这个时候取消遗产税显然不合时宜。富人世袭财产、穷人世代难翻身的风险越来越大。

第三，政府要促进那些重要领域里的机会平等。在市场经济里，永远会有人住豪宅、收藏古董、豪华旅游等，消费领域的不平等是不可避免的。但是在教育领域里，由于家庭经济背景不同而导致的受教育的机会不平等是不公平的。目前公立大学学费上涨、裁减经费，严重影响了中产阶级的孩子上大学、继续深造的能力。对富人开放的私立学校与对普通人开放的很多公立学校已经开始在教学质量上拉开差距，这一点非常值得我们注意。要做到机会平等，提高社会上下阶层的流动性就必须让所有人有平等享受教育的机会。

最后，萨默斯回到他的"中庸之道"：在有关收入两极分化的讨论中，两种极端观点——劫富济贫的仇富心理和惧怕阶级斗争的心理——都不能保护中产阶级在后工业化社会里的经济利益。也就是说，为了保护绝大多数人的最大利益，我们需要找出更好的办法。

4. 库珀的看法：收入的正当性与遗产税

哈佛大学经济系教授理查德·库珀在 2013 年 2 月财新传媒的《新世纪周刊》上就收入不平等发表专栏文章，强调收入来源的正当性。库珀认为，影视明星和体育明星的劳动所得、冒风险的投资所得、科学家发明创造后受知识产权法保护所得等都属于正当收入，虽然可能因数额庞大而被人羡慕，但无可厚非，不应该嫉妒，也不应该引起社会不安。相反，如果庞大的收入来路不明，或者是滥用职权行贿受贿而来的不义之财就很有可能引发社会动荡。

还有一些人收入可观是因为天时地利，赶上了好时候、好机会，或者干脆就是好运气。这在库珀看来没有什么不正当——有人天生就家境优越，有人天生就家境贫寒，每个人的起点不可能绝对平等。库珀强调，关键是要通过大力度的遗产税来减少世袭财富。任何家长都希望自己的孩子生活得好，但家长给孩子最好的财富不是财富本身，而是良好的教育和健康的价值观。家长给孩子的物质财产不应该多到让他们不付出努力就能享受荣华富贵的程度。这对孩子来说不是好事。每一代人都应该有自己立足于社会的能力，至少自给自足不应该成问题。

库珀介绍，在美国 500 万美元以上的遗产要上缴 45% 的联邦遗产税。500 万美元的上限是因为有些家庭生意可能在两三百万美元，继承人不至于要变卖家产来交遗产税。此外，美国各个州有自己的遗产税率。给州政府上缴的遗产税可以用来抵消部分联邦政府的遗产税。总之，如果家财万贯的富人不愿意上缴将近一半的遗产给政府，他们可以选择把部分遗产捐赠给学校、博物馆、教会等非盈利性的民间组织。

库珀很赞赏美国政府这样的遗产税政策，鼓励中国如法炮制。遗产税上限和税率可以不一样，但其道理是一样的：避免财产世袭和财富集中，让同一代人的起点尽量接近，然后公平竞争，优胜劣汰。这样即使竞争的结果贫富悬殊，人们也会心平气和地接受，没有嫉妒、不满，只有安定和谐。

库珀对高收入阶层并不一概而论，他对美国大公司高管层的收入就有不同看法。2008 年金融危机后，库珀有一系列政策主张及对策（详见《哈佛经济学笔记》第六辑最后一节《不信偏见的经济学家：库珀解读经济热点问题》，其中包括《高管薪酬制的改革策略》）。他认为美国大公司的首席执行官和其他主要执行官的薪酬机制急需改革，"这些人的薪酬比他们在日本和欧洲同样的位置的人的收入高好几倍。那么我们要问，他们在世界其他国家是否也能创造出像在美国一样的价值？如果不能，就说明他们的薪水中的一部分应该归功于企业文化和美国的总体机制"。在库珀看来，这些高管的薪水远远高于他们所创造的价值。至于如何改制，详见《哈佛经济学笔记》第 286 页。

第四节　新技术对美国能源安全的影响

2011 年 12 月 12 日美国能源专家、剑桥能源研究智库的董事会主席尧尔根在《华尔街报》就美国能源安全问题发表文章。新技术引导的新发现使美国不再像以前那么强烈地依赖从意识形态不同、宗教信仰不同、政治不稳定的国家进口石油了。自从 20 世纪 70 年代尼克松总统倡议能源独立以来，每一届总统都有这个愿望，但事与愿违，美国的石油进口直线上升，使美国愈加依赖石油储藏丰富的中东国家，直到科技进步改变了这个趋势。

美国石油进口在 2005 年达到顶峰——占国内消费的 60%，从此开始呈下降趋势，现在已经到了 46%。尧尔根分析这里面的多种原因。

第一，石油需求减弱和能源使用效率的提高。

第二，2008 年以来，美国石油产量提高了 18%，深水开采石油和地面开采的产量都大幅提高。更重要的原因是有了新的石油来源。人们发现可以从坚硬的岩石里提取石油。在 2000 年，从这个渠道生产的石油每天仅有 20 万桶，大约是美国石油产量的 3%。现在每天产量约 100 万桶。预计到 2020 年，可以达到每天 300 万桶，占美国目前每天石油总产量的一半以上。这使北达科他州成为美国继得克萨斯、阿拉斯加和加州以外第四大石油产地，这个州的失业率仅为 3.5%。以石油为核心的产业链为俄亥俄州增加了很多下游的制造业工作，为加州增加了很多上游信息技术类的工作。

开采这类石油使用的是和开采天然气一样的技术。这种技术使页岩气的供给猛增，占美国天然气总产量的 34%。就在几年前，人们还担心进口天然气的花销要高达每年 1000 亿美元。现在不用担心了，而且开采这些资源会增加 60 万个就业机会。

页岩气的大量开发在深刻地改变美国能源分布。在 2000 年页岩气仅占美国天然气供给的 1%，到 2011 年已经增长到不可忽视的 30%。这个可观的增长得益于一位得克萨斯州的希腊后裔乔治·米切尔和他的公司 Mitchell Energy（米切尔能源）在 20 世纪八九十年代的技术创新。他们发明的横向开采和水力断裂可以通过向地下深层注入水和化学药品，摧毁岩石，释放出岩石背后的天然气。这种新技术已经在得克萨斯州、宾夕法尼亚州和俄亥俄州创造了几十万个就业机会，以后还会更多。现在已经探明，美国有足够 100 年使用的天然气储备，完全可以自给自足，而天然气是化石燃料（煤炭、石油和天然气）中最干净、释放温室气体最少的能源。广大消费者是新开采技术的最终受益者。天然气价格还不到 3 年前价格的一半，电力价格也有所缓和。风能和太阳能等绿色能源相比之下显得更加不经济。

　　这样做的危险是，如果技术使用不当或施工马虎，大量化学药品会污染地下水源。在过去 10 年中，约有两万口井被开采，还没有出现严重污染事故。但人们担心这种可能的后果就像担心核能源的安全性一样。有人认为，只要政府适当规范这个行业的开采操作，可以克服风险，至少使风险最小化。

　　布鲁克斯在 2011 年 11 月 3 日《纽约时报》的专栏中指出，如果人们做全方位的利弊分析，这种技术是可行的。美国有这么多天然气资源，这是美国的福气，不可以因噎废食。但环保倡议者认为，这是世界末日即将到来的先兆，攻击、丑化能源公司和与此关联的个人。这成为支持开采能源的共和党与同情环保的民主党的又一个争辩议题。但能源开采新技术在一定程度上转变了美国石油的生产途径，帮助抵消了部分中东的不稳定因素，提升了美国石油安全，还创造了大量就业。这是不容否认的事实。

第五节　政府在支持新能源中的局限性

　　未来的工作机会从哪儿来？几年前，人们对"绿色经济"寄予厚望——希望清洁能源能够同时解决环境污染问题和能源供给安全问题。奥巴马在 2008 年许诺在清洁能源领域创造 500 万个就业机会。但事实证明，如果宏观经济条件不变，支持清洁能源的产业政策并不一定能在中长期增加就业。布鲁克斯在 2011 年 9 月 5 日的《纽约时报》的专栏中列举了一系列政府花钱失败的例子。

　　联邦政府的投资可能确实刺激了技术创新，但也证明了政府完全不清楚如何创造私营经济的工作机会。加州从联邦政府得到 1.86 亿美元的财政刺激政策的钱，用于让家庭房屋更保暖，更高效地使用能源，但这么多钱只创造了 538 个就业机会。还有一家公司从联邦政府得到 3 亿美元的绿色资金，却只创造了 150 个就业机会，也就是平均 200 万美元一个岗位。

　　有些技术创新是减少就业的，例如当查电表、水表、天然气表的工作被仪器代替，成千上万的工作转瞬即逝了。追求清洁能源可能会增加对高技术人才的需求，但不会增加很多普通工人的工作机会，甚至对他们已有的工作形成威胁。

　　有些绿色技术公司在得到政府几千万美元的支持后宣布破产。常青太阳能公司就是这样一个例子，它把制造基地搬到中国以后不久，申请了破产法保护。美国能源部为一个太阳能厂家——索林卓在没有履行完整的正当程序的情况下提供贷款担保 5.35 亿美元，但这家公司在 2011 年 8 月宣布停止运转，裁员 1100 人。美国能源部押宝押错了，浪费了纳税人几亿美元。

　　布鲁克斯澄清，这不是说政府不应该鼓励清洁能源，而是政府不擅长直接创造私有经济里的就业。政府不能人为地挑选受惠企业，更不能既当"裁判员"，又当"运动员"。有商学院教授用实证说明，政府每一次促成私营企业的成功，都有一大箩筐在私营经济里失败的例子。政府的工作是为私营企业建立平台，营造公平透明的竞争环境，为基础研究提供资金，设立法律和各种规章制度，轻赋税，而不是直接参与运作，人为地优胜劣汰。1980 年美国国会通过的《拜杜法案》是鼓励科技创新的典例，它允许用联邦政府资金创造新技术的大学拥有产权。布鲁克斯肯定这是好事，但很少见。

我们见到的更多的情况是，政治家容易目光短浅、急功近利，想用产业政策直接影响市场活动，结果是浪费了大量纳税人的钱。布鲁克斯总结说，我们应该追求绿色创新，但政府不能直接参与市场活动并指望绿色能源带来我们急需的就业。

第六节 奥巴马国情报告：均衡跨国税制，鼓励企业返美

1. 为总统竞选奠定基调

2012 年 1 月 24 日晚 9 点，奥巴马总统向国会山上下议院做一年一度的国情报告，各大新闻媒体实况转播。国情报告的目的一是要向全国人民汇报政府工作进展，寻求选民的支持与理解；二是要与国会公开沟通思想与愿望，请求国会的批准与合作。

这次报告长达 1 小时 6 分钟，在很多问题上呼应了选民最近几年的感受，为奥巴马在 2012 年的总统竞选拉开序幕。在讲演之后的 3 天，他要连续在 5 个州讲演，重申这篇讲演的中心思想。

1 小时的讲演不可能面面俱到，更不可能在任何领域深入细致，但可以指出一些领域里的主要问题和解决问题的渠道。更重要的是，总统要利用这个黄金时间，用道德上的常识和通俗易懂的语言向全国人民解释什么是对的，什么是错的。追求道德、道义上正确的事情就是政府今后的努力方向。

正是这个道德指针让我们看到政府纷繁复杂的政策改革背后的意图和宗旨。这是道德的力量。哈佛大学著名政治思想家桑德尔在政治哲学中推崇第三种思路：我们应该追求正义和美德，而不仅仅是简单的功利主义（让最多的人福利最大化）或极端的自由主义（个人权利与自由至高无上）。这种思路在奥巴马的讲演里得到充分体现（关于桑德尔的思想，详见《哈佛经济学笔记 2》第 174 页《桑德尔讲道德准绳：我们应该做什么正确的事情》）。

奥巴马的这次讲演按桑德尔的思路和标准应该得分很高，但按照经济学家的

思维框架却有很大偏颇。哈佛大学宏观经济学家曼昆指出，奥巴马的国情报告有反对自由贸易和全球化的倾向和劫富济贫的平均主义思想。奥巴马所提倡的通过改革企业所得税鼓励企业返回美国，同时提高2%最高收入人群的个人所得税等政策都违反自然经济规律，不利于提高生产效率，创造更大的"饼"。也就是说，奥巴马在追求所谓的"公平和正义"的过程中牺牲了效率。

无论在哪个框架下衡量这篇国情报告，奥巴马为中低层选民说话的立场和"先天下之忧而忧，后天下之乐而乐"的急迫心情显而易见。全篇讲演既面对现实，又展望未来；既承认挑战，又充满信心；既脚踏实地，又积极乐观，从多方面达到了"至中和"的境界。其讲演内容概述如下。

2. 国内政治氛围：求同存异，顾全大局

奥巴马以美国从伊拉克完全撤军为开始讲起，赞扬100多万军人勇敢无私的奉献精神。美国牺牲了几千名美军的生命，换来的是美国的安全和在世界上的尊严。本·拉登及其高层部属被完全击败，阿富汗的塔利班势头受到节制，美军已经开始从阿富汗撤军。

奥巴马对比军队的成绩与其他令人失望的组织和行业。他说："如果我们发扬军队的团队精神，求同存异，顾全大局，集中精力解决我们共同面对的问题，你能想象我们能够取得的成就吗？我们的教育会遥遥领先；我们的能源安全会掌握在自己的手中，不依靠那些政治不稳定的国家；我们会吸引高科技制造业和高薪职位。只有这样，我们才能建造一个可以持久的经济。在这样的经济里，努力工作和承担责任会得到补偿。"

每天困扰在华盛顿激烈的内斗中的奥巴马忍辱负重，公开表示他相信美国人一定能够做到这一点："因为'二战'后当美国军人重返家园的时候，他们建造了繁荣的经济和中产阶级。美国人最基本的信仰就是，只要你努力工作，你就能够养得起一个家庭，买得起房子，能够让孩子上大学，而且还能为退休储蓄一部分。"奥巴马表示决心，一定要让这个信仰成为现实，没有什么比这个目标更重

要、更急迫的了。他要让美国人超越现实，对未来充满希望。

奥巴马描述我们面临的选择。我们可以选择两种不同的经济前景：一种是只有越来越少的一部分人非常富有，越来越多的人日子过得紧巴巴；另一种是每个人都机会均等，每个人都尽力而为，规则面前人人平等。奥巴马说："现在重要的不是民主党价值观还是共和党价值观，重要的是美国人的价值观。我们一定要实现美国人的价值。"

3. 经济长期愿景：建造可持久的美国经济

奥巴马接着回顾最近几年的经历。在经济衰退前，科技进步让生产更加高效的同时，也淘汰了大量制造业工作，让一些工作迁移到其他国家。富人从来没见过他们的收入增长得这么快，但普通人却生活得越来越吃紧 —— 收入停滞，生活成本上升，债务越积越多。

2008 年地转天移，我们突然发现，房贷被卖给那些买不起的人或完全弄不明白的人。银行用别人的钱赌博，赌输了，而他们的奖金却没见减少。这些银行的人不能受到制裁，因为执法的人没有权力惩罚他们的恶行。奥巴马斩钉截铁地说："这是错的，这是不负责任的。这把我们推向危机，让几百万人失业，最后普通人兜底垫背。"

奥巴马也会借机宣传自己的政绩："在我上任的半年前，400 万人失业；在我的政策实施生效之前，又有 400 万人失业。但在过去的 22 个月中，私有企业创造了 300 多万人的就业岗位。现在美国制造业自 20 世纪 90 年代末起第一次又开始雇人了。"我们已经制定新规则，让华尔街对自己的行为负责，让这样的危机一去不复返。"只要我还是总统，我会团结所有力量继续这种势头。对那些分裂、阻挠，想走回头路的势力，我会给予强有力的反击。"

我们怎样建造一个持久的经济呢？奥巴马的蓝图是：重振美国制造业，发展美国能源，提高员工技能和重建美国价值。奥巴马回顾通用汽车通过改革重组起死回生的经历。通用汽车现在与克莱斯勒公司以及福特公司一起创造了 16 万个就业机会。奥巴马说，美国人的创造精神和员工的努力工作使美国汽车产业走上正轨。这种经验可以推广到其他行业。"虽然我们不能复原所有失去的工作，但是现在的趋势是中国这样的新兴国家生产成本越来越高，而美国的生产变得更加高效。"他表彰一些从海外回归美国的企业，倡议各行各业的企业领导自问：我怎样才能把就业带回美国？奥巴马向企业领导保证："你们自己的国家会尽全力帮助你们成功。"

4. 企业与就业：均衡跨国税制，鼓励企业返美

奥巴马发誓要改革企业税。现在的税制让不迁移的企业吃亏，让那些把就业和利润转移到海外的企业占便宜。这不合理，需要改革。（关于跨国公司利用各国企业所得税税制的不同在全世界配置资源使其利润最大化，以及政府在税率上防止"竞次"的政策措施的文章，详见《哈佛经济学笔记》第116页《开放经济中的税收政策：猫鼠游戏》）。

奥巴马描述税制改革的目的和效果：如果你要把就业转移到海外，你在税收方面不会有任何便宜可占。从今天起，所有在美国的跨国企业都必须为他们在全球范围的利润缴纳最低企业所得税。这些税会被用于减少那些选择留在美国的企业的所得税。我们要为留在美国的制造业减税，更要为留在美国的高科技企业减税。奥巴马说，如果这样的议案能通过国会，他会立即签署成法律。

奥巴马表示，要帮助美国企业的产品在全世界的销售更加通畅顺利。"两年前，我的目标是在5年内让美国出口翻番。我们已经达成的自由贸易协议让我们提前实现了这个目标。巴拿马、哥伦比亚和韩国很快会有几百万使用美国产品的客户。韩国首都首尔的街道上很快就见到美国生产的新车……我愿意到世界各地为美国产品打开销路。我不会容忍任何国家不按游戏规则办事。那些接受国家补贴，然后压低价格在美国售货的企业和国家行为对美国不公平"。奥巴马宣布要创建一个新的"贸易执行单位"，专门调查诉讼那些不公平的贸易行为。这一点被很多经济学家认为是变相的贸易保护主义。

5. 教育培训：加强教师培训，控制学费增长

有些企业想在美国创造就业，但找不到有合适技能的员工。那些高科技企业里的空位大约只能招满一半，还有一半空位找不到人。与此同时，有几百万美国人在待业。奥巴马举一个被辞退的单身母亲在社区大学（技校的一种）里得到西门子公司的资助，重新学习技能，然后被西门子雇用的例子。

奥巴马许诺，要让 200 万美国人接受再教育——那种立竿见影、马上就能找到工作的技术培训——从数据管理到高科技制造业等各项培训。奥巴马政府已经说服了很多像西门子这样愿意雇人的公司，让他们与社区大学建立伙伴关系，至少保证一部分学生所学即所用，毕业即就业。

这些努力只是为了解决眼下就业的问题。"为了解决明天的就业，我们对技能和教育的投入要从孩子开始，从提高教学质量开始。我们有挑战，也有办法。一个好老师不但可以提高整个班级学生的未来收入，而且可以改变一个穷孩子的命运。我们要保证那些有创造力和想象力、有激情的好老师不会被裁员，而且还要有奖励。"奥巴马建议，所有州都要求所有学生必须有高中毕业的学历。

对于美国人学费债务高于信用卡债务的现状，奥巴马倡议国会在 2012 年 7 月之前立法，阻止学生贷款利率翻番。同时，奥巴马要扩展学费抵税项目，让联邦政府资助的边学习边工作的项目在 5 年内翻番。他倡议州政府为此做贡献，控制大学学费上涨。奥巴马表彰一些大学重新设置课程，帮助学生尽快毕业，或者增强技术设备，提高教学质量。奥巴马的措施是：如果大学的学费增长太快，我们联邦政府就要减少对这样的大学的资助。这一点的可行性被《纽约时报》专栏记者布鲁克斯在 1 月 26 日的专栏里质疑。但奥巴马的理想令人感动：高等教育不应该是奢侈品，所有美国家庭都应该能承担得起。

6. 移民政策：在全世界招揽人才

对于非法移民，奥巴马的策略是"两手抓"：一方面加强边境检查防范，另一

方面给那些来美国学习科技和管理的外国人才一条成为美国公民的途径。奥巴马说："与其让这些人回自己国家从事研究、发明创造，或建立企业、创造就业，还不如让他们留在美国，为美国做贡献。"他建议国会给他全面的移民改革议案，他会立即签署。

奥巴马说："我们要帮助想工作的人找到工作，帮助愿意承担风险的创业家成为下一个乔布斯。大多数新工作都是由新建公司和小公司创造的。我们要取消那些阻碍这些公司发展的障碍。帮助他们更顺畅地取得贷款，对那些创造就业、提高工资的小企业提供抵税的机会。这些办法没有党派的分歧。"奥巴马恳请国会通过这样的议案，他会立即签字。

7. 能源与环境：坚持开拓新能源

创新一直是美国的命脉，创新需要基础研究。正是这些基础研究里的突破，孕育了计算机芯片、互联网等技术革命，创造了全新的就业机会和全新的行业。美国能源就是这样一个例子。在过去的 3 年中，美国已经大面积开采石油和天然气。奥巴马表示，要再打开 75% 有可能有石油和天然气的海域。"现在美国石油产量是 8 年来最高的。2011 年进口的石油是最近 16 年来最低的。"

美国的石油储备仅仅是世界储备的 2%，这显然不够。奥巴马说，要继续发展各种其他清洁、廉价，还能创造就业的新能源。美国天然气的供给足够开发将近 100 年，在 2020 年之前可以支持 60 万就业。天然气比煤炭和石油更清洁、更便宜，使美国在环境和经济之间的选择不那么艰难。

奥巴马要尽其所能，保证开采安全。为了公民的健康和安全，奥巴马要求所有在联邦政府地皮开采天然气的公司必须披露他们所用的化学药品。奥巴马特地提到政府对技术革新和经济发展的重要作用：开采页岩气的技术是政府投资 30 年的结果，是政府的资助帮助企业开采了地下资源。政府和企业的伙伴关系还使美国在制造高科技电池行业世界领先。奥巴马举例，一位被家具制造商辞退的 55 岁的工人在一家风力发电机制造厂找到了工作，他为自己在新兴产业工作而骄傲。

奥巴马承认，政府投资的效果经常不会立竿见影：一些技术最终不能被市场化，一些公司倒闭，等等。但他表示，绝不会放弃新能源的前途。"我不会把风力、太阳能和电池产业拱手让给中国和德国。我们补贴了石油产业一个世纪，这足够长了。让我们停止这些补贴，把钱用在新能源领域。"奥巴马请求国会批准对新能源的税收补贴（在新能源方面的投资可以部分抵税）。

他说："或许国会在气候变化方面的分歧太大，但是国会没有理由不能制定一套方案刺激市场在新能源方面的创新。今天我要求用联邦政府地皮开发的清洁能源为300万家庭提供能源。当然，最省钱的办法就是减少能源浪费。帮助制造商减少工厂里的能源浪费，给企业动力，让他们自己完善各自的厂房。这样能源花销会在今后10年中降低1000亿美元。"奥巴马请求国会让他签署这样的议案。

8. 公共投资：翻修公共设施，重振房地产业

奥巴马指出投资公共设施的必要性。需要修补或重建的公路桥梁，耗能过高的电力网，在美国偏远农村不能上网的小企业，都需要我们增加对公共设施的投入。经济大萧条时，我们建造了胡佛水坝和金门桥。"二战"后我们建造了高速公路系统，连接了美国所有的州。在今后几周，奥巴马准备签署法案取消阻碍建设这些公共项目的行政障碍。

他请求国会批准这些投资：把停止战争省下的钱的一半用在重建公共设施上，另一半用在偿还债务上。他说，建筑业在经济泡沫破灭后备受打击，现在正好需要重新振作的机会。

对萎靡不振的房地产业，奥巴马说，几百万美国人眼看着他们的房子贬值，我们不能等房地产市场更糟糕的时候才帮助他们。他现在就提交国会一项议案，让负责任的房主利用现在的低利率房贷替代原来高利率房贷，这样他们每年可节省大约3000美元。奥巴马明显站在中下层普通美国人的立场，为他们还贷艰难说话："贷款人省下的钱对那些贷出钱的大金融公司来说，只是一个很小的成本。这不会让他们赤字或破产，而是一个让他们在接受纳税人救助之后偿还公共信任的一个机会。"

9. 政府与市场的界限：不再为"大而不倒"的公司埋单

奥巴马重申结束两党相互拆台的政治局面的必要性，同时定义了政府与市场的界限。"如果没有党派之间的合作，一切合情合理的建议都不能落实。我是民主党派的，但我相信共和党总统林肯说的话：政府要做的工作仅仅是人们自己不能做得更好的那些事。这就是为什么我的医疗改革法案以改革私营市场为主，而不是让国有医疗大包大揽；为什么我的教育改革鼓励更多的竞争，允许学校和州政府有更多的自主权；为什么我的政府改革要取缔那些不适合的规章制度。"

奥巴马深知政府规章制度的利弊，声言要建立"聪明的"规章制度：一方面杜绝不负责任的行为，另一方面取消冗长的行政手续。那些防止金融欺诈、毒品垃圾倾销、以次充好的医疗产品的规章制度不但不会摧残市场经济，反而会使市场经济更加健康。有些规定的确过时了、不必要，或执行费用昂贵。"我在任的前3年通过的行政规定数量少于我的共和党前任。我已经让部下重新审阅各种规章制度，取消那些明显不合理的规定。"奥巴马说明，该坚持的原则他一定会坚持，例如保证食品安全、保护清洁水源等。政府一定会对医疗保险不作为、华尔街另行一套游戏规则等欺诈行为采取行动。

奥巴马发誓，政府要以身作则，"游戏规则要从上至下地遵守。要建立一个可持久的美国需要每个人都承担责任，包括政府和整个金融体系。我们已经为那些不负责任发放房贷的人、明知买不起但仍然买房的人付出了代价。我们的金融规则要保障金融体系最基本的功能：让有最好的主意的企业家得到资金支持，让负责任想买房的家庭购买房屋，让想上大学的人上大学"。

"那些大银行和金融公司不能再用客户的钱赌博，你们要在活得好好的时候就留下'遗嘱'，写明万一倒闭怎么办，纳税人不会再救你们了。"奥巴马准备创建一个"金融罪状单位"，雇用高素质的侦察员，破解大范围的欺诈行为，保护人民投资。对有欺诈行为的金融公司和个人一定要严惩不贷。

对于1.6亿现在工作的美国人来说，奥巴马认为，华盛顿最急迫的工作是要避免人头税突然上涨。他再次站在中低收入、普通美国人的立场，"人们不能让每张工资单再减少 40 美元"。奥巴马请求国会，现在就决定阻止人头税上涨，而且不要掺杂其他条件。

10. 财政纪律：奥巴马投选民所好

关于减少赤字，奥巴马把纳税人分为两类：像巴菲特一样的百万富翁和年收入在 25 万美元以下的绝大多数美国人。他说："如果我们对待赤字的态度是认真的，那么我们就必须在富人低税率和投资教育医疗、巩固国防、照看退休军人及家属之间做选择。"奥巴马准备通过改革医疗控制长期医疗成本，同时强化社保基金（详见《哈佛经济学笔记》第 125 页《美国社会保障制度的挑战与出路》。关于美国医疗改革，详见《哈佛经济学笔记 2》的第二章《有关医疗体系的政治与经济》）。

"为了达到这些目的，像我这样的人和许多在坐的国会议员必须缴纳我们应有的税收。如果你的年收入在 100 万美元以上，你的税率不应该小于 30%。华盛顿不应该补贴百万富翁，不应该让这些人通过特殊减税条款少纳税（详见《哈佛经济学笔记》第 109 页《美国税收制度的弊端与改革前景》）。"这里奥巴马说的 30% 应该是指富人的平均有效税率，因为他们的所得税的边际税率现在已经超过 30% 了。

"如果你的年收入在 25 万美元以下，也就是 98% 的美国人中的一员，你的税率不会变化。你们面对的是上升的成本和停滞的工资，你们需要减少负担。"这是奥巴马站在普通人的立场上，为他们说话的典例。他知道有人会因此指责他"搞阶级斗争"，所以这样回应："你可以称此为阶级斗争，但要求亿万富翁至少与他们的秘书纳税一样多，仅仅是显而易见的常理。我们不是嫉妒成功的高收入阶层，我们羡慕他们……这些高收入阶层不需要减少税收，我们的国家负担不起。"巴菲特的秘书就坐在观众席上第一夫人旁边。

亿万富翁巴菲特曾说，他纳税的平均有效税率低于他的秘书，这不合理，应该改革。奥巴马利用这句话大做文章。经济学家曼昆在税收政策上比较保守，反对劫富济贫。他对巴菲特的政策建议有两个解释：第一，巴菲特的大部分收入是投资投入，投资收入的税率是 15%，而不是富人的最高边际税率 35%。他的秘书的收入以工资为主。由于他们收入的组成不同，巴菲特的平均税率有可能低于他的秘书。第二，巴菲特为他的投资利润上税实际上是第二次上税，因为他所投资的公司已经为公司利润缴纳了企业所得税，所以巴菲特给自己计算的平均税率实际上低估了他的纳税贡献。当然，这是深层次的剖析税制结构。大多数选民只会认为奥巴马说得入情入理。

奥巴马从道德角度出发，衡量对与错。"老年人要量入为出，学生要完成学业，普通家庭要生活得紧紧张张才能勉强够用。这不对。为减少赤字，我们都有责任。每个人都承担责任的美国才能经久不息。"奥巴马的言下之意是富人要承担更多的责任。

11. 国会山上的分歧：结束相互拆台的局面

奥巴马回到华盛顿"窝里斗"的政治环境。"在税收、债务、能源、医疗方面，你可能有不同见解。大多数美国人在想，华盛顿分歧太大，已经失灵了。2011年最令人失望的重大事件不是天然的，而是人为的，是关于美国能否按时偿款付息。谁能从这样的辩论中受益呢？"奥巴马隐含的答案是：没有人。

"很多议案不能通过国会，没有一个党派是无可指责的，所有议员都有责任。我建议参议院通过一个简单的程序上的决议，所有总统提名的职位在90天内必须有明确答复，到底通过还是不通过，不要再拖拉了。"推迟批准总统任命的候选人经常是国会政治斗争中一个讨价还价的砝码，奥巴马直言不讳。

"华尔街（金融中心）与主街（政治中心）、华盛顿与美国其他地区之间的信任赤字有愈演愈烈之势。这其中免不了金钱对政治的影响。"奥巴马建议国会给他这样一个议案 —— 防止任何民选政治家利用他们的政治影响拉选票，同时禁止竞选赞助人游说国会 —— 他会立即签字。奥巴马承认，政府行政部门也需要变得精干高效。他请求国会给他精简机构、重新整顿组合的权力，这样才能使政府运作的步伐跟得上民众的需求。

奥巴马表示决心："无论国会怎样做，我都会继续那些有利于经济增长的行动。如果有你们的支持，我能做得更多。如果我们团结一致，就没有什么美国成就不了的。这是我们近几年在海外的经历告诉我们的。"

12. 外交国防：成绩喜人，仍需努力

奥巴马由此承上启下地转到了外交领域的话题上。他向美国人勾勒出一幅令人自豪的画面："伊拉克战争严重打击了我们的敌人。从巴基斯坦到也门，'基地'组织知道他们无法逃脱美国的手掌。在这个有利形势下，我们逐渐从阿富汗撤军。1 万美国军人已经返回家园，另外 2.3 万人会在夏季之前回国。我们会与阿富汗政府建立伙伴关系，确保那里永远不会成为袭击美国的基地。"

然后，奥巴马历数中东和北非的可喜进展。他说，虽然这些国家政变的最终结果还需拭目以待，他们的命运在他们人民的手中，但我们要继续倡导我们的价值——反暴力、反欺压，保护人的权利和尊严，支持稳定的民主政治和开放市场。

关于伊朗核武器问题，奥巴马态度强硬，不排除采取任何措施的可能性。"原来国际社会对待伊朗的态度是分裂的，现在通过我们的外交已经统一起来了。伊朗的政权被孤立了。只要伊朗一意孤行地制造核武器，我们就不会减弱对他们的压力，任何措施都是有可能的。当然和平解决是最好的结果，伊朗也可以重新加入国际社会。"

在对外关系上，奥巴马报喜不报忧："美国在欧洲、亚洲传统的盟友都越来越强大，美国与拉丁美洲的关系继续深化；美国与以色列的合作从来没有像现在这么密切，我们对以色列安全的承诺是钢铁铸成的。美国也属于太平洋地区的势力范围，美国又回来了。"对于"美国又回来了"这句话，《金融时报》不署名评论员文章说，奥巴马含糊其词，听众不知道是怎样的美国又回来了。

奥巴马有的放矢地说："任何告诉你美国的势力和影响在下降的人完全不知道他在说什么。""从东京到柏林，从开普敦到里约热内卢，人们对美国的看法从未像现在这么好。是的，世界在变化，我们不能控制每一个事件，但可以肯定的是，美国在国际事务中仍然是不可或缺的国家。"

在国防方面，奥巴马要在节省 5000 亿美元的同时，还要保持世界上最精锐

的部队，因为只有强有力的国防 —— 包括互联网网络安全 —— 才能保证美国人民的自由。奥巴马强调对退伍军人及家属的照顾。"当我们的军人返回家园时，我们对他们的服务要像他们服务于我们的国防安全一样好。这就是为什么自从我做总统以来，我们对退役军人的投入每年都在增长。雇用退伍军人的公司会有税收上的好处……与第一夫人和副总统一起，我们已经说服美国公司雇用135,000名退伍军人及家属。我建议建立'退伍军人工作公司'，专门帮助各种社区安排退伍军人做警察和消防员等工作。"

13. 再次呼唤顾全大局、齐心协力的团队精神

奥巴马首尾呼应，在讲演结尾又回到华盛顿分裂的政治格局，呼唤顾全大局、齐心协力的团队精神。"我们这些被选派到华盛顿服务的人应该从我们的军人身上学到一些东西。只要你穿上军服，无论你的肤色、人种、政治派别，贫穷还是富有，在战斗中都要相互扶持，否则任何任务都会失败。我们是一个整体，服务于同一个国家，我们同舟共济。"

奥巴马晓之以理，动之以情。"我最宝贵的珍藏品之一是刺杀本·拉登的特种部队用的一面旗帜，那上面有他们每一个人的名字。至于他们个人是民主党还是共和党都不重要，重要的是他们共同面对的任务。就如同在这次行动之前，我与布什总统任命的国防部长盖茨和曾经是我总统竞选的对手、现在是外交部长的希拉里·克林顿坐在一起策划这次行动一样。我们不计前嫌，没有政治，没有考虑个人得失，考虑的只是我们眼下的共同任务。那次行动成功了，因为每个人都相互信赖，出色地完成了自己的职责"。

无论前面的路是否荆棘遍布，是否充满艰辛，总统讲演总要以积极乐观、激情充沛的语言作结。奥巴马也不例外，他说："这就是美国，我们的命运相互围绕。这个国家伟大是因为我们一起努力，我们是一个团队。如果我们团结一致，我们就能禁得住考验，就没有什么太难的挑战和任务。只要我们的目标一致，意志坚定地往前走，我们的未来就是充满希望的，我们的国家就会永远强大。"

第七节　全民医疗的美好愿望与冷冰冰的法律之间的矛盾

1. 全民医疗的美好愿望与冷冰冰的法律之间的矛盾

2010 年 3 月《病人保护和经济适用法案》以微弱票数通过国会，由奥巴马总统签字，正式成为美国最新医疗改革法。其中的周折及意义详见《哈佛经济学笔记 2》第二章《有关医疗体系的政治与经济》。这是奥巴马政府除了在 2009 年为挽救金融危机而通过国会的财政刺激政策之外最主要的政绩。而就是这个旨在囊括 1/7 没有医疗保险的美国人（约 4000 万人），降低每个人医疗成本和价格，看上去合情合理的法律却受到一半以上的州（26 个州）的挑战。他们联合起来，把联邦政府告上法庭。

2012 年 3 月 26 日到 28 日美国联邦最高法院连续三天审理 PPACA 是否违宪。当一个案子被搬到法庭时，被告方的所作所为是否合乎情理已经不重要了，重要的是其法律依据。法庭上辩论的焦点在于：国会在通过每人必须买医疗保险否则被罚款的硬性规定时（下文简称为"硬性规定"），是否超越了宪法授予联邦政府的权限，侵犯了州政府的权利。

事实上，争论的根源与法庭上辩论的焦点又有所不同。即使州政府有这样的硬性规定，反对奥巴马医改的保守派也会以违背"自由签合同"为由把州政府告上法庭。根据宪法第 14 个补充条款，州政府也必须保证美国公民的权利，包括人身自由——想做什么和不想做什么的个人权利。也就是说，联邦政府赋予美国公民的权利凌驾于州政府的法律之上。这虽然是保守派反对医改最本质、最核心的理由，但是他们预计这个理由不会得到最高法院保守派法官的充分支持，所以在法庭上避而不谈个人自由问题。

在各种反对派上交的书面材料中，只有主张极端自由化的极右派智库（倾向把"个人权利和自由神圣不可侵犯"绝对化的机构）明确反对"强迫进入合同"。其他反对材料都是从不同角度说明联邦政府越权。反对派知道，联邦政府会利用宪法中联邦政府有权规范跨州贸易的条款保护自己，于是他们决定将计就计，集中精力在这个条款上大做文章。

这是实现全民医疗的美好愿望与冷冰冰的法律之间的尖锐矛盾。法庭上的极端理性的推理、类比；概念上的偷梁换柱、定义上的吹毛求疵，甚至是强词夺理的文字游戏与奥巴马政府的主观愿望、普通人的常识形成强烈反差，令人诧异。这场大辩论显示了法制社会走向极端以后的扭曲和变异。

2. 第一天法庭辩论：这个案子有无审理的必要

第一天的辩论议题是这个案子有没有被最高法院审理的必要。最高法院指定的辩护律师罗伯特·朗恩（法庭有权指派律师，代表没人代表的立场或利益）引用 1867 年一条鲜为人知的反禁令法为先例，说明原告方根本没有理由控告 PPACA 违宪。根据 PPACA，如果美国公民在 2015 年以后还没有医疗保险，才会被联邦政府罚款。也就是说，在 2015 年前，罚款条例还没有实施，没有任何人损失任何利益，所以原告方无从告起，根本没有立案的必要。只有纳税人先交罚款，受了损失之后，才有官司可打。

他说，如果最高法院受理这个案件，那么任何反对联邦政府即将实施的税收政策的人都有可能在最高法院挑战联邦政府。在联邦上诉法院审理这个案子的时候，确实有一个中级法院以此为依据，拒绝审理。

这次在最高法院法庭上，法官似乎并没有被说服。其实，推延审理（到 2015 年以后）是原告方和被告方都不主张的立场，但最高法院却单独安排一天听取主张这个立场，不免令人费解。这对解决纠纷显然没有帮助。唯一的解释只能是，最高法院有意通过兼听则明，在法理上尽量做到严谨公正。

3. 第二天法庭辩论：原告被告针锋相对

第二天，代表美国联邦政府的首席律师唐纳德与代表 26 个州政府的辩护律师保罗·克莱蒙特先后登台，分别向法官申辩各自立场，批驳对方的立场。这两位律师都是宪法高手，经验丰富，但辩论效果差别很大。观察家在辩论结束后随即发表评论："从今天的情形看，政府的处境太糟糕了，这对政府来说简直是最坏的结果。"

这到底是因为政府在法律上理亏，从根本上占据弱势，还是因为代表政府的首席律师唐纳德表现不佳，辩论不利，没能充分争得法官的理解？这当然很难区分，但责备唐纳德的声音接连不断，致使白宫发言人公开肯定他的表现和能力，表示对他的信心。

这天两小时的辩论记录长达 110 页，主要包含以下 5 个焦点问题。

第一，所谓的"有关市场"在这个案子中到底应该怎么定义？联邦政府选择广义定义，定义为医疗服务。既然每个人迟早都需要医疗服务，所以每个人都在这个市场里，不存在强迫进入市场的问题。目前，美国的急救室对没有保险、又无能力付款的病人是免费服务的。唐纳德说，我们这个社会已经做了这个道德选择，而这样做的成本被平均摊在有保险和纳税人的身上，间接地提高了医疗保险的价格。原告方律师选择狭义定义，定义为医疗保险。既然很多人没有医疗保险，他们就不在这个市场里，他们被 PPACA 强迫进入市场。

第二，转移支付与医保覆盖面。原告方的立场是：让年轻、健康的人购买用于补贴别人的产品本身就是强迫。这是一种转移支付，不是年轻、健康的人真正需要的。这些人真正需要保险的是对急诊和大病大灾的保险，而 PPACA 所提供的却是保健性的基本医疗服务。再说，每人需要的医保项目不同。男性永远不会需要有关生育的医疗服务，没有孩子的人永远不需要小儿科的服务，他们为什么必须购买覆盖这些服务的医疗保险？

联邦政府的立场是：所有人都需要医疗服务，虽然我们不知道何时、何地需要怎样的医疗服务，但这正是保险的意义——避免不确定的风险。当那些没有医保的人付不起医疗账单的时候，那些有医保的人就要因此而付更多的钱（保险价格保险费就要涨）。如果用经济学词汇描述这个现象，就是"不买医保有强烈的负面外部性"。PPACA中的硬性规定就是要纠正这个负面外部性。

第三，为什么宪法中跨州贸易条款适用？联邦政府的立场是：我们在规范医疗服务市场的一个侧面——如何为医疗服务付款。因为医疗价格超出绝大多数人的承受能力，医疗保险成为必需。医疗保险是明显的跨州业务，我们有权利规范这个行业。原告方立场是：跨州条款的意图是，联邦政府有权规范已经存在的跨州贸易，不是要制造跨州贸易；而没有保险的人根本就没有进入交易，所以没有任何不适当的行为可以规范。

第四，跨州贸易条款的适用范围和限制。原告方追问：如果联邦政府认为，医疗保险因为对医疗服务有很大影响就可以在跨州贸易条款下冠冕堂皇地规范这个行业，包括那些目前没有保险的人，那么联邦政府是否可以命令每人都吃绿菜花等健康食品？是否可以要求每人都买健身房会员卡？因为健康饮食和锻炼身体都会降低整体医疗服务的成本，进而降低所有人购买医保的价格。如果这个逻辑成立，那么还有什么能限制联邦政府的权利呢？还有什么能保护不愿意购买保险的人、不愿意吃绿菜花的人、不愿意买健身房会员卡的人的自由选择的权利？

律师克莱蒙特把这个逻辑从医疗服务业推而广之。联邦政府是否有权利要求每人必须购买符合一定环保要求的汽车呢？如果我坐在家里，选择不买汽车，根据供需关系常识，我就会导致汽车价格升高，甚至有人在汽车城底特律失业。政府是否有权利命令我必须购买汽车呢？对于办丧事等生活中必不可少又对跨州贸易有关联的交易，联邦政府是否有权另行规定？

对此，被告方辩护律师的回答显得苍白。他强调了医疗对每个生命的重要性和特殊性。医疗与其他产品和服务有本质区别，联邦政府没有任何企图要强迫个人购买其他产品。美国95%以上的法律都是州政府和地方政府的法律。联邦政府尊重宪法赋予州政府的权利。

第五，在2015年以后，联邦政府对没有医保的人的罚款是不是一种征税？这里面的变换和说法太多了。在2010年年初国会辩论PPACA的时候，民主党认为，这个罚款不是税收，因为它的目的不是要增加国库收入，而是要给每个人动力买保险。反对派共和党认为，这是变相的税收，奥巴马总统违背了自己向全国人民的诺言——新医改法不会增加任何公民的纳税。

但是在准备法庭辩论的过程中，双方的立场都变了。联邦政府说，这是一种税收，联邦政府根据宪法有权征税。原告方说，这不是税收，联邦政府没有权利这么做，除了宪法中明确指出的联邦政府有数的和有限的权利以外，其他权利都属于州政府（宪法第十条补充条款）。但在最高法院的辩论会上，联邦政府的立场又变了：这个罚款不是普通意义上的税收，但我们在使用我们征税的权利。

为了应对法律上的条条框框，防范对方的攻击，联邦政府被迫走向通常意义上的自相矛盾。而保守派原告方为了赢得最高法院对 PPACA 的否决，避重就轻，基本不谈个人自由问题，只谈联邦政府超越权限，在跨州贸易条款上大做文章。这是律师为了胜诉，在法庭上避实就虚的充分表现。

法官问原告："那么面对 4000 多万没有医疗保险的美国人，联邦政府在解决他们的医疗付款问题时有什么合法的、不超越权限的办法吗？"原告回答，联邦政府可以大包大揽，通过增加税收而实现完全由政府资助的全民医保，而这正是奥巴马的初衷！

奥巴马深知，如果他这样设计医改，相信市场原旨主义的保守派肯定会在国会极力反对。为了能使医改通过国会，奥巴马不得不与保守派妥协，仍然依靠私有医疗保险市场的运作实现全民医疗。又为了避免私有医疗保险公司的"逆向选择"问题（详见《哈佛经济学笔记 2》第二章第八节《医疗保险中的"道德风险"和"逆向选择"问题》），奥巴马的医疗政策班子才不得不加上"每人必须有保险"的硬性规定。

谁知奥巴马与保守派的妥协竟成为他的医改法案违宪的根源！如果他不妥协，坚持由国家主持全民医疗，他的法案就不会违宪。但是那样的议案几乎不可能通过国会，也就根本不会成为法律。那么，4000 多万没有医保的美国人仍然没有希望。"存在的就是合理的"，这句话听起来太悲观，可要想使"合理的就存在"，太难了。

4. 第三天法庭辩论：奥巴马医改法案还能保留多少

首先，法官在职业生涯中表现出的意识形态是旁观者猜测判决结果的主要依据。其次，他们在法庭上的一言一行也被观察家用于推测最终判案结果。在审判新医改法案是否违宪的最高法庭上，法官的评论和提问带有明显的倾向性。在被告律师陈述理由的时候，保守派法官是主要提问者。在原告律师陈述理由的时候，自由派法官是主要提问者。

在最高法院的 9 位法官中，保守派与自由派势均力敌。法官肯尼迪的一票被认为是决定性的一票。他在 1988 年被里根总统任命为最高法院法官，但在 20 多年的判案经历中他有出乎意料的判决。在这个案件上，他说："这个硬性规定会从根本上改变联邦政府与个人的关系。美国政府必须说明为什么这样的法律是合乎宪法的，摆事实讲道理的解释工作在美国政府。"这句话使自由派担心肯尼迪会站在保守派的立场，形成 5 : 4 的微弱多数，最终否决 PPACA。

第三天辩论的主题是：如果每人必须买保险的要求被判决违宪，那么 PPACA 这个法案还能保留多少？法官埃琳娜·卡根和鲁恩·金斯伯格认为，保留一部分总比全盘否定要好。在 2015 年这个硬性规定实施以前，PPACA 的其他部分已经开始实施，目前运作得不错。奥巴马总统在 2009 年任命的法官索尼娅·索托马约尔说，PPACA 里除了这个硬性规定以外，还有其他削减成本的规定，而这些规定有可能让这个法律在经济上可以持续。

原告方律师克莱蒙特要求完全推翻这个法律，给国会一个重新打鼓另开张的机会："如果没有这个硬性规定，那么这个法律就只剩下一个空壳了。"保守派法官安东宁·斯卡利亚显示出支持的倾向。他说："把一个人的心脏拿出去以后，这个人就不存在了。"

以唐纳德为代表的奥巴马政府选择了"赌一把"的高风险立场。他把这个硬性规定与 PPACA 中一些其他广受欢迎的特性捆绑在一起，让法官们在断案的时候不能轻易把这个硬性规定从 PPACA 中分解出来。唐纳德说，虽然这个法律即使没有这个硬性规定，也有存活的价值，但那些最受欢迎的部分——剔出保险公司逆向选择的动机，实现全民医疗保险——需要囊括那些年轻健康、目前没有医保的人，才能从经济上有所保证。

法官们进一步设想，如果没有这个硬性规定，国会在 2010 年会不会通过这个法律？也就是说，这个规定和这个法律的其他部分在多大程度上是一个有机的整体？法庭辩论是文字游戏和逻辑推理最集中、最极端的表现形式之一。

第三天法庭审理的最后 1 小时被安排用在辩论救济穷人的社会医保是否应该扩大覆盖面这个问题上。社会医保项目是在 1965 年开始的由联邦政府和州政府共同出资设立的医保项目，负责覆盖低收入人群的医疗保险。PPACA 要求社会医保从 2014 年起在原有基础上再增加覆盖 1600 万较低收入人口。由此而新增加的成本在最初几年完全由联邦政府承担，然后联邦政府承担的部分逐渐减少，州政府承担的部分逐渐增加，但联邦政府仍然承担一大部分，州政府相对来说只承担一小部分。

这样看起来合情合理的成本分担构架却遭到 26 个州政府的集体反对。他们的理由是：联邦政府目前财政赤字太大，债务如山。冰冻三尺，非一日之寒。联邦政府正在努力开源节流，但仍然有变卦的可能；万一联邦政府哪一天不能履行诺言，1600 万人的医疗成本就要完全落在州政府的肩上。州政府盘算，与其到那时有不可推卸的巨大责任，还不如现在就不接受 PPACA 的新规定。更何况支付现有低收入人群的医保成本已经使州政府不堪重负，即使联邦政府承担大部分的新增加成本，州政府也不想再扩大符合社会医保条件的低收入人群。

原告方律师团的一位律师说，如果无论有没有（长期慢性）病的人都有保险，如果再扩大穷人社会医疗的覆盖面，那么很多州都会像佛罗里达州一样入不敷出，增加几亿美元的债务。"这是强迫别人（州政府）购买别人不想要的产品（为更多的穷人提供医保），是典型的巧取豪夺。"法官埃琳娜·卡根当即反驳说，这个理论牵强附会，州政府是愿意让满足社会医保条件的人享有医保好处的。卡根是奥巴马总统在 2010 年任命的法官。在这之前，她是哈佛法学院院长，后被奥巴马总统任命为政府总检察长。因为她与奥巴马政府的关系，有人认为她在这个案件上有利益冲突，有要求她自动避嫌的呼声。

其实，救济穷人的社保项目在 1965 年启动后，不断增加覆盖的弱势人群，尤其是儿童的医疗保险，但从未遭到法律上的挑战。这次借着控告联邦政府"每人必须有保险"的硬性规定的机会，也成了反对 PPACA 的一项理由。

根据美国宪法，联邦政府不能命令州政府做什么、不做什么，但联邦政府有权利用财政激励手段促使州政府做一些事情，以达到联邦政府的宏观目的。例如，联邦政府要求州政府立法，提高最低喝酒年龄到 21 岁，否则就不发放维护高速公路的配套资金。1987 年，这场联邦政府与州政府的斗争以联邦政府在最高法院胜诉而告终。这意味着，联邦政府有权利在决定如何使用自己的财政收入时设置条件和门槛。

现在 26 个州指责，联邦财政让州政府扩大社会医保的覆盖面是强迫行为。从法律上说，州政府可以选择完全退出社会医保项目，自己解决本州的穷人问题。但他们不愿意失去联邦政府通过社会医保为本州穷人提供的配套资金，所以不可能完全退出这个项目。同时他们又不愿意增加这个项目的覆盖面，于是就联合起来，集体控告联邦政府因强迫而越权。

美国宪法规定，国会（联邦政府）有权利决定财政收入的用途和用法。正是这个花费条款保证了联邦政府建立许多现代社会规则的权利，例如失业保险、保护残疾人法案、清洁空气法案、高等教育中禁止性别歧视的法规等等。如果最高法院同意原告的立场，那么以上这些法规都有可能被推翻。

原告方律师强调 PPACA 与其他法规之间的区别。他们说，联邦政府在设计社会医保项目的时候，可以使用自己决定财政支出的权利，包括所有自己想要的条件和门槛，然后让州政府选择是否愿意参加这个项目。可现在的问题是，州政府早就选择了参加社会医保这个项目（20 世纪 60 年代后期），联邦政府现在却要在半路上改变这个项目的规则。这种"先上钩，再变戏"的做法是 PPACA 与其他法案的本质区别。

最高法院的判决预计要到 6 月下旬才会揭晓。人们担心最坏的结果：如果法院宣布硬性规定违宪，那么 PPACA 所规定的医疗体系的经济命脉就不可持续。保险公司在不能根据身体状况逆向选择客户、对有疾病的人的入保价格不能超越联邦政府限制的上限同时又没有足够年轻健康的人买保险的情况下，会入不敷出。

在精英们喋喋不休、吹毛求疵地争辩的同时，普通民众的想法却相去甚远。抽样民意调查显示，很多人反对这个硬性规定，但是一半以上的人都欢迎 PPACA 的好处。大多数选民还不懂"没有不要钱的晚餐"——没有不付代价的好处。在奥巴马的医改法案中，保险交换平台、小公司可用医保花费抵税，让更多穷人享受国家医保，让家庭医疗保险，包括年龄较大的孩子（26 岁以下）等规定仍然很受欢迎。问题是，没有这个硬性规定，谁为这些好处负担成本？选民意见的自相矛盾说明，普及性大众教育是多么迫在眉睫。

5. 最高法院出人意料的判决

2012 年 6 月 28 日美国最高法院对奥巴马医改法案的判决终于落下帷幕。

由于最高法院的 9 名大法官中有 5 名是由共和党总统任命，普遍被认为是保守派法官，而且代表美国联邦政府的首席律师唐纳德在法庭上辩护不力，人们猜测奥巴马政府胜算的可能性很小（关于奥巴马医改背景、动机和挑战，详见《哈佛经济学笔记 2》第二章《有关医疗体系的政治与经济》）。

但天有不测风云，绝大部分在法庭上争执的法案议题，尤其是"人人必须有医疗保险"的核心条款，被最高法院出人意料地判决符合宪法。只有一小部分关于联邦政府利用财政补贴强迫州政府扩大穷人医保项目覆盖面的议题被最高法庭判决违宪。

即使最高法院的判决也充满不可思议、不完全顺理成章的成分，3 月 26 日在第一天的法庭辩论会上，律师朗恩主张，因为目前还没有任何人因为这个法律有任何损失（因为没有医保而被罚款），所以法庭根本不应该受理这个案件。最高法院仍然继续审理并判决的本身就说明，这个罚款不是一种税收，因此法院不受反禁令法的限制。但是在法庭微弱多数（5：4）的判决中，法庭却认为这个罚款是一种税收，根据国会有权征税的宪法条款判决"人人必须有医保"符合宪法。

在法官中支持方和反对方势均力敌的情况下，首席大法官罗伯斯的立场至关重要。一方面，他同意保守派立场 —— 联邦政府利用跨州贸易条款说明"人人必须有医保"的命令符合宪法是不成立的。这个条款只能限制人们不能做什么，但不能限制人们什么都不做。另一方面，罗伯斯与自由派法官站在一起，认为对没有医保的人的罚款是一种税收，因为国会有征税的权利，所以符合宪法。

他这样解释他的立场：因为最高法官是被政府任命的，不是被人民直接选举的，在一个宪法条款否定政府法律，另一个宪法条款肯定政府法律的情况下，最高法院应该选择最谨慎的、不颠覆国会法律的立场。这是他最崇拜的美国历史上有名的首席大法官约翰·马歇尔（1755—1835）的原则。马歇尔在 1801 年到 1835 年任最高法院首席大法官期间，对宪法中规定的联邦政府的权利做了扩张性解释，奠定了最高法院的实际权利，使最高法院有效地成为美国政坛三权分立中的一极。罗伯斯愿意遵循马歇尔的做法。

关于奥巴马医改法案历时两年多的争论和不确定性，就这样被首席大法官罗伯斯一锤子定音了。

第八节　美国的民主政治对美国内外政策到底有怎样的影响

1. 美国共和党全国大会：5 个中心思想

2012 年 8 月 28 日到 30 日美国共和党代表大会连续 3 天在佛罗里达举行，推选罗姆尼为总统候选人。罗姆尼代表共和党与民主党总统奥巴马在 11 月初一决高低。

每 4 年一次的大型代表大会是一次向全国人民宣传党的主张和介绍总统候选人的契机，各大媒体在每晚黄金时间现场直播。共和党内重要人士、后起之秀，和罗姆尼本人在教会、社区、私募基金工作和任马萨诸塞州州长期间接触和帮助过的人都分别登台讲演，最后以罗姆尼本人接受共和党总统候选人为高潮作结。

所有讲演的中心思想无外乎以下几个方面：

第一，突出共和党与民主党在治国理念上的差别。共和党一贯倾向小政府，轻赋税；鼓励个人奋斗，充分发挥个人潜能，创造财富。小生意人和小企业被描述成兢兢业业、勤劳致富的代表，创造就业的主力军和美国经济的顶梁柱。在共和党人眼里，任何企业都是由小到大，没有新生，怎么能成熟呢？所以政府的作用不是重新分配财富，而是理清规章制度，打造创造财富的环境，不让烦琐的官僚程序成为创业创新的绊脚石。共和党指责民主党在"公平"的标签下，攻击成功人士、制造仇富心理、分裂美国人民，这不利于经济增长。

第二，含沙射影或针锋相对地批评奥巴马的经济政策，唤起人们不满现状、渴求变化的愿望。共和党代表在美国失业大军 2300 万的数据上大做文章，试图说明美国经济状况、人民生活水平不如 4 年以前，"人们感觉最有希望的时刻是奥巴马上台的第一天，以后就每况愈下了。"与此同时，他们再三讨好选民：你们勤劳智慧，你们的生活不应该这样。你们应该有更好的生活，现在就是你们重新选择领导人的机会。

第三，体现亲民思想。越是党内重要人士，地位越高，就越要显示出他们了解普通人的所思所想、辛劳焦急："为了让孩子上学，你们做两份甚至三份工作；你们在夜深人静的时候为了付各种账单而一筹莫展。""生活境况不如从前不是因为美国人民不好，而是因为领导人的政策不好。"每个讲演人都会有选择地讲点个人背景，以自己出身平凡为荣，说明美国是一个充满机会的国度：无论你的家庭背景、种族、肤色如何，只要你大胆创业、坚持不懈，就可以勤劳致富，实现美国梦。

第四，赞扬罗姆尼的品格，突出他可亲可敬的人性。曾经与罗姆尼工作的部下、被罗姆尼私募基金救助过的企业总裁、教会里的朋友，还有与罗姆尼朝夕相处47年的妻子都从不同侧面以亲身经历说明罗姆尼爱妻爱子、助人为乐、悲天悯人、坚韧不拔，敢于承担风险与责任，带领他人共同解决问题的感召力和领导力。因为民主党一直把罗姆尼描绘为一心追求利润、不顾员工福祉的资本家，共和党大会有意强调罗姆尼的为人，直接回应民主党对罗姆尼人品的诋毁。

第五，重申美国追求自由民主的理念，树立信心面向未来。美国是个移民国家，凝聚美国人在一起的不是种族肤色，而是一种信念：重要的不是你从哪里来，而是要到哪里去——你怎样把握自己，掌握方向，努力进取，创造未来。这一点在奥巴马总统以前的讲演中也经常提及（详见本章奥巴马总统讲演部分）。这个主题不是共和党的专利，而是美国自我宣传的主要特色之一，是美国具有吸引力的重要原因。至于这种美国梦到底是现实还是神话，还是仅是口头禅的说辞，仁者见仁，智者见智。（著名实业家、慈善家、亿万富翁彼得森的观点被记录在《哈佛经济学笔记2》第164页《美国还有实现"美国梦"的土壤吗》）

围绕这些中心思想，十几名讲演者——包括罗姆尼本人——分别用自己的语言和经历言简意赅地论述。这些都是意料之中的，因为连续3个晚上的大型活动都是共和党委员会事前精心设计安排好的，基本没有随意发挥的余地。

哈佛经济学笔记3：中国挑战

这是一场表演，看谁的演技更好。但也不全是表演，这毕竟不是拍电影，毕竟是真人真事。要想表演得好，还必须有信念，必须相信共和党的治国理念。只有相信，你在大庭广众之下讲演才能底气十足。当然，要想整体效果好，还需要看谁上阵之前准备得好，谁平时积累得多，谁的功底更深厚。这是一种综合能力。

面对全国选民，要想说服他们，赢得选票，还必须晓之以理，动之以情，用最少的技术性语言、最少的数据说明最重要的问题。这里最重要的还不是技术功底，而是直觉和情商。

2. 美国民主党代表大会

（1）回应共和党的种种指责

2012 年 9 月 4 日到 6 日美国民主党代表大会在北卡罗来纳州举行，推选奥巴马为党的领袖连任总统 4 年。按照惯例，几十名讲演者分别在 3 个晚上依次上台，从方方面面赞扬奥巴马，试图说明为什么奥巴马是目前这个特殊阶段的特殊人才，为什么只有他才能带领全国人民走上正确的道路，战胜各种挑战。

对于共和党大会上的种种指责，民主党均有相应回应。同样一瓶水，共和党（反对党）看的是半瓶子空，民主党（执政党）看的是半瓶子满。共和党指责民主党在建立一种依赖政府救济、好吃懒做的文化。民主党回应：我们要创造公平的税收制度，不能让任何人输在起跑线上。罗姆尼只为一小撮精英说话，而奥巴马为普通人说话，代表美国中产阶级的利益。

共和党强调 2300 万的失业大军（8% 以上的失业率）。民主党强调失业率在 2008 年经济危机后的巨大进步。奥巴马入主白宫时正是金融危机愈演愈烈的时候，美国经济每个月损失 75 万个工作岗位；奥巴马力挽狂澜，连续 29 个月创造新就业，共 450 万个就业。

共和党认为，人们的生活水平不如 4 年前。奥巴马反问：恐怖主义头目本·拉登现在比 4 年前过得更好还是更坏？（奥巴马在 2011 年冒着巨大风险，下令让特种部队击毙拉登。）

　　讲演者中有一部分奥巴马政府的前内阁成员。他们历数奥巴马的政策业绩，并把这些政策放在 2008 年金融危机席卷美国、蔓延全球的大背景下，突出奥巴马财政刺激政策的力度和阻止经济自由落体式下滑的效果。奥巴马不仅整顿金融业、挽救汽车业，还通过了《病人保护和经济适用法案》，让 5000 万没有医疗保险的美国人进入医疗体系，同时采取措施控制整体医疗成本（详见《哈佛经济学笔记 2》第二章《关于医疗体系的政治与经济》和本章第五节）。在外交方面，奥巴马结束伊拉克战争，让美国军队重返家园，与家人团聚；而罗姆尼完全没有外交经验，说话出尔反尔，不知所云。

　　这些政府官员不但观点清晰，而且语言强劲，对比鲜明。他们说，罗姆尼在外交方面的策略"如同他在私募基金工作时一样，外包给其他人，而这些人正是那些热衷战争的新保守派"。罗姆尼的工作方式就是私募基金的方式：只注重财务报表和利润，不把人当人。在奥巴马想方设法挽救就业的时候，罗姆尼却在想方设法为自己省税；奥巴马要增加出口，减少工作外流；罗姆尼却像私募基金一样在搞外包，让资本和就业流向海外。

　　上台讲演的普通人基本都是受惠于奥巴马政策的典型。他们以自己的亲身经历说明这些政策如何改变了他们的生活。在美国汽车业濒临破产的关头，奥巴马顶住压力，承担风险，让整个行业起死回生，几十万人重新工作，重建家园。汽车业工会领导人利用台上的一席之地，强调工人团结起来讨价还价的力量。这与共和党强调的创业精神截然不同。

　　上台的普通人中还有从南美洲非法来美国的第二代年轻移民的代表。在美国既需要移民的勤劳和活力又不想让移民分享有限的社会保障的矛盾中，奥巴马决定让那些 31 岁以下、16 岁之前随父母来美国、在美国居住 5 年以上没有证件的人（预计有 170 万）走出随时可能被遣返的阴影，允许他们有正式成为公民的途径。还有普通女性上台用实例称赞奥巴马使同工同酬正式成为法律，等等。

（2）前总统克林顿再展风骚

当然，讲演者中更多的还是民主党内的重量级人士。第一天晚上的压轴戏是第一夫人米歇尔的演讲。除了讲他们普通平凡、经济拮据的恋爱经历外，米歇尔着重讲奥巴马的品格：当总统不会构建你的品格，只会进一步揭示你的品格。她用从近距离观察到的事例说明奥巴马的勇气、信心、决心、乐观等品格。

第二天晚上的压轴戏是前总统克林顿（1992—2000 在任）的演讲。克林顿热爱讲坛的情绪难以掩饰，讲演长达 48 分钟，比奥巴马在第三天的讲演还长 10 分钟。他要利用这个机会抨击共和党，揭示他们在上周共和党代表大会讲演中的错误，宣传民主党政策和理念的正确性。他还不忘提醒大家 20 世纪 90 年代中期，联邦财政在他任总统期间连续 4 年实现支出平衡，并在 20 世纪 90 年代末有财政盈余。

克林顿的讲演风格非常独特，他在大庭广众之下的讲演却时常显出两三个人私下里对话时的亲近。若不是听众的掌声和欢呼声经常打断他的讲话，你可能会忘了这是面对全国人民的讲演。克林顿让人觉得，他不是在做一个简短的形式上的表演，走一遍过场，而是在完整地叙述一件事情、推导一个结论。他像朋友一样轻松自如地与你对话，让你忘了他曾经是美国总统。克林顿热爱竞选的过程，热爱公开讲演，热爱总统的工作，溢于言表。难怪有人说，若不是美国宪法规定总统任期最多两届，他还会继续连任，"他还那么年轻，那么潇洒，那么有作为"。

克林顿说，所有的问题都是我们共同的责任，我们同舟共济，这是为什么合作至关重要，而奥巴马就有合作精神。他幽默地说，奥巴马任命他竞选总统时的对手、克林顿的妻子希拉里为内阁成员就显示出他合作的能力和诚意。

克林顿深入浅出，让复杂的问题变得简单。在解释财政问题时，他说："有人问我，你为什么能连续 4 年让财政支出平衡？我的回答只有两个字：算术。共和党的算术加不起来，支大于出。共和党依靠的从上（精英）至下（百姓）的涓滴经济理论（只有富人先花钱，穷人才能有钱、才能花钱，所以经济政策的重点在于让富人有动力投资花钱）不符合实际。事实是只有发展壮大中产阶级，美国经济才能发展壮大。"

（3）奥巴马牧师般的呼唤

与克林顿相比，奥巴马在第三天的讲演更像一个牧师的讲演，谈政策少，目标多，精神更多。前一周共和党代表大会基本没有涉及政策措施，这周民主党代表大会上政策谈得也不多。当然，奥巴马也要列举自己的成就：美国能源更加独立，进口减少（奥巴马没说，这实际上是由于技术进步，页岩气被有经济规模地大量开采）；教育在进步——更多数学和科学老师被雇用，社区大学（重技能、轻研究的普及性大学）更受重视；把军队不需要的钱节省下来，用于教育医疗等国内建设。奥巴马恭维选民的力量，说他们是变革的推动力，他们对领导人的选择决定了这个国家的道路和前程。

奥巴马突出民主党与共和党政治理念的不同，对政府的作用和态度不同、对个人与社会关系的看法不同直接影响税收政策的不同。奥巴说："政府不能解决所有问题，但政府也不是所有问题的根源。我们同舟共济，共和党让你们单打独斗。""成功的标志不是你挣了多少钱，而是你改善了多少人的生活。"奥巴马与克林顿一样，不仅仅强调每个人的责任，更强调人与人之间的相互责任，强调"共同责任和共同富裕"。他说，没有群体意识的个人自由不值得追求。

"共和党要让这个国家走回头路，我们却要继续前行。虽然眼前困难重重，但前途是光明的。"怎样才能看到希望？奥巴马像牧师一样唤起人们的共鸣："我从一个生长在贫民区却拿到科技竞赛奖杯的女孩子身上看到希望，从截肢后重新走路，还骑自行车的退伍军人身上看到希望，从逆流而上在经济危机中不裁员的公司上看到希望。"

面对全国选民，无论共和党还是民主党代表大会都把 11 月 6 日的总统选举解释为选民对不同价值观和不同道路的选择机会。而现实没有那么黑白分明，还有无数深浅不一的灰色地带，还有大量的数据和信息待以分析解释，还有更细微的规律待以发掘阐述。古人所谓的"格物致知"只能在没有媒体的聚光灯、没有大庭广众的喧哗声的安静角落里学习体会。

哈佛经济学笔记3：中国挑战

3. 总统辩论，唇枪舌剑

（1）第一场辩论：奥巴马相形逊色

黄金时间实况转播的公开辩论是最接近完全透明、形式上完全公平的平台。即便如此，那些竞争性极强、当仁不让、头脑相对简单、语言也因而简单明了的人仍然有优势；性情相对温和、思想复杂、语言也相对复杂、顾全大局的谦谦君子会处于下风。思想复杂的问题是语言容易冗长，不够清晰，而思想简单的优势正是清晰明了。

面对亿万选民，共和党总统候选人罗姆尼就占据了这个优势。他的语言和理念能让大街上的平民百姓听得懂、记得住、印象深刻。他争强好胜、不管不顾的性格让他在辩论台上比对手有更多自我解释的时间。"民主"在让亿万选民当家做主的同时，也让庸俗肤浅成为主流。2002 年和 2006 年小布什能出人意料地分别战胜民主党候选人戈尔和凯利，合法地连任两届总统不能不说明民主的悲哀。

形式再公平，性格更重要

10 月 6 日晚，罗姆尼和民主党现任总统奥巴马在著名记者吉姆·莱勒的主持下同台辩论。这是 3 场辩论中的第一场，内容主要集中在美国经济、社会保障和医疗问题上。辩论时间共 90 分钟，平均分为 6 个 15 分钟时段。每个时段由主持人提问，两位候选人轮流回答。

显然，后回答问题的候选人有优势，因此主持人让两位候选人轮流先回答，即 6 个问题中每人各有 3 次后回答问题的机会。在辩论的最后，每人有两分钟时间作结。因为只有一次机会，先后次序不可能完全公平，所以主持人采取抓阄的方式决定幸运者，谁赢了谁就后发言。

虽然辩论形式尽可能地公平，但还有一个很难控制的因素：在主持人转到下一个问题前，说最后一句话的候选人有优势，他更有可能给观众留下较深的印象。正是在这一点上，罗姆尼表现得气势汹汹、不顾大局，为了自己在一个问题上能说最后一句话与主持人抢话，推延了下一个问题应有的时间。

罗姆尼的政治立场向中间靠拢

罗姆尼除了有形式上的优势，在内容上他开始偏离极右派立场，向中间靠拢。这使得民主党原来用于恫吓选民的主张——"罗姆尼走极端路线"——不再成立。民主党在这次辩论后必须有新的策略。

罗姆尼在担任马萨诸塞州州长期间（2003—2007）有不以意识形态画线、与民主党合作出台温和政策的经历。但在共和党总统候选人的海选中，他为了迎合党内保守派，在联邦医疗是否能支持妇女流产的问题（倾向保护生命而不是妇女权利）、移民政策（更注重法治，主张严厉打击非法移民）和减税（以刺激经济为名，侧重保护富人的经济利益）等主要问题上都走向极端。8月底当他顺利成为共和党总统候选人后，他开始在政策上向中间靠拢。在这次总统辩论会上，罗姆尼的这个趋势尤其明显，赢得了共和党中温和人士的称赞。他们说："真正的罗姆尼终于出现了。"

民主党曾经把罗姆尼描绘为代表富人利益、为富人说话的政客。但在辩论会上，罗姆尼明确表示：如果他当总统，富人不会比现在少缴税。他解决财政赤字的办法是要通过减少甚至取缔那些富人常用来减税的政策漏洞来增加国税（包括房子按揭的利息部分、富人常用的为非盈利性组织捐款来减税等。关于美国税收政策，详见《哈佛经济学笔记》第109页《美国税收制度的弊端与改革前景》)。罗姆尼保证不会增加中产阶级的税负。

罗姆尼反复强调要为中产阶级创造就业。他深知，这是他攻击奥巴马的利剑之一。奥巴马在创造就业方面的成绩欠佳，经济复苏疲软。罗姆尼以几十年在私营部门工作的经验与奥巴马一直在社区或政府、以法律为专业的工作背景相提并论，让选民选择谁更懂得如何创造就业。罗姆尼用数据说明奥巴马的失败：中产阶级的平均年收入在奥巴马在任期间降低了4300美元，与此同时汽油价格却翻了一番。

在医疗保险政策上，罗姆尼说他会在上任总统的第一天就废除2010年通过国会的医改法案（其内容详见《哈佛经济学笔记2》第二章《有关医疗体系的政治与经济》和本章第五节）。民主党说，罗姆尼在马萨诸塞州实施的全民医疗是奥巴马医改法案的雏形。罗姆尼在辩论会上有效地为自己辩护：他仍然认为马萨诸塞州的医改方案是正确的，其他州应该效仿；他反对的是联邦政府大包大揽，统一制定政策，侵占了州政府的权利空间。各个州政府最了解自己的情况，应该为自己量身定做医改政策。这与共和党下放分散权力，维护州政府权力的理念一拍即合。罗姆尼也没有像民主党对他的描绘那样嫌贫爱富或有极端个人主义思想。他说："我们同样都是神的孩子，我们关爱那些老幼病残。"

在政府的作用上，共和党极右派更接近极端自由派，主张政府越小越好，最好让私有经济自顾自，政府完全不插手。与罗姆尼以往论调不同的是，他在这次辩论中公开承认法律法规的重要性：企业需要这些规定来规范自己的行为，知道怎样的行为是越轨行为，是触犯法律的。罗姆尼澄清，他所反对的是不清不楚、增加行政负担却又解决不了实际问题的法规。例如，新的金融法规《托德—弗兰克法案》中"符合质量标准的房屋按揭"就定义不清 —— 什么叫符合标准？符合哪些标准？如果连定义都不清楚，就更不用说执行效果了。罗姆尼还说，他不会减少教育支出，"对大型石油公司900亿美元的税收补贴就应该用于雇用200万个教师"。

在党派分歧上，他说，我们必须要在合作的基础上处理各种问题，"这不是丧失原则地委曲求全，而是因为我们有共同的利益，我们是在共同的利益之上合作"。然后他历数自己在马萨诸塞州通过与民主党合作取得的各项成绩。

罗姆尼在两分钟的结束语中，有意突出他与民主党不同的治国理念，旗帜鲜明又冠冕堂皇地说："这次总统选举不是关于我个人的前途，而是关于这个国家的未来；这次选举是对这个国家到底应该走哪条路的选择。"实际上在具体政策中，两党的差别完全没有他描述的那么大，因为具体政策都是由总统任命的技术官僚（其中很多是学界精英）制定的。这些人会从多方面考虑，在灰色地带中权衡利弊、遣词造句，尽力找出"至中和"的方案。

奥巴马相形逊色

奥巴马因为在抓阄时输给罗姆尼，只能在罗姆尼之前做结束语。他的语气没有罗姆尼那么坚定，甚至还流露出一丝谦卑。他说："在过去4年中我的工作可能没有那么完美无缺，但（如果能连任）我会像以前一样，不遗余力地为美国人民工作。"他怎么忘了，竞争都是残酷的呢？在众目睽睽的辩论会上，他居然承认自己工作中还有提高的余地。这更加反衬出罗姆尼的坚定不移和信心百倍。

奥巴马除了在形式上占劣势以外，在语言上也没有应有的锋利。在税收政策上，他没有反问罗姆尼："你说要减少纳税人边际税率的20%，简单的算术怎么能证明你在减税的同时还能减少政府赤字？"在社会医保政策上，奥巴马没有反问罗姆尼："你会怎样解决保险业中逆向选择的问题？那些没有保险却有疾病的人怎样才能看得起病？"

在任何竞争中，反应敏捷太重要了。在几秒内，如果你没能及时否定对方，你就输了，一切都太晚了。"事后诸葛亮"只能说明你根本就不是诸葛亮。虽然你比永远都不觉悟的人稍微好一些，但你不能成为高水平竞争中的一员。高水平的竞争经常在几秒内就见分晓了。你能应对什么水平的竞争，你就站在什么位置。

应该把有限的时间用于想方设法拿到新工作，还是用于把现有的工作做得更好？

在9月初的民主党全国代表大会上，马萨诸塞州现任民主党州长德瓦尔·帕特里克（2007年上任）指责他的前任罗姆尼："他对得到这个工作（州长的位置）比做这个（州长的）工作更感兴趣。"虽然两党代表大会都是贬低别人、抬高自己的政治活动，但如果真像帕特里克说的这样，那么竞争任何工作都是表演，地地道道的一场秀。谁的演技更好，谁更想拿到这个职位，谁就更有可能获得这个职位。至于在得到这个职位后的工作表现如何，谁也不是"事前诸葛亮"，谁也想不了那么远，谁不是走一步说一步呢？如果历史中有规律供我们参考，那就是：竞选中的旦旦誓言与获得职位后的政策关联并不大。反正他已经合法地获得这个职位了，谁再说什么都晚了。

有人说，奥巴马在 10 月 6 日的辩论中没有往日的犀利是因为他从华盛顿赶到科罗拉多州丹佛市的时候，比辩论会开始的时间仅仅提前两小时到达，他可能不适应当地的高原气候而感觉疲劳。那他为什么不提前一天到达，有时间适应环境充分准备呢？一种解释是：在野党的挑战者有时间全力以赴地准备，而现任总统太忙，完全没有分身术，只能在继续工作和准备答辩中取舍。奥巴马选择了前者。如果真是这样，奥巴马令人尊敬——他在真正地工作，而不是想方设法地保住自己的工作。遗憾的是，时间不能倒流。奥巴马已经无法挽回在黄金时间段相形逊色的表现了。

（2）第二场辩论：奥巴马由被动变主动

第二场总统辩论在 10 月 16 日纽约州一所大学举行，由观众轮流向两位候选人提问。奥巴马果然扭转了局面，不但对答如流，而且采取主动攻击对手的弱点，扭转了第一场辩论时的被动和弱势地位。当然，主动攻击也被看好罗姆尼的评论家认为是奥巴马迫不及待、忐忑不安的证据，他们说，罗姆尼更有正人君子坦坦荡荡的总统做派。

选民的提问内容无非是就业市场、能源政策等普通人最关心的问题。候选人的基本策略都是以不变应万变，把既定方针政策重述一遍。罗姆尼总会借机重申他振兴经济的五大办法：①更积极地开采国内资源，在 2020 年前实现能源独立，同时创造就业。②在公平竞争的条件下开拓新市场，实现自由贸易的好处。③继续投资于公立教育和科研，为 21 世纪培养人才。④加强财政纪律，减少财政赤字，使债务可持续。⑤倡导并帮助小企业发展，减少他们的行政束缚，让他们更容易雇用员工，进行扩大再生产。罗姆尼认为，小企业是美国经济的基础，是解决就业的重要途径。

事实上，这五点计划是任何人都可以接受的承诺，无论谁当选都会在不同程度上这样做。但是为了标新立异，奥巴马立即反驳说罗姆尼的五点计划归纳起来其实就是"一点计划"：帮助富人减税。

奥巴马指出罗姆尼许诺中的含混不清之处。罗姆尼要给所有纳税人减少边际税率的20%，同时通过减少富人常用的减税手段、税收政策上的漏洞（所谓的"税收支出"，例如房贷利息或给非盈利组织的捐款等都可用来减税，详见《哈佛经济学笔记》第109页《美国税收制度的弊端与改革前景》）来实现减少赤字的目的，但罗姆尼并不明确到底哪些目前合法的税收支出或税收漏洞会被取缔。奥巴马说："（如果罗姆尼当选）中产阶级只有在事后才会发现自己的利益受到损失。"奥巴马指出，罗姆尼的"算术根本加不起来"。

罗姆尼反击的办法是根本不用数据和算术捍卫自己的立场，而是用自己25年的企业家经历和把2002年盐湖城奥林匹克运动会扭亏转盈的经历说明自己最有能力实现收支平衡。在税收政策上，奥巴马强调的是公平，他要让百万富翁所付的税率至少比他们的秘书的税率要高。罗姆尼注重的是经济增长和激励人们努力工作的税率机制。

其实两党政策的核心内容和立场早就众所周知了，候选人面对面公开辩论的看点更在于两人如何即兴发挥，如何敏捷地直接应对对手的"小话"指控，即随机应变的能力。奥巴马指责罗姆尼投资于把工作输送到中国的美国公司。罗姆尼反驳，那些都是退休金管理公司的决定，他个人对投资基金的投资选择没有任何影响。他反问奥巴马："你看不看你的退休基金到底都投资了哪些公司？"奥巴马避实就虚，随即反应，"我的退休金没有你的那么大"，再次把罗姆尼描绘成不知普通人生活疾苦的"一小撮"百万富翁。这时主持人打断了他们的即兴对答，转入下一个话题。当罗姆尼要与主持人辩解，争取在一个问题上的最后话语权的时候，奥巴马顺势含沙射影地说："我已经习惯被打断了。"他暗指罗姆尼在第一场辩论中气势汹汹地霸占更多的说话时间。

最后一位观众的问题是："在竞选中，每人都会给对方抹黑。你认为哪一点最不符合事实？你可以利用这个机会澄清真相。"罗姆尼没有直说对方到底怎样形容他，只是用自己年轻时在法国传教等经历说明自己不是人们想象的典型资本家一样的冷血动物，而是有丰富的同情心、助人为乐。奥巴马澄清的是自己不像对方描绘的那样"想利用大政府解决一切问题",而是对症下药,有分寸地把握政府的职能。

（3）第三场辩论：在相同中寻找差异

第三场总统辩论在 10 月 22 日晚在佛罗里达州的一所大学举行,集中辩论美国的外交政策。相对于前两场辩论,最后一场更集中地显示出两位候选人的相同点远远大于不同点。两人都认为,美国在世界上应该起不可或缺的领导作用;两人都赞同,美国的国际地位必须以国内经济实力为基础,进而重复前两场辩论中各自的观点。两人都同意,武力只有在万不得以的情况下才会使用。

虽然实质上两人的外交政策差不太多,但为了竞选,他们不得不标新立异,努力显示与对方不同。罗姆尼的总体立场是,在最近两年中东发生了一系列政治变化,美国应该更充分地利用和引领事态的变化,鼓励这些国家向民主机制过渡,而奥巴马在这方面完全失败了,以致伊朗比 4 年前更接近核武器国家,中东一片混乱。罗姆尼把奥巴马在上任之初去中东各国的访问称为"道歉之旅":"这让其他国家觉得美国软弱,没有领导能力。"罗姆尼还说,奥巴马在任期间,美国的军舰和空军规模达到历史新低。

奥巴马反驳,军队的规模和数量不是判断标准,军队的能力才是标准,而且美国的军费开支比后 10 个国家的总和还要多。奥巴马还说,他在 4 年前竞选总统的时候就已经去以色列参观大屠杀纪念馆了,美国与以色列的关系无比坚固。

奥巴马对付罗姆尼的策略是指责他的外交政策摇摆不定,前后矛盾,不可信赖。罗姆尼的反应是:"攻击我本人不是一个政策,我们现在谈论的是政策。"奥巴马强调在他的领导下,美国已经结束了伊拉克战争,并将在 2014 年结束阿富汗战争,把安全管理权完全交给阿富汗政府。奥巴马顺应民意,打算把结束战争省下的资源用在重建家园上。

罗姆尼在第二场辩论中曾经被观众提问:"你与前任总统小布什有什么区别?"他深知美国民众在十多年伊拉克和阿富汗战争后的厌战情绪,所以明确表示他不想有第二个伊拉克或第二个阿富汗。他第一次表示,要支持奥巴马计划在

2014 年从阿富汗撤军的时间表。以前他一直反对有明确的撤军时间表，理由是这有可能让塔利班韬光养晦，准备在美国撤军后卷土重来。现在罗姆尼改变立场只能说是再次讨好选民的努力。在叙利亚问题上，罗姆尼没有明确说要参战，只表示要通过其他有效途径帮助反对派，阻止政府伤害平民。在结束语中，罗姆尼特意说明自己是多么热爱和平，试图在强硬外交和不参战中找到平衡。

第三场辩论的绝大部分时间都用在美国对中东政策和美国的世界地位上，只有最后 15 分钟是与中国相关的。主持人问罗姆尼："如果你（当选总统）宣布中国是汇率操作国，你是否会担心中美之间会发生新一轮贸易战？"罗姆尼强调，中国对美国的出口远远大于美国对中国的出口。言下之意是，贸易战对中国的伤害比对美国的伤害更大。奥巴马在中国问题上则炫耀自己在任期间把中国告上世贸组织的一系列案例。

在政治竞选中，英文里有一句玩世不恭的俗语："错误的坚定比正确的软弱要好。"也就是说，要想赢得竞选，不怕有错误观点，就怕显得不坚定、不强硬。这句话的意思令人悲观，更令人痛惜的是它总是能确切地描述现实，总统竞选也不例外。

总统候选人公开辩论、讨好选民的弊端是强化公众固有的意识形态或偏见。有限的辩论时间和不得不简短的语言只能留住最简化、最粗略的思想。例如，对中东国家变革的态度上，候选人相互攀比谁更支持民主进程；在对待以色列关系上，两人攀比谁的政策更能使与以色列的关系更坚固；在伊朗问题上，两人攀比谁能更强硬地制裁伊朗；在中国问题上，两人攀比谁能更有效地让中国遵守游戏规则等，而事实并非如此。无论谁入主白宫，绝大部分政策都会掌握在总统任命的技术官僚手中。几乎可以肯定，这些人都会谨慎地权衡意识形态（支持各国民主进程）与国家利益（消耗美国人力物力的实际意义）之间的关系，竭力在灰色地带中寻找权宜之计。

4. 前总统候选人点评 2012 年总统大选

2012 年 11 月 1 日，东北大学教授、前马萨诸塞州州长、前民主党总统候选人麦克·杜卡克斯再次来到哈佛大学,点评总统大选。这是他的惯例。他曾在2004年和2008年总统选举前夕来哈佛做同样的点评(详见《哈佛经济学笔记2》第153页)。他的讲演特点是没有讲稿,就像聊天一样,基本上是想到哪儿说到哪儿,都是他的所见所闻所想。

正因为不掩饰自己的性格特点,他的讲演显得格外朴实亲切。比如,在说到公共财政的时候,他顺口带出一句:"我太太说我是世界上最抠门儿的人。"无论在做州长的时候,还是作为一个普通公民,他都奉行勤俭节约的方针。他问:为什么波士顿延长地铁4站地的花费是洛杉矶延长地铁8站地的两倍?他流露出对那些财务咨询顾问的意见不屑一顾。

谁不想少花钱多办事?但与众不同的是,他努力节省的是公共财政。有人问他:"你去哈佛大学讲演在哪里停车?"他回答,只要地铁能到的地方,他绝不开车。他既然公开这样说,就说明他不以抠门儿为耻,反而为荣。

杜卡克斯如此从容自然或许与他的高龄和经历息息相关。1933年他生于波士顿附近的一个希腊移民家庭,1960年从哈佛法学院毕业,随后连续4次被选为马萨诸塞州下议院议员。他分别两次任马萨诸塞州州长(1975~1979年和1983~1991年),是马萨诸塞州历史上任期最长的州长,20世纪80年代末被美国州长联合会评为"最有效的州长"。虽然他在1988年作为民主党总统候选人败给了老布什,但他作为老政治家忧国忧民、热爱竞选过程的热忱尤在。

他和前两次总统竞选点评一样,预计民主党会赢得总统席位,但承认罗姆尼是不可轻视的对手。"目前美国经济复苏疲软,这对在任总统不利;欧元危机对美国经济雪上加霜。"他承认,民主党相对于共和党更倾向于用政府的力量解决问题,"但有些问题政府不出手肯定不行"。例如"瘦身"的财政政策不可能扭转经济萎缩的局面。

在医疗领域,杜卡克斯坚持市场是失灵的。"杜鲁门总统(任期1945~1953年)、尼克松总统(任期1969~1974年)、克林顿总统(任期1993~2001年)都努力过,但直到奥巴马总统才真正全面地解决医疗市场的'逆向选择'问题。"(任何私立保险公司都不愿意要身体已经有问题的人入保,详见《哈佛经济学笔记 2》第二章《有关医疗体系的政治与经济》）。美国有大约 5000 万人没有医疗保险，另有 5000 万人的医疗保险非常不好用——很多病都不包括，可报销的上限太高等问题。"这 1 亿人中有 90% 都是工薪阶层，他们（在奥巴马通过医改以前）能怎么办呢？美国简直不像一个发达国家！"杜卡克斯意在启发听众思考，"为什么其他发达国家能够在医疗覆盖面、医疗成本、人口平均寿命等方面都做得比我们好？"杜卡克斯说，奥巴马在医改上的努力和方向是对的，他的问题仅仅是应该把向民众的解释工作做得更好。

杜卡克斯这天讲演的题目是"这次总统选举的重要性"。如果说他是有备而来的话，那么他准备的话题就是美国的对外政策。他的核心思想是美国不应该继续充当世界警察。"无论这样做有任何正当的理由，事实是我们负担不起。"他声明，他是多边主义者、国际主义者，但认为美国在国际事务中插手太多了。很多民主党人都有同样看法，例如，即将从华盛顿退休的马萨诸塞州议员弗兰克。民主党在每一届总统大选中都要抵挡"外交和国防软弱"的指责。

杜卡克斯说，美国没有必要有那么大的军费开支，不应该在自己基本没有战略利益的世界上任何角落参与争端的任何一方。"美国面临的挑战是制造'9·11'灾难的极端恐怖分子，更先进的武器对这个挑战没什么帮助。"

对中国沿海的领土争端，杜卡克斯认为，美国应该鼓励争议双方上国际法庭，因为国际法庭就是为解决类似争端而设置的。对中东问题，他说，各国情况太复杂，美国要尽量脱身，而不是深入其中。他承认，伊朗问题的确棘手，但问题之一是："我们完全不了解那个国家，30 多年来我们与伊朗根本没有外交关系。"他认为，只有先建立联系，才有可能真正谈判。在对外政策上，他主张，美国的重心应该在于帮助建立并支持国际组织和国际机制，增强国际组织的信誉，让国际组织发挥积极作用。

杜卡克斯多次情不自禁地流露出热爱竞选、热衷公共事务的情怀。他为两个上初中和高中的孙子分别在各自学校的竞选中获胜、当了学生会主席而骄傲。他坦承，他热爱竞选的过程——到千家万户敲门、嘘寒问暖、赢得人心的过程。他也会遇到意想不到的奇人逸事。这次他为马萨诸塞州竞选参议员的伊丽莎白·沃伦拉选票，当他试图说服一位白发苍苍、步履蹒跚的老太太的时候，这位老太太的反应却是："你能不能让沃伦换个发型？"大家都被逗笑了。

他赞扬克林顿总统在民主党全国代表大会上的表现："他是唯一一个能面对成千上万的观众，就像面对一个朋友私下里谈话一样亲切自如。"其实杜卡克斯何尝不是这样？只不过因为他在总统竞选中失败，而没有克林顿那样辉煌罢了。他不掩饰他是谁，他希望被了解。他时常会吐露几个希腊词语，还问听众中有没有希腊人。果然，有一位听众举起手。杜卡克斯就问他，如何用希腊的习惯用语更确切地表达他的意思。他有办法与听众建立关系、产生共鸣。

杜卡克斯怎么能讲得这么好？这么快与听众拉近距离？是因为见多识广和高龄吗？不完全是这样。会后一个观众说，他在 20 世纪 80 年代的时候，有一次在波士顿绿线地铁上认出了马萨诸塞州州长，他在读几页手稿，有意在记上面的内容，他问他："你在准备什么？"杜卡克斯说，他正在去哈佛毕业典礼的路上，他在准备发言内容"。可见，炉火纯青的背后是辛勤的汗水和持之以恒的精神。

第九节　奥巴马：在全世界招揽人才，建造可持久的美国经济

2013 年 1 月 21 日中午华盛顿寒风凛凛，几乎所有在国会山广场上参加奥巴马第二任总统就职典礼的观众都用帽子、手套全副武装抵挡严寒。只有奥巴马没有任何装备，只穿一件笔挺的大衣在寒风中慷慨激昂地讲演 15 分钟。

与以往多次讲演一样，奥巴马对美国建国文件中所体现的精神表示尊敬和自豪，再次强调美国特色：把我们拧成一股绳的不是种族肤色、宗教信仰、姓氏宗亲，而是 200 多年前建立这个国家的《独立宣言》中所表达的思想——人生来平等，生来就有追求生活自由和幸福的权利。这个理想和信念成为奥巴马通篇讲演的指南针。他指出怎样的行动才能实现这样的理想。追求理想的本身是一个永不完结的长征，奥巴马就是在继续这个长征。他说，这个思想虽然是显而易见的，但却不能自然而然地实现，而是要靠人为的努力去实现它。

奥巴马回顾美国 200 多年的历史。在自由平等的理念上建立起来的国家不可能容忍一半人是自由人、另一半人是奴隶的状况。在美国内战之后（1861—1865），美国人重新振作、携手向前。"我们建立了横穿美国大陆的铁路公路、确保公平竞争的市场规则、保护老幼病残的社保体系。在这个过程中，我们从来没有放弃对中央集权的怀疑，从来没有误认为政府能够独立解决所有社会弊端。个人的主观能动性、创新创业、承担责任永远是我们品格中的一部分。"

然后奥巴马口气一转，强调集体主义精神的重要性。"我们也要与时俱进。新时代的新挑战需要我们集体行动，这样才能保证更充分的个人自由。没有一个人能培训我们需要的所有数学和理工科老师，没有一个人能修建所有公路、网络、实验室或创造所有的就业机会。我们必须团结起来，一起行动。"

奥巴马强调美国人不会被彻底打垮的韧性，表达对美国人的信心：只要美国人心往一处想、劲往一处使就可以战无不胜。"我们这一代美国人经历了各种危机，证明了我们有跌倒后再爬起来的能力。""伊拉克战争已经结束，经济复苏正在开始。我们有年轻人、有动力、有干劲、有发明创造的天赋和接受风险的勇气，还有开放而多样化的大环境，我们有无尽的可能。我们完全能够战胜挑战，只要我们团结一致，同舟共济。"

奥巴马然后转入他对贫富分化的一贯立场：美国的繁荣取决于日益扩大的中产阶级，少数人非常富有，绝大多数人勉强度日是不行的。奥巴马说，从贫困里长大的女孩要有和其他孩子一样的机会，只要美国人有努力、有决心和毅力就一定会有收获。

奥巴马表示要改革不合时宜的政府项目，改革税收政策，运用新科技让政府更加高效、更加实际、更好地营造让个人和企业实现自己潜能的环境。"只有这样，我们才能给那些建国先贤的信仰和精神赋予实际意义。"

奥巴马承认国家承担的医疗支出庞大、政府赤字严重，但是拒绝取缔这些老幼病残依赖的政府支出，否认这些社保使美国人懒惰、有依赖性、不自食其力的说法："我们都会有衰老的一天，都有可能生病、残疾、失业，都有可能因为天灾人祸而无家可归。我们需要社会保障。正是因为有这些保障，我们才能更敢于承担风险，才能使这个国家生机盎然。"

奥巴马描述美国人肩负的责任和坚持的原则："我们不但要对自己负责，还要对子孙后代负责。我们必须回应气候变暖和极端天气的挑战……保护森林、农田、水和其他天然资源。"奥巴马表达热爱和平、通过智慧和谈判解决分歧的愿望。"我们必须是那些穷人、病人、边缘人、因偏见而受迫害的人的希望，这不仅是因为我们慈悲为怀，还因为我们坚持我们的原则：宽容待人，给予机会，尊重人的尊严和追求正义。""这意味着男女同工同酬，同性恋者和所有人一样在法律面前人人平等，所有孩子都被照顾、珍惜、爱护，远离危险。"

"诚实地落实建国先贤们的精神并不需要我们在每一件事上都高度一致，或者追求同样的幸福路径，但确实需要我们行动起来，让这些原则对每个美国人来说都是有意义的。"奥巴马说，他今天的宣誓是对神和国家宣誓忠诚，而不是对任何一个党派。他把自己放在一个普通公民的位置，让所有公民和他一样把理想付诸实践。"你和我作为这个国家的公民有权利和责任影响现在有争议的各种话题，有权利和责任把这个国家引上正确的道路——不仅仅通过我们的投票，还要通过我们的声音来捍卫我们禁得起考验的价值观。"最后奥巴马倡议，"让我们向着共同的目标，通过共同的努力和热情来迎接历史的呼唤。"

第二天《纽约时报》专栏记者布鲁克斯发表文章，认为奥巴马就职讲演中的集体主义色彩太重，个人主义分量不够；在回顾美国历史的过程中有意节选了罗斯福新政等国家组织的集体行为，忽略了硅谷和华尔街等个人创造财富、使美国生机勃勃的私有经济部门。布鲁克斯再次流露出"中间偏右"、怀疑"大政府"的保守倾向，但他流畅、精辟的语言和微言大义、格物致知的思想品位令人仰慕。

第十节 打破一种均衡到达另一种均衡谈何容易

2013 年 2 月 12 日晚黄金时间，奥巴马总统向国会山所有议员和全国人民做一年一度的国情报告。奥巴马永远为现实涂上积极乐观的色彩，拨开这层面纱，我们能体会出他焦急迫切的心情。正因为国会四分五裂，奥巴马才呼唤团结一致、同舟共济；正因为很多问题议而不决，奥巴马才号召行动起来，肩负起责任；正因为所有人都喜欢报喜不报忧，都喜欢听成绩，不喜欢谈问题，奥巴马必须从最积极的视角说明，为什么美国人有能力迎接挑战。

在听过奥巴马多次讲演后，这篇 1 小时的讲演还有什么新鲜的吗？从根本上说，没什么不同，危机永远与机遇并存，但具体的政策性建议每年不同。奥巴马的方向永远以道德为指针，奥巴马的语言永远像牧师一样触及人的心灵，奥巴马的态度永远诚恳、迫切。他说："我们每天要问 3 个问题：如何吸引就业机会到美国？如何让美国人有足够的技能胜任这些工作？如何保证努力工作就会有好的生活？"这是所有国情报告的中心思想。在制造业、能源、公共设施、房屋建设、教育培训、吸纳人才的移民政策、贸易、外交和国防等方面，奥巴马的努力方向和以前都是一样的。

如果说总统讲演有一定的公式，那就是：形势比几年前大有好转，但也有美中不足，我们仍需齐心协力克服困难，我们有能力迎接挑战，创造更美好的未来。在这期间，我们要摆好政府的位置和发挥正确的作用，处理好与市场的关系，在不越位错位的情况下，利用各种手段促进经济发展。

今年的大好形势是：伊拉克战争结束，经济开始回暖，股市上升，美国对进口能源的依赖在逐步减少。目前的美中不足是：就业市场仍有压力，劳动力供大于求。虽然公司利润高得前所未有，但美国人收入中间值十几年来停滞不前，中产阶级需要发展壮大。

还有一重危机迫在眉睫：2013 年财政预算必须自动削减 1 万亿美元，国会人为制造的危机有可能停止联邦政府的正常运作。奥巴马的解决办法无非是在增收和减支之间搞平衡。在增收方面，他主张加大对富人的征税，亿万富翁的税率至少应该比他们的秘书的税率要高；同时减少税收政策上的漏洞和特殊减税条款（详见《哈佛经济学笔记》第 109 页《美国税收制度的弊端与改革前景》）。事实上，取消特殊减税条款困难重重，因为只要触及任何利益集团的利益，游说大军马上就会接踵而至。

在减支方面，奥巴马的办法主要是让政府"更聪明"。联邦政府对老年人的医疗保险必须有所节制，减少对医药公司的税收补贴，让富有的老人自己负担一部分医疗费用等；医疗费用不应该根据化验或治疗程序的多少制定，而应该根据治疗的效果和质量。（这句话从道理上说是对的，但落实起来就是另一码事了。详见《哈佛经济学笔记 2》第二章《关于医疗体系的政治与经济》。）让政府"更聪明"的另一条思路是减少过时的或不必要的官僚审批程序，让政府运作更高效。这基本是讲演公式里的必备内容，年年都要说的话。

在具体政策建议中，奥巴马有些新想法。在俄亥俄州，政府刚刚建立一个工业创新研究所，意在把在全球化中落伍的地区转变为高科技中心。奥巴马请求国会批准再建设 15 个这样的中心，连成网络，确保下一个工业技术制造革命发生在美国。在鼓励新能源方面，因为一大部分美国国内新增加的能源都是在联邦政府的地皮上开采出来的，奥巴马建议，从这些公司的优惠税收政策中拿出一部分钱成立能源研究基金，专门用于提高能源使用效率，让风能、太阳能等新能源更加经济实惠，并且减少家庭和企业日常能源浪费。在教育方面，奥巴马计划与州政府合作，提供高质量的学前教育，因为很多家庭不能承担私立学前班的费用，而政府的任务是要让所有的孩子——无论家庭经济条件如何——都有同样的机会。

为了扩大中产阶级，减少贫困，奥巴马提出，要提高最低工资到每小时 9 美元。如果按最低工资全职工作，一年的收入是 14500 美元；如果再有两个孩子，就会生活在贫困线以下。奥巴马从道义角度出发，认为这是错的，应该提高最低工资，还要让最低工资随通胀增长而增长。在贸易方面，奥巴马打算继续亚太合作的谈判，同时开展与欧盟跨大西洋的贸易和投资合作的谈判。政府会利用各种手段鼓励跨国公司把各种项目建在美国，在美国国内创新创业，雇用员工。

无论奥巴马的讲演如何完美，现实总是残酷的。经济学家对提高最低工资早就有所研究（详见《哈佛经济学笔记》第159页《公共财政领域里的前沿性研究》，提高最低工资的影响在第165页），他们担心公司会减少雇人的需求。哈佛经济学教授曼昆指出，按照奥巴马的逻辑，最低工资应该越高越好，为什么要停留在每小时9美元，而不是11美元或13美元呢？奥巴马和他的智囊团一定有其他考虑，但没有在讲演中直言不讳。《纽约时报》专栏记者布鲁克斯的评论就更尖刻了：无论奥巴马在国情报告中有什么建议，他没有资金或国会批准的预算做任何事情。一切都是枉然。换句话说，我们现在的生活状态本身——无论多么不完美——都是一种均衡。要想打破这种均衡到达另一种均衡谈何容易！

第五章
经济学的不确定性和局限性

　　萨金斯要回答以下 3 个问题：①政府应该对自己的债务违约吗？②中央政府应该营救深陷债务危机的地方政府吗？③货币联盟应该在财政联盟之前，还是之后？

第一节　2011年诺贝尔经济学奖获得者讲演

1. 诺奖委员会不确切的颁奖理由

2011年12月8日，诺贝尔经济学奖奖得者在瑞典斯德哥尔摩大学发表获奖讲演。这一年的两位得主都是美国宏观经济学家，他们年龄相仿，经历类似，研究领域都包括货币政策与财政政策之间的关系及影响，但他们的研究方法和思路却迥然相异。萨金斯生于1943年，西莫斯生于1942年。1968年两人同时从哈佛大学获经济学博士学位，然后分别在美国各大常青藤大学任教。从2002年起，萨金斯驻留在纽约大学；从1999年起，西莫斯驻留在普林斯顿大学。

诺奖委员会把授予他们这项殊荣的理由概括为"他们在实证宏观经济研究中为澄清因果关系所做的贡献"。实际上，这句话更适合描述西莫斯的研究成果，与萨金斯的关系很小。萨金斯是倡导理性预期的经济理论的先锋之一。他的研究领域和贡献与1995年获诺奖的卢卡斯相似。他们的研究结论都成为以低通胀、稳定利率为基石的经济政策的理论依据，与重视就业率和总需求的凯恩斯主义经济学家相悖。这套理论在20世纪80年代的西方政经世界盛行一时，至今仍然是影响政策制定的主要思想之一。西莫斯的领域是用计量学建立复杂的动态模型，运用统计学理论和数据更好地区分因果关系，从而影响宏观经济政策。

两位经济学家的获奖讲演各半小时，信息浓度很大。讲演中有博大精深的一面，但也并非完美无缺。

2. 萨金斯的获奖讲演：以史为鉴

萨金斯以"以前的美国，现在的欧洲"为题，回顾美国 1780 年到 1840 年的历史，试图从历史中汲取经验教训，为当今世界更好地做经济决策。他要回答以下 3 个问题：①政府应该对自己的债务违约吗？②中央政府应该营救深陷债务危机的地方政府吗？③货币联盟应该在财政联盟之前，还是之后？

在美国独立战争之后，联邦政府面临严峻的经济挑战和政策选择。在解释这些选择之前，萨金斯用两页充满数学公式的 PPT 演示来描述债务的动态变化。他说，无论是民主党派经济学家，还是共和党派经济学家，所有经济学家都接受这些公式的含义。这些公式是不以政治立场和主观意愿为转移的客观规律。他还说，这次讲演中数学和文字的比例与他的日常工作中的比例完全不同。可以想象，他的日常工作充满了数学模型和推导证明。

PPT 上的数学表达看上去很复杂，但其背后的含义却很直观：政府和任何其他个体一样受预算制约。虽然在整体上可以出现赤字，但在任何一个时刻的现金流必须充沛——一方面现金流入，另一方面现金支出。赤字的累积就是政府的债务，再加上这个政体成立之初沿袭下来的债务。这些债务的市场价值取决于市场对这个政府未来财政盈余（或赤字）数额的判断和投资者想要收益的利率（贴现值的计算）。

萨金斯猜测，美国第一任财长汉密尔顿［1755（或 1757）—1804，1789 年到 1795 年间任财长］和支持他的华盛顿总统的脑海里一定有这些公式，至少知道这些公式的含义。他们知道要想改变债务的市场价值只有两种办法：改变人们对今后财政盈余（可正可负，它等于税收减去支出，再减去为债务支付的利息）的预期和他们所需要的利率。

萨金斯再解释他的分析框架。这是典型的经济学思路——建立均衡体系模型，假设个体理性选择最优路径达到目的。在萨金斯要分析的问题中，理性个体是政府。萨金斯没时间进入任何复杂的数学模型，只是简单地说，在给定环境下，政府面对各种限制，在这个例子里有关的限制是预算限制；政府有不同的行为选择，其中一种选择可以最佳地达到目的。在这期间有信息流程的作用——谁在什么时间，知道什么？这个信息流程的时间表很重要，因为它直接影响到个体在任一时间的最优选择。用均衡模型推导的结果是今后财政盈余的概率分布和利息的概率分布。但是从萨金斯的结论来看，这些公式和分析框架并没有派上用场。他的理论框架与他的结论之间的关系至少在半小时的讲演中并不清晰。

历史非常值得回味。在 200 多年后的今天，我们理所当然地把美利坚合众国看作一个完整独立的国家，但是在 18 世纪后期，当 13 个殖民地从英政府独立出来之后，这些殖民地到底会成为一个松散的联合体，还是会成为一个紧密的国家，还是一个巨大的问号。美国国父之一杰斐逊（1743—1826）就认为自己首先是弗吉尼亚人，其次才是美国人。以他为首的人构成当时的共和党派，倾向于保护州政府权利。以汉密尔顿为首的人构成当时的联邦党派，倾向于中央集权。

1782—1783 年建立的美国第一个宪法过于尊重 13 个州的权利，导致联邦政府势力微弱。例如，联邦政府不能直接集资，除非得到每一个州的许可；每个州各有各的贸易政策，联邦政府不能干涉。这时，政府从独立战争而累积下的总体债务大约占 GDP 的 40%，其中 2/3 是州政府的，1/3 是联邦政府的。而联邦政府的收入大约只有 GDP 的 2%，无法承受沉重的债务，这使债券严重贬值。

财政危机孕育了政治危机和变革。1787 年费城的宪法大会出台了第二个宪法，定义了美国联邦政府的职权范围和运作程序。1789 年美国第一届联邦政府应运而生。华盛顿总统任命年仅 32 岁的汉密尔顿（或 34 岁，他的生卒年月一直有争议）为第一任财长。如此年轻的财长却有治国的雄才大略。他不仅为美国联邦政府奠定了坚实的财政基础，而且赢得了人心，使一大部分人支持联邦政府。

汉密尔顿决定全面营救州政府——由联邦政府直接出面，用联邦政府的信誉发债融资，填补所有州政府的债务。同时联邦政府上收所有贸易政策，尤其是进口关税由联邦政府全权掌握。这样，联邦政府就有了税收基础和偿还债务的能力。所以美国联邦政府的成立是财政联盟在先，货币联盟在后。按萨金斯对货币联盟的定义，真正的货币联盟直到内战（1861—1865）以后才出现。联邦政府营救州政府使那些手持州政府债券的债主毫无损失，而正是这些人成为联邦政府的坚定支持者。从未来集资的角度看，汉密尔顿为联邦政府赢得了财政信誉，使人们愿意购买联邦政府的债券。

接下来的问题是：联邦政府是否应该主持建设公共设施——建设铁路，开渠航运等大型公程？包括汉密尔顿在内的政治精英一致认为不应该。于是，州政府自发集资建设这些项目。19世纪30年代后期经济衰退，甚至进入萧条阶段。资本市场疲软，州政府无法借新债还旧债，资金链断裂，不得不向联邦政府求救。

时过境迁，这次联邦政府选择见死不救。理由是，半世纪前的州政府债务主要来自独立战争——那是美国共同的事业，现在则不同。这样选择的后果是：①联邦政府在债主眼里的信誉低落。②州政府发现不能依靠联邦政府救助，相继修改各州自己的法律，要求州政府必须自律，保证收支平衡。

现在让我们设想，如果联邦政府当时的选择不同，历史会怎样改变？如果联邦政府决定第二次救助州政府，那么接下来就会有两个问题：①这是不是最后一次营救？如果还有下一次怎么办？一次又一次的救助会引发"道德风险"，州政府怎么会有动力修改各自的法律，在经济上严格自律？②为什么停止在州一级政府？如果市一级或县一级政府入不敷出，无以为继怎么办？

萨金斯归纳美国当时情况的4个特点：①各州政府的债券都有不同程度的严重贬值；②州政府各自为政，完全不协调财政政策；③各州也不协调货币政策；④联邦政府自己有大量债务。萨金斯这时幽默地问观众："这些特点让你们联想到了什么？"

不言而喻，人们眼下关心的问题是愈演愈烈的欧元危机。目前的欧元区与19世纪的美国相比，前两点相同，后两点不同。欧元区有中央银行，有统一的货币政策，欧元区作为一个统一的个体还没有任何债务。

最后，萨金斯回到他在讲演伊始提出的3个问题。这些问题显然没有简单的答案，而是要在权衡利弊后，做"最不糟糕"的选择。政府在面临债务违约的压力时，要考虑违约的后果：如果违约，债券持有者受损；政府自身的信誉受损，这意味着政府以后融资会更加困难，利率会高得难以承受。违约的好处是，现在不需要急迫地"财政瘦身"——增加税收、减少开支。也就是说，可以继续在让债主受损的情况下，寅吃卯粮。

高层政府在决定是否救助地方政府的时候，既要考虑救助让债主皆大欢喜，盘活债券市场，保持政府在资本市场的信誉，也要考虑救助的"道德风险"——地方政府在被救助后容易放松警惕，在财务上不严格要求自己，有依赖中央政府的思想；而且现在不需要救助的地方政府可能会在财政上疏忽大意，以后重蹈覆辙，旧戏重演。地方政府当然清楚：在接受救助的同时，他们也必须接受中央政府的制约，失去很多自主权；如果不愿意失去自由，最好趁早谨慎计划，自负盈亏。

在货币联盟与财政联盟的先后次序上，萨金斯不认为财政联盟必须以货币联盟为前提。时间有限，萨金斯以此作结。至于他的数学公式和模型推导是如何帮助他回答最初的问题的，我们还要在他的长篇著作中寻找答案。

3. 西莫斯的获奖讲演：让数据说话

西莫斯的讲演以"用计量模型测量货币政策及其影响"为题，描述计量学为宏观经济理论和政策做贡献的思想史。西莫斯在讲演伊始就声明，他的 PPT 演示没有任何公式，但或许更加复杂、不易理解。这不是夸张，而是事实。经济学比自然科学复杂在很大程度上是因为因果关系非常不清晰。西莫斯要把模糊不清的因果关系在半小时内说清楚，谈何容易。

为理解他的讲演内容，一些讲演以外的经济思想史会对我们有所帮助。20 世纪 70 年代美国进入高通胀、低增长阶段。经济学家为了理解这个现象和经济运作，采取了两种完全不同的研究渠道。一种是以西莫斯为代表的计量派经济学家，他们通过建立大型联立方程组，用计量学方法和大量数据，模拟宏观经济的运作。在设计模型的过程中，运用的经济理论和人为判断或假设越少越好，依赖数据说话的程度越多越好，即"让数据说话"——让数据告诉我们事实到底是怎样的。

另一种思路是以 2004 年诺贝尔奖获得者基德兰德和普雷斯科特为代表的"真实商业周期"学派。他们试图为宏观经济理论寻找微观基础。他们的思路是从经济理论出发，定性地思考导致经济周期的因素和规律，仅仅用少量的数据说明他们想要说明的问题。他们沿袭并发展了1995年获诺奖的卢卡斯的思想。

卢卡斯认为，仅仅从历史数据及其之间的关系中就预测一种经济政策的影响，这太天真了。在一篇1976年的论文里，他进一步说明为什么经济学家根据大型计量模型而提出的政策建议是完全不可靠的。这些模型输出的结论或者无足轻重，或者完全不可能回答经济学家要解决的问题。原因是这些计量模型中的系数随政策的变化而变化，不是独立的结构性系数。这就是著名的"卢卡斯批判"。在卢卡斯眼里，利用大量数据的大型计量模型因为缺少动态经济理论而无足轻重。

西莫斯沿袭并发展的是前一派的思想。他从20世纪30年代的荷兰经济学家提卜根（1969年获第一届诺贝尔经济学奖）的一个项目开始讲起。提卜根想为宏观经济建立模型，通过数据和模型这个渠道来验证经济周期理论。他的思考方式是：政策制定者有想要实现的目标，就需要有实现这些目标的政策工具，工具的数目至少要与目标的数目一样多。为此，他建立联立方程组，但没有用数据同时检验整个方程组，而是一个方程一个方程地依次用数据验证。凯恩斯不喜欢这种复杂的数学途径，写文章批评这种思路。

但那威经济学家哈韦尔莫（1911—1999，1989年获诺贝尔经济学奖）站在提卜根的一边，不但为他说话，而且发展了他的思路。哈韦尔莫是概率理论和计量学的奠基人之一。他设计了一套方法，同时解方程组。他认为，所有经济理论都应该用概率的形式来表述，因为没有绝对的、完全正确的经济理论。我们只能说，根据什么理论，怎样的结果更有可能发生。他曾经发表一篇长达118页的论文，论述如何用计量学同时解方程组。他这一篇论文就占了一整期的专业期刊《计量学》。后来，他发表了简洁版，主要描述解决这类问题的方法。

但在实际操作中，经济学家遇到了计算能力上的瓶颈，因为当时还没有计算机。凯恩斯理论意味着，经济中很多不确定因素导致了经济周期，所以很多变量都要包括在内。要真正模拟宏观经济的运作，所需要的模型要比哈韦尔莫的模型大得多，复杂得多。在计算能力不发达的情况下，这种浩大的计算工程令人望而生畏。

科尔基金对此做过很大贡献。这个组织的宗旨就是要建立经济理论与数据的

哈佛经济学笔记3：中国挑战

桥梁。在几次辗转之后（1932 年成立于科罗拉多州，1939 年迁到芝加哥大学），科尔基金在 1955 年落户耶鲁大学。这个组织在 20 世纪 50 年代初年召集了一批年轻有为的宏观经济学家和统计学家（他们当中的很多人后来都成为诺奖获得者）。他们按照哈韦尔莫的思路设计大型模型，用大量数据估算几百个方程中的成千上万个系数。这个规模在计算机革命之前大到不可人为支持的程度。

于是模型设计者们不得不运用主观判断，减少一些他们认为不重要的方程和系数。因为人们对不同方程和系数的重要程度有不同理解，不同的人对整个项目的认可程度不同。有人甚至否定整个项目的价值，认为这样计算出的结果完全不可靠，因为经济中的一些重要变量或关系在设计模型方程时就已经被假设出局了。

这时弗里德曼（1912—2006，1976 年获诺奖）和他的合作者们在研究中发现，资金存量的变化与总收入的变化形影相随，而货币供给变化与总收入变化所呈现的时间规律意味着，货币供给导致了总收入的变化。这个规律在回归模型中表现为，过去和现在的货币供给量的变化解释了总收入的变化。弗里德曼由此引申，只要货币供给增长率不随意变化，基本保持一个常数，那么经济总体收入就会持续而稳定地增长，经济周期就会基本消失。弗里德曼因此而成为"货币主义"经济学的领头人。

凯恩斯主义经济学家们起初并没太注意货币的作用，后来也们承认货币政策的重要性，但自己建立的大型计量模型不能说明货币政策确切的作用。托宾（1918—2002，1981 年获诺奖）发表论文，说明即使没有货币供给变化与收入变化的因果关系，弗里德曼发现的时间规律仍然可以发生。这说昕弗里德曼推导的因果关系不一定成立。除托宾以外，另一位与弗里德曼唱反调的主要人物是马萨诸塞理工大学的弗兰科·莫迪利它尼（1918—2003，1985 年获诺奖）。这些人在 20 世纪六七十年代各执一词，争论不休，谁也说服不了谁。

哈韦尔莫在建立大型联立方程组时，还有一个想法。他希望能通过减少一个方程或变量的办法来测试一些政策变量对整个经济运行的影响，还可以让政策制定者预测自己即将制定的政策的影响。这就使这类模型对政策制定者非常有用。但这里面有一个深刻的问题：政策变量，例如，税率、利率和货币供给，到底是

第五章／经济学的不确定性和局限性

任意变量（外生变量），还是有规律可循（政策制定者针对当时的经济形势对症下药，因此是内生变量）？这个问题的答案直接影响到不同的模型设置。政策变量在政策制定者看来，是应对特定经济形势的必然，是内生变量，有规律可循，可以设置政策行为公式。但在私营个体看来，这些就是随意变量。无论以弗里德曼为首的货币主义者，还是凯恩斯主义者，还是哈韦尔莫本人都认为，这些变量都是未知数，但不是随机变量，它们有自己的概率分布。

20世纪70年代的"理性预期革命"对通过建模来研究宏观经济有深刻影响。理性预期意味着，在既定经济条件下，公众对宏观政策有一定的预期，而这样的预期又影响他们的行为，他们的行为再反作用于宏观经济，进而作用于政策制定者的政策。在这种视角下，政策变量是内生变量，政策制定很机械，只要设置一个公式即可。政策制定者的作用和经济顾问的作用微乎其微，仅仅局限于微调而已。如果理性预期假设成立，那么那些模拟宏观经济运作的大型计量模型根本就是徒劳无功地浪费时间。很多经济学家因此而远离宏观计量模型。

西莫斯的贡献在于，他坚持沿袭廷贝亨和哈韦尔莫的研究思路，用计量模型研究发现，绝大部分政策工具（税率、利率、货币供给等）都是应对特定经济形势的系统决策，只有很小一部分是随机的。也就是说，政策变量有一个概率分布。我们可以说，在给定经济形势下，政策变量更有可能是怎样的。这样的认识给原本模拟宏观经济的大型方程组带来很多计算上的不便。直到经济学家从物理学输入一种新方法，才能从技术上在大型方程组里处理这样的变量。西莫斯发表论文，利用货币供给和货币需求的联立方程组，再次解释货币与收入的关系，使其顺理成章。

因为时间限制，西莫斯把批判这种研究思路的6页PPT都跳过去了，直接进入结论。他感叹，在理性预期革命之后，学术研究的兴趣点很快就脱离了以概率分布为渠道的政策研究方式。现在仍然有人不愿意给这个经济学分支应有的尊重。他倡议，要保持继续研究这个领域的势头。他隐含着对在经济学领域中追求时尚的批判（有关经济学中的时尚变迁在国际金融领域中的表现，详见《哈佛经济学笔记2》第3页《国际金融中的"新时尚"》）。

哈佛经济学笔记3：中国挑战

第二节　2012年经济学诺奖浅析：市场机制设计理论与实践

1. 两名微观经济学家获奖

2012年的诺贝尔经济学奖避开目前宏观经济治理中争议最大的问题（读者可以从本章《萨默斯辩论泰勒：财政刺激政策能否帮助经济复苏？》中略见一斑），而颁发给两名微观经济学家：哈佛经济学教授罗斯（2012年1月离开哈佛，即将加入斯坦福大学）和加州大学洛杉矶分校的退休教授沙普利。他们因为在博弈论和市场机制设计理论和实践中的重要贡献而分享120万美元的奖金。

博弈论是20世纪40年代初由冯·诺伊曼（1903—1957，匈牙利出生的美国经济学家）和奥斯卡·摩根斯特恩（1902—1977，德国出生的美国经济学家）创建的在数学和经济学之间的一个交叉领域；市场机制设计又是广义博弈论中的一个分支。博弈论是研究在有游戏规则的情况下，玩游戏的人应该采取怎样的策略才能使自己的利益最大化。而机制设计研究的内容正好相反：怎样设计游戏规则才能使整个系统最优化。这里的"最优化"在不同情境下有不同标准，这些标准或目的在术语里被称为"社会选择原则"。有时最公平是目的，有时最高效是目的，有时社会效益或政府集资最多是目的，还可能是更具体的目的。一般来说，经济学家最感兴趣的问题是如何最高效地分配有限的资源。

2. 什么是机制设计

什么是"机制设计"？简单地说，好的机制设计是根治"上有政策、下有对策"的一剂良药。让我们从一个具体例子中来理解机制设计到底是怎么回事。

当一个政府要把波段拍卖给通信公司的时候，政府应该怎样设计拍卖规则才能把有限的公共资源卖给"最需要"波段的公司？这里"最需要"的公司是指在这个公司眼里波段的价值最高。

怎样才能找到这个公司呢？比如说，有 5 个公司都想得到这个资源。如果政府征求他们的意见："你们各自认为这个波段有多少价值？"那么每个公司都会说这个波段对他们有多么重要，价值多么高。对他们来说，报价越高越好，因为价值越高就越说明他们越需要波段。政府无法区分谁真正最需要波段。

如果政府搞拍卖，把波段卖给出价最高的公司，赢得拍卖的公司付他自己出的价钱，那么公司在竞价的时候就会有所保留。保守的公司会按照自己认为的波段真正价值的 1/2 出价（打出 1/2 的富余）；大胆一些的公司可能会按照自己认为的价值的 2/3（打出 1/3 的富余）或者 3/4 出价（打出 1/4 的富余）。你留出的富余越多，你赢得拍卖的可能性越小。当然如果你赢了，你留出的富余越多，你的利润空间会越大。每个竞价公司都要做同样的权衡。

对政府来说，每个公司对波段的真实价值判断是个未知数，而每个公司的出价是他们自己认为的波段价值与（1 减去打出富余的比例）的乘积。最后赢得拍卖的公司可能是最大胆的公司，而不是对这个公司来说波段价值最高的公司。

那么政府怎样做才能找出最需要波段的公司呢？ 1996 年获诺奖的威廉·维克里（1914—1996，在美国学习和生活的加拿大籍经济学家）解决了这个问题。他让出价最高的公司赢得拍卖，但按照竞价时第二高的出价付钱，而且政府不会因此而损失收入。这个结论看起来令人惊讶，但严格的数学证明可以揭开面纱，揭示潜在的真谛。其实思考片刻后也能想通：按第二高出价付钱的拍卖机制会使所有参加竞价的公司更加大胆地出价。事实上，在这个拍卖机制里，最佳的理性选择就是在出价时完全不打出富余，按照你认为的真实价值出价。一个简单的操作上的调整基本上解决了动机问题。

机制设计者站在社会的角度首先思考：我们要达到怎样的目的，看到怎样的结果？然后逆向思考：怎样的游戏规则可以在均衡条件下实现这样的目标？这里的所谓"均衡条件"是指，如果每个参加游戏的人都理性地采取使自己利益最大化的策略，那么游戏的结果就会达到事先预想的目的。这与其他经济学模型不同。其他经济学模型都是从现实中抽象出来，省略了很多细节的结果，而在机制设计中，设计者可以完全控制整个过程。

游戏结果是在事先可预见、在事后可检验的。这是 2007 年诺奖获得者、哈佛经济学教授埃里克·马斯金（1950 年出生的美国经济学家）为什么觉得这个领域比其他经济学分支更有意思的部分原因。他的研究领域与罗斯的比较接近。他说："在日常生活中，买卖交换无处不在，即使你不想成为罗斯那样的设计机制工程师，你也应该理解不同的可能交换形式及其影响和后果。"

如果游戏规则制定得好，竞价者的理性选择就是诚实地暴露你的价值，而不是"上有政策、下有对策"地对付。特定的环境和机制可以让诚实本分成为最佳理性选择，而不是投机取巧地经营，这就是好的机制。

3. 罗斯：设计机制的工程师

与埃里克·马斯金不同的是，罗斯把理论上的突破像工程师一样运用到实践中。虽然 60 岁的罗斯已经在 2012 年 1 月离开哈佛，但他的大部分实践工作是在美国剑桥展开的。他被认为是第 45 位现在或以前曾获诺奖的哈佛教授。他的本科和博士毕业论文（分别在 1971 年和 1974 年从哥伦比亚和斯坦福大学获得）都是应用数学的一个分支：运营研究。在伊利诺伊大学任教 6 年后，他于 1982 年到匹兹堡大学成为讲座教授，在实验经济学里小有名气。1998 年他被哈佛经济系和商学院共同聘请来到剑桥。

正是在 1998 年他开始重新设计美国医生找工作时的搭配体系。实习医生在实习期满，即将进入正式工作市场的一年非常焦急，他们要在这一年很早的时候就决定下一年的去处。当接到一个工作合同的时候，他必须很快决定是否接受。如果他拒绝，那么医院会把工作给下一个合格的实习毕业医生。如果他接受，他不知道在以后的时间里是否会有更好的工作合同。这些实习毕业生要在保住有工作的稳定性和今后可能有更好的工作的不确定性中选择。如果夫妻两人都是医生，同在一个工作市场，那么他们面临的不确定性就更大了。罗斯设计的搭配机制使这个市场更合理、更高效，还可以帮助实现夫妻同在一个城市工作生活的愿望。

在剑桥期间，罗斯为波士顿、纽约、芝加哥和伦敦等城市的公立学校重新设计招生程序。波士顿以前的问题是，如果学生不被第一志愿学校录取，第二和第三志愿学校很可能已经满了。家长的理性选择是保守地填写第一志愿，增加被第一志愿录取的可能性。罗斯重新设计招生程序，使家长不必再有这样的顾虑。诚实地填写自己的愿望对他们来说就是最佳选择。而且罗斯的机制还让所有地区、所有家境的学生都有同等的选择机会。虽然想上好学校的学生仍然远远大于好学校能提供的位子，但罗斯毕竟使这个机制更高效、更公平了。

近几年罗斯还设计了新英格兰地区肾交换项目。每个人都有两个肾，正常人其实可以依靠一个肾生活。这就有了捐献肾的可能，有可能使晚期肾衰竭的人起死回生。但愿意捐献肾的人可能因为血型等原因与需要肾的亲属不匹配，可能需要多重交换才能找到多方愿意接受的交换。可以交换的区域越大，找到匹配的可能性就越大。罗斯领导建立全国性数据库，把所有愿意捐肾的人和需要肾的人的有关信息全部输入，增加成功搭配的可能性。

比成功搭配更严重的挑战是，肾需求远远大于肾供给。现在全美国大约有9万人需要换肾，而供给严重不足。一般来说，调整供需平衡的主要市场手段是价格调整，但是因为人们厌恶"买卖肾"等剥削穷人的行为出现，很多州立法不允许买卖人的器官。罗斯专门写文章解释人们的价值观和道德判断如何限制了市场发展。在没有价格信号的情况下，供需不平衡很难在短时间内有根本改变。罗斯只能在现有条件下，通过好的机制设计让尽可能多的病人找到适合的肾捐献者。

与罗斯分享诺奖的是现龄89岁的埃德·沙普利。沙普利在20世纪五六十年代对博弈论有重要理论贡献。虽然他获得的诺奖是经济学奖，但他更认为自己是数学家。1943年在哈佛大学读本科的沙普利应征参加"二战"，转战中国成都。他因破获苏联气象密码而获勋章。"二战"之后，他返回哈佛于1948年从数学系毕业，1953 年从普林斯顿大学获博士学位，然后在位于加州的智库兰德公司工作 27 年。他于 1981 年去加州大学洛杉矶分校任教授，直至退休。他想解决的问题可以从一个简单的例子略见一斑。假设有 10 个男人和 10 个女人，他们怎样搭配才能使整个婚姻市场处于平衡状态，即没有任何一对男女愿意脱离各自已有的两性关系而一起私奔？沙普利在理论上的突破为像罗斯一样的后继学者在更广阔范围的实践奠定了基础。

罗斯在采访中除了表示惊讶与荣幸以外，还表示对前辈沙普利的尊重，认为沙普利的贡献早就值得获奖了。罗斯还说，他希望"生活很快恢复正常"。可以想象他指的"正常状态"是不被媒体关注，可以潜心做研究时的平静。

第三节 博弈论专家鲁本斯登对经济学博士生的建议

2011 年 10 月 28 日在纽约大学研究生组织的活动中，著名以色列经济学家鲁本斯登与经济学博士生有一段非常有趣且意义深远的对话，值得分享。

鲁本斯登是特拉维夫大学经济学教授，在纽约大学兼职，主讲博弈论。他 1951 年生于耶路撒冷，1972 年入希伯来大学主修数学和经济学，并在这两个领域里获硕士学位，1979 年获经济学博士学位。他在博弈论方面贡献突出，包括以他的名字命名的讨价还价理论中的完全均衡。他与马丁·奥斯本合著的博弈论教科书《博弈论课程》成为被引用最多的教科书之一，广受欢迎。

鲁本斯登的这段对话都是关于写毕业论文、找工作等博士生最感兴趣的话题。他的回答清新脱俗、大胆开放，而且富有强烈的社会责任感。详述如下。

问：我急死了，博士论文到现在还没有任何主意。我该怎么办呢？

答：我先说说你不该做什么吧。不要过多地参加系里组织的、你自己领域里的研讨会。否则，你只会在已有的文献上增加一点儿自己的评论，而那些已有文献的绝大部分也是一些人对他们以前的文献的评论，而以前的文献又是对更早的文献的评论，而那些文献本身就是一些无关紧要的评头论足。

如果你想有一个真正好的论文思想，就看看你生活的世界吧，或者旁听一些与你的领域完全不同的课程。我的一些论文思想就是我在旁听法学院课程时想起的，例如，我在 1979 年发表的有关主人—代理问题的论文。

问：我试着在家里的办公室、系里的办公室、图书馆里思考，但无论在哪里思考，我都找不到灵感。我应该去哪里才能找到真正的灵感，而不让那些庞杂烦琐，其实又微不足道的电子邮件消磨我的时间呢？

答：咖啡馆是个好地方，到处都有，随便进，而且一些咖啡馆还允许免费添加第二杯或第三杯咖啡。

比咖啡馆更好的地方是以色列军队。义务为以色列军队服兵役几周后，你就会发现，你与世隔绝，一天 24 小时都可以用来思考，没有任何打扰，而且军队伙食非常好，你不用为任何事操心。这是创新思考的绝佳环境。我在 1982 年发表的关于讨价还价理论的论文就是这样写出来的。

问：找工作面试的时候，你建议我怎样穿衣服？

答：我当然是回答这个问题最好的人选。我从不为任何讲课而穿西服、打领带。我觉得面试穿 T-shirt 和牛仔裤就是最佳策略。为什么呢？

如果你是一个非常优秀的学生，任何大学如果因为你穿着随便而不雇用你，那么这样的大学根本就不配拥有你这样优秀的人才。如果你是一个人云亦云的凡人，那么有很多和你一样的候选人在等着面试，穿着随便至少让你与众不同，吸引眼球，让雇人的一方思考你的价值。

问：我的论文已经有 30 页了。我知道里面有些部分我重复了几次，有些证明没有必要那么长。对有些问题，我增加了对复杂情景的分析。可是我的博导仍然认为，我的这些内容还不够做一个脚注。我的论文到底应该有多长？

答：如果你没什么有价值的思想，那么你至少应该写 60 页，而且单行排版。反正也没人会读你的论文，你就让你的论文看起来像专业杂志里发表的论文一样长，至少有个可能会发表的架势。

如果你真的有突破性思想，那么你就把论文控制在 15 页以内，双行排版。我还没见过任何经济论文不能把有价值的东西在 15 页以内表达得清晰完整。你的论文也是一样。

不错，经济论文都很长，几乎所有的论文都非常枯燥乏味。谁能在读了 50 页的计量学论文之后还能保持神经正常呢？所以写短论文就是对世界的贡献——仅仅描述新的思想，不用重复旧的东西，确保你的证明和推理简洁得不能再简洁，而且语言尽量优雅。

问：我的论文刚刚被专业期刊退回来。我该怎么办？

答：我有很多类似经验，很理解你现在的心情，所以有三点建议。①不要读评委的意见，那些意见只能使你更加失望气馁。②我的指导思想是：没有经历过退稿的论文不应该被发表。请注意：这并不等于说，所有被退稿的论文都应该被发表。③如果评委意见真的很愚蠢，那么请你效仿我，把那些愚蠢的退稿理由放在个人网页上，公之于众。

问：现在是成为经济学家的好时候吗？

答：正是。经济学从来没有像现在这样糟糕。这对全人类来说是不幸的，但对你个人来说是非常幸运的。这意味着你更有可能做出更大的贡献。

问：你对经济学博士生到底有没有严肃认真的建议？

答：我以上所说的每一件事都是严肃认真的。最后让我再加上一条。

记住：你是地球上最有特权的人之一。这个社会给了你如此美好的机会，你可以做任何你想做的事，而且以你的方式做这些事——思考任何问题，自由发表任何看法，还会有不错的经济回报。这些特权不是你天生就应该有的，不是白来的。能有这样好的机会，我们非常、非常地幸运。我们欠这个社会的，我们应该真正回报这个社会。

第四节 "占领哈佛"："占领华尔街"运动进入曼昆讲堂

2011 年 11 月 2 日，大约 70 名学生在曼昆讲授的"经济学原理"（课程序号是 Ec10）开课 15 分钟以后集体走出教室，抗议曼昆的教学和教科书中的右派倾向。他们在给曼昆的公开信中，指责曼昆在基础经济学课程中隐含偏见，以及这些偏见对学生、哈佛大学和整个社会的负面影响。这封公开信的观点犀利、语气坚定，显示了十八九岁的本科生比较成熟的思想和相对广阔的视野。任何教授的课程都是自成体系、融会贯通的。只有跳出这个教授的思维框架，才可能有批判性的见解。哈佛大学的学生做到了这一点。

抗议的学生在公开信中说："作为选择经济学原理课程的本科生，我们希望能学到经济学理论的广阔根基，而这些广阔根基可以支持我们今后在多种知识领域中深造——无论是经济学、政治学，还是环境科学与公共政策。但是我们发现这门课仅仅用一种特殊的、狭隘的视野来看待经济学。这种狭隘的视野只会使我们今天这个社会中经济不平等、运作低效的体系得以延续。"这些学生认为，曼昆课程中隐含的偏见加剧了美国经济中的不平等；正确的经济学入门课程应该包括对不同经济体系的利弊有鉴别的讨论，而这方面正是曼昆课程的失败。例如，既然没有理由证明亚当·斯密的经济学理论比凯恩斯的理论更加根本，也就不应该把斯密的理论作为最根本的理论向学生介绍。

哈佛学生知道自己肩负的责任和在未来世界中即将扮演的角色。他们说，"哈佛大学毕业生在世界各个角落的金融领域和公共政策领域都起重要作用。如果哈佛大学不能为自己的学生对经济学提供广阔的、有鉴别的理解，那么这些毕业生今后有可能不但不能为世界金融领域做贡献，反而会使这个领域更加糟糕。

过去 5 年的经济动荡足以证明这一切。"公开信中的语气相当强硬，"我们今天从教室出走是对你（曼昆教授）不全面介绍经济学理论的抗议。我们还要表示对抗议美国经济中非正义成分的运动的支持。我们的出走是全球'占领华尔街'运动的一部分。曼昆教授，我们要求你认真对待我们所关心的问题。"

应该说明的是，参加抗议的学生人数小于整个课堂人数的 10%，但有一定影响。哈佛学生报纸很快报道了这个消息。这个抗议成为"占领哈佛"运动的导火索。有学生把 11 月 2 日晚"占领哈佛"运动的 4 分钟录像放到了互联网上，录下了学生在校园中心连续喊口号、驻扎帐篷的情景。

也有哈佛学生在学生主办的杂志《哈佛政治评论》发表评论员文章，反对学生抗议活动，肯定曼昆教授的课程。这篇文章的题目是《为 Ec10 辩护》。作者认为抗议公开信中缺少论据，没有具体说明曼昆的偏见到底是什么。他怀疑，抗议学生仅仅凭曼昆的个人简历——曾经服务于共和党小布什政府，而且现在是共和党总统候选人 Mitt Romney 的经济顾问——就认为他的课有成见和偏见。《金融时报》在 11 月 6 日的第四版也报道了哈佛学生的抗议活动，但没有评论。

几天后，哈佛校方决定关闭校园多个入口，只在东南西北四个方向各留一个有警察把守的门，凭哈佛证件出入。完全开放的校园突然变成了只有少数人出入的权利。学生原本支持保护社会上 99% 的人的利益，孤立最上层的 1%，而现在却成了有特权的少数人，大多数普通人不能进入校园声援他们。有学生在学生报纸上指责校方这个"狡猾"的决定，并罗列多项"罪状"，要求校方公开哈佛管理公司（其背景及职能详见《哈佛经济学笔记 2》第 201 到 207 页）的各种投资，善待从哈佛退休以清洁工为代表的后勤人员，等等。

宽容对待异见，理性分辨是非

对这次抗议，曼昆个人的态度显得宽厚得体。他表示，虽然他不同意学生的主张，但他非常尊重学生的选择及其社会关怀。"以前哈佛的学生显得过于自顾自，每个人都忙着为自己的前程打算。这次抗议说明学生在思考一些广阔的社会问题，这是对的。'占领华尔街'运动引发人们重新思考这些重要的社会问题。

哈佛经济学笔记3：中国挑战

从这个意义上说，这个运动是好事。"

有记者问："这些抗议学生是否会受到任何惩罚？"曼昆笑着回答："不会。只是他们（因为出走）缺了一堂课，而这堂课正好是讲收入不平等这个问题的。考试会覆盖所有课堂内容，所以这些学生可能要借别的同学的笔记补课了。"

曼昆被学生认为是主流经济学派的代表人物并不奇怪。他写的两本经济学教科书风靡一时（第一本详见《哈佛经济学笔记》第 17 页《撰写教科书》）。美国各大高校的主流经济学课程基本都使用他的教科书。他说，美国常青藤院校的经济学原理课程与他教的 Ec10 没有什么区别。

曼昆坚持，他教的经济学入门课程没有任何政治动机和目的。这句话应该说是符合事实的（详见第一本《哈佛经济学笔记》第一章《曼昆与经济学原理》）。在经济学原理课中，曼昆对左右两派的主张给予公平公正的介绍（详见第一本《哈佛经济学笔记》第 21 到 24 页，包括《市场的成功与失灵》《收入分配与公共政策》和《国际贸易与全球化》）。他让学生自己决定哪一派的主张更有道理。

很多经济学家是很好的分析员，能把各方面的利弊关系分析得头头是道。他们常用的关联词语是"On the one hand（从一方面说）…On the other hand（从另一方面说）"。后半句话的意思总会否定前半句话的意思，令听众不清楚这位经济学家到底支持前半句话的观点，还是后半句话的观点。当约翰逊是美国总统的时候（1963—1969），他命令手下给他聘任"一只手的经济顾问"，不要让他猜这位经济学家到底主张什么。

按这个标准，曼昆是个典型的"两只手的经济学家"，但这并不等于他没有主见。他在税收政策和财政政策上有明显的倾向性，否则他也不会成为现在（2011—2012）共和党总统候选人罗姆尼的经济政策顾问，更不会在 2003 年到 2005 年间任小布什总统的经济顾问委员会主席。

第五节 "占领哈佛"运动中的双方立场

1. 抗议者立场：校园里的标语及宣传册

从 2011 年 11 月 9 日起，在哈佛校园里备受瞩目的哈佛塑像前的草坪上（所有参观游览的人都会在这里摸着哈佛的一只脚照相留念），抗议学生驻扎了十几个帐篷。不少帐篷上贴着标语：有的为学校勤杂工的待遇打抱不平；有的要求哈佛管理公司（哈佛自己的资产管理公司，其宗旨及运作详见《哈佛经济学笔记 2》第六章第四节和第六节）公开所有投资项目；有的指责哈佛搞"两面派"——教育学生一套，自己做另一套；一方面享受非营利组织不纳税的待遇，另一方面又是一个私人机构，瞒天过海，为所欲为。有的标语写着："我如此热爱哈佛以至于我要了解它所做的一切"。

但是更多的抗议内容还是围绕美国人收入两极悬殊太大、失业率居高不下等宏观经济问题，其中华尔街金融公司的利润率和高管层异乎寻常的收入首当其冲。在帐篷群一侧有一个小办公桌，学生轮流值班，发放《占领哈佛》的宣传册。这是一个 12 页的黑白小册子。印刷质量并不好，有些段落显然没复印清楚，但是内容和语言却令人震惊。

宣传册的首页就是 1% 最高收入的人的平均收入（约 110 万美元，以 2008 年美元计价）和 90% 的人的平均收入（约 31000 美元，以 2008 年美元计价）的对比图。在首页的左半部分有几个醒目的数据：高管 CEO 的平均收入是普通员工的 350 倍；美国人只要有基本的经济保障就需要每年 30000 美元，而最低收入保障每年仅有 15000 美元。

宣传册接下来是 11 篇从不同角度支持抗议的文章。有的作者是哈佛研究生，

哈佛经济学笔记3：中国挑战

246

有的是本科一年级和四年级学生，有的是哈佛文秘，有的是哈佛警卫，有的是食堂做饭的厨师，还有查尔斯河对岸奥斯顿社区活动的组织者反对哈佛扩大地盘，妨碍原有社区发展计划的文章。无论作者的文化程度如何、观点正确与否，不得不说这些文章都写得不错——摆事实、讲道理，观点清晰，论据概括得当，情感充沛，语言犀利，大有一气呵成之势。

宣传册还引用两条学生报纸的最新消息。一条是关于哈佛清洁工组织起来，在 11 月 18 日与校方谈成了 5 年的工作合同；另一条是受诺贝尔和平奖提名的埃及革命家马希尔鼓励学生的言语。宣传册的编写看上去花费了学生的一些心思，但影响很难说。哈佛关闭了部分校门，只有持哈佛证件的人才能出入，帐篷周围的围观者寥寥无几。

2. 再看收入差距：合理的是否应该存在

学生抗议的声音中肯定有合理的成分——社会不公、经济收入两极分化等都是永恒的话题。为什么这些问题已经存在这么多年，仍然继续存在？存在的就是合理的吗？诺贝尔经济学奖获得者弗里德曼（1912—2006，1976 年获诺贝尔奖）为经济收入如此悬殊提供了理论基础。对于国家杀富济贫的"再分配"政策，他几十年前曾经在公开场合回答过这个问题。他说，国家"再分配财富"的最大问题是打消了人们创造财富的积极性：如果人们不愿意努力工作，国家哪里有那么多财富再分配呢？

提问者重新解释他的问题：有人天生就生在贫困家庭，有人天生就生在富豪家庭；这纯粹是运气，与他的个人努力没有任何关系。而富豪的孩子即使不努力工作仍然会富有，穷人家的孩子即使非常努力也很难改变命运。"关于你说的工作积极性的问题，我想最简单的方法就是让国家征收百分之百的遗产税。这种税不会打击他的工作积极性，因为他已经死了，而这个税会让所有人的起点基本相同。"

弗里德曼再回答，我们很容易把社会想象成由个人组成的集合，其实社会更像是由家庭组成的集合，家庭是这个社会的细胞。很多家长明明知道孩子今后会比他们自己的生活条件更优越、更舒适，却时时刻刻省吃俭用，为孩子省钱。这是不理性的，但这是事实。百分之百的遗产税只会鼓励现在的人挥霍、不节省，不为子孙后代着想。这样的税收政策怎么可能不影响人们的消费习惯和工作积极性呢？问题的关键不是让财富均等，而是让机会均等。我们要努力为更多的人创造更多的机会。

但是，如果财富、收入悬殊太大，机会会均等吗？怎样才能在财富、收入两极分化的情况下保证机会均等呢？当时没有人追问弗里德曼这个问题，他也没有回答。可以想象正确的答案应该兼顾效率（"饼"的大小的问题）与公平（如何分配"饼"的问题）。这就有个平衡度的问题：既要缓解两极分化，又不能矫枉过正。经历过农村合作社、集体化、"大跃进"和"文革"的中国人都能理解这里的利弊关系。

3. 校方立场：平衡大学追求"言论自由"的目标和"保障人身安全"的责任

2011年11月21日，感恩节前夕，校长福斯特对"占领哈佛"运动发表公开信，重点解释校方的原则、立场，以及为什么采取一些给人们日常活动带来不便的措施。校方的出发点是在两个目标中寻找平衡：既保护言论自由，又保护学生、教师和后勤人员的人身安全。

福斯特首先描述现状。在过去的两周里，所有有哈佛证件的人可以完全自由出入 Harvard Yard（这是校园的核心部分），在 Harvard Yard 以外的校园部分仍然对所有人开放。抗议学生在宿舍里、校园里或是在大波士顿地区任何地方的言论、集会、示威在不影响任何人生命安全的情况下都是自由的、是受保护的。

然后，福斯特解释关闭部分校门的理由：为了学生的安全，我们决定关闭部分校门。这主要是因为我们看到社会上的一些人（哈佛外面的人）在怂恿学生采取对抗态度，妨碍正常校园生活。在11月9日晚的示威中，几百人涌入校园。

部分人员行为过激，与警察发生冲突，至少有一个警察的报话机被抢走了。根据警方调查，他们当中有些人曾经在其他地方有过非法暴力行为，扰乱社会治安，他们与抗议者的任何要求没什么关系。枪击和性骚扰等不法行为已经发生在这一轮"占领哈佛"运动的其他聚集地了。

福斯特区分和平的抗议者和一小撮别有用心的人。她说，我们不得不采取措施把那些没有平和出发点、有意制造暴力的人拒之门外。这些人只会减少每个人应有的自由。我们要确保"占领哈佛"运动以来的和平氛围。我们不是要限制自己的学生和教师，而是要确保他们的安全，以及住在帐篷附近将近 1400 名大一年级学生的安全。对于那些正常的短期访问哈佛的客人，我们从一开始就设立了校园服务中心，为他们办理出入校园的手续。我们已经为将近 3000 人办理了证件，使正常的交流项目和学术活动按计划顺利进行。在感恩节之后，我们会在白天多开两个有警察把守、检查哈佛证件的校门。

既保护言论自由，又保障人身安全需要细微的权衡和相机行事的调整，无论在哈佛大学还是更广阔的世界都是这样。福斯特说，言论自由是我们追求的目标之一，是一个大学的根本价值观之一，而保障人身安全是我们的责任。我们会经常审视我们的决策，我们不愿意为人们带来多一天不必要的麻烦。福斯特还说，她在办公时间已经与好几位抗议学生交流过，虽然有人不同意校方的决定，但我们认为在现阶段限制校园出入还是必要的。"这些观点在校园的各个角落被争辩，我个人认为这是好事。我们要为自由交换意见创造良好的氛围。"

第六节　哈佛经济系里的"黑羊"：马戈林 批判主流经济学

1. 哈佛经济系里怎么会有一只"黑羊"

在英文里，如果说某人是一个家庭或任何一个群体里的"黑羊"，它的意思是这个人非常不合群儿，有明显的叛逆思想或行为。马戈林教授在哈佛经济系就是这样一个人，有强烈的左派思想。他在哈佛讲授课程的内容都以批判主流经济学、批判性地审视现代化和经济发展为主要内容，试图替代由曼昆主讲的"经济学原理"（Ec10）课程（关于这门课系列文章，详见第一本《哈佛经济学笔记》第一章《曼昆与经济学原理》）。

马戈林的研究领域包括收入增长与分配的关系；劳动力供给过剩的经济体系是如何运作的；经济增长对社群建设有什么影响，是怎么影响的。他的最新研究挑战经济学里最基本的假设，试图颠覆主流经济学。2008 年他的新书的题目是《令人抑郁的科学：像经济学家一样思想是如何破坏社群的》。此外，马戈林对哈佛经济系的同事也拒而远之，从多方面显得与整个经济系格格不入。

人们不禁好奇，这样的人怎么能在哈佛经济系成为终身教授呢？成为终身教授需要经济系其他终身教授的集体评定，马戈林是怎么通过这一关的？

那是非常久远的事了，除马戈林本人以外，几乎没人真正了解。但从他的简历中我们可以推测蛛丝马迹。马戈林原来是从加州公立学校毕业、有犹太背景的高中生，20 世纪 50 年代考入哈佛大学本科，然后读研究生，获经济学博士学位。在这期间，他曾经去印度教书一段时间，目睹贫富分化和印度人反殖民的呼声，思想开始向左靠拢。1968 年在学生运动和各种反抗越战活动高涨的时候，马戈林被哈佛经济系晋升为终身教授。马戈林曾经因为活跃在这些活动中而被认为与共产党有关联，甚至还有短暂入狱的经历。人算不如天算，可以想象当时大的政治气候帮助了他的晋升。20 世纪八九十年代马戈林与时代的潮流背道而驰，似乎愈加成为边缘人物。

2. 马戈林被"占领哈佛"运动邀请公开讲演

但现在的政治经济气候是否又不同了呢？ 2011 年 12 月初"占领哈佛"运动中的学生邀请马戈林以"替代曼昆'经济学原理'"为题做公开讲演。马戈林与其他哈佛教授一样出口成章。全篇讲演只有 22 分钟，但内容紧凑丰富。他在开场白里说，他非常关注"占领哈佛"运动，也非常高兴成为这个运动的一部分，"现在是非常有教育意义的时刻"。他声明，他的这次讲演不是针对曼昆教授本人的，而是针对曼昆所代表的主流意识形态。

11 月初，大约 70 名学生从曼昆的"经济学原理"课堂出走后，曼昆在回答记者提问中说，他教的经济学原理课程与其他常青藤大学里的经济学入门课程没什么不同。言外之意是，他的课程是主流经济学课程，他写的教材代表主流经济学思想。

马戈林说，曼昆的这个回答是对的。其实，无论是共和党派经济学家写的教材，还是民主党派经济学家写的教材，在理论根基上都一样——它们都对市场深信不疑。我们看到的更多的不是各种经济学教材的不同点，而是他们的相同点。

2003 年 10 月当曼昆还是小布什总统经济顾问委员会主席的时候，他曾经在国会发表证词，引起轩然大波（详见第一本《哈佛经济学笔记》第 11 页《美国总统经济顾问的中美贸易观》）。他用相对优势的贸易理论向国会解释为什么美国制造业的工作不翼而飞：为了创造更大的"饼"，各国应该扬其所长、避其所短，发挥相对优势，通过贸易互通有无、各取所需、互利互惠。这些证词令所有议员和各类评论家对曼昆的观点横眉冷对、嗤之以鼻，只有经济学家在报纸上为他辩护。

马戈林说，这个例子说明经济学领域已经被孤立起来——经济学家站在其他

第五章／经济学的不确定性和局限性

所有人的对立面，这是经济学整个专业的问题。马戈林接着批判一种常见观点。有一个为曼昆教授的"经济学原理"辩护的学生说，经济学是关于效率的学问，政治学才是关于公平的学问，各司其职，不能要求经济学谈论公平的问题。

马戈林指责，这种判断的本身就带有意识形态色彩。如果没有意识形态，我们怎么能解释我们所生活的社会呢？社会科学怎么能像研究苹果从树上掉下来那样完全脱离意识形态？其实，意识形态充斥了经济学，否则我们怎么解释1%的人拥有40%的财富？

然后马戈林介绍他在哈佛大学开设的课程——在曼昆的经济学原理（Ec10）以外的经济学入门课程。这门课的上半部分是让学生了解主流经济学，其目的有3个：第一，要让学生知道，经济学是我们理解这个世界如何运作的一个重要渠道；第二，我们只有深入理解主流经济学，才能更有效地批判它；第三，经济学已经变成了"权力的语言"。它是有权有势的人说的话，如果你不懂这门语言，你就无法与他们沟通。

课程的第二部分是从四方面批判主流经济学：第一，收入分配两极分化。追求经济效率是否与合理的收入分配从本质上相互矛盾？第二，对古典经济学最成功的批判，在马戈林看来，莫过于凯恩斯理论。古典经济学相信，市场本身的规律是向"全就业"方向发展的。凯恩斯认为不是这样，并设计一套财政和货币政策矫正市场的自然发展规律。第三，环境恶化。我们盲目地发展经济，完全不知道我们已经消耗、污染了多少自然资源，还有多少留给子孙后代，我们怎样才能可持续地发展。第四，经济与社会、社群的关系。追求效率到底会让我们的社会更加和谐、更加团结，还是会让我们的社会四分五裂、分崩离析呢？在20世纪70年代后期，也就是美国经济黄金时期（高增长、低通胀，全民共同富裕）的末尾，企业首席执行官的平均工资大约是普通员工平均工资的20倍。到了20世纪90年代，这个数字已经变成了200多倍。

马戈林说，这4种批判远远不能囊括所有对主流经济学的批判。除此以外，还有马克思主义的批判和基督教的批判等。它们各自都有完整系统的说法，虽然他的课程没有涉及这些，事实是这些批判中的任何一条都足以让主流经济学变得无足轻重。马戈林要让学生明白，经济学不是放之四海一成不变的真理，而是一些有很多条件、很多前提假设的结论。它是让我们理解这个世界的一个视角——既不代表所有的视角，更不是唯一的视角。

马戈林接着回顾他这门课产生的历史。20世纪80年代初哈佛学生呼吁从多视角审视任何一个领域，这正好与他要写一本书的打算不谋而合。于是他就把这本书的提纲改写成一门全年课程的教学大纲（秋季教主流经济学，春季讲对主流经济学的批判），交哈佛经济系审批。经济系终身教授投票的结果是2∶33。他记不清否决票是否确切地是33，但他清楚地记得赞成票是2。也就是说，除他自己以外只有一个教授同意他的课程。马戈林说，从如此大的否决比例可以看出经济系是多么保守。好在学校教务委员会批准他开设一学期的社会科学课程，于是他就把一学年的课程压缩成一学期。这使选学这门课的学生和他本人在一学期内加倍工作。

在对这门课的批评意见中，马戈林说有一点是应该肯定的。这门课用太短的时间涵盖太多的内容，学生对主流经济学还没有系统掌握就学习对它的批评，这只会让学生越来越糊涂，而不是愈加清晰。马戈林承认这是个问题，这门课对本科生来说很难。但真正的问题是：我们应该在什么时候才让学生了解这些对主流经济学的批判呢？

他曾经参与设立美国高中生经济学教学标准的设置。当时委员会决定，高中生就接触这些批判性的内容太早了，应该等学生接受高等教育时再学习这些内容，但现实是经济学研究生也不学习这些内容。也就是说，经济学界大多数人都赞成从多角度看问题、带着批判性眼光看待任何授课内容，但是总觉得现在太早，以后再说。马戈林讽刺经济学界的言行不一。

最后马戈林剖析，为什么这些批判主流经济学的思想这么多年来一直在边缘，不受重视，更没能取代主流？他自问自答。知识分子的真正作用是通过写作、教书而播下思想的种子，至于种子会不会发芽、开花、结果，这取决于很多外部条件——土壤适合与否，温度怎样，雨水是否充沛，等等。也就是说，一种思想是否能成为主流、是否有真正的影响取决于社会政治气氛和经济条件。20世纪30年代当失业率高达25%、人心惶惶的时候，凯恩斯理论应运而生，引领了新的政治运动和全新的经济政策（罗斯福新政）。凯恩斯因此成为——至少是20世纪——最伟大的经济学家。

在短暂的问答时间里，有学生问到他与哈佛经济系其他同事的关系。马戈林说，这个问题很好回答，简单地说就是没有任何关系，"我们之间很有礼貌，但没有任何思想上的交流"。在这场活动之后，"占领哈佛"运动中的学生把讲演录相放在网上广而告之。

3. 评论马戈林的讲演

对这场讲演，曼昆的评论平和委婉。他说："在这些讲演内容中，我赞成的比例或许比大家想象的要多很多。我与马戈林的主要区别在于教学方法，而不是教学内容。我认为他的课程更适合二年级学过'经济学原理'的学生选学，因为他们已经有一些经济学基础了。对一年级完全没有经济学背景的学生来说，这门课开得太早了。"

国际经济学教授理查德·库珀的评论显得与时俱进，开明豁达。他说："马戈林对主流经济学的四点批判在很大程度上已经包含在发展经济学、环境经济学、行为经济学等新兴学科里面了，这些都是主流经济学的一部分。"在人事关系的问题上，库珀回顾20世纪六七十年代名震一时的哈佛左派经济学家高尔布斯（1908—2006）。"高尔布斯的批判思想与很多经济学家都相左，但他在哈佛校园和社区活动中非常活跃，积极主动地与人交流半个多世纪。马戈林应该更积极地参加经济系的各种学术讨论会，没有什么严肃的观点不能面对面地交流。"（关于库珀的思想观点，详见第一本《哈佛经济学笔记》第273到286页《不信偏见的经济学家：库珀解读经济热点问题》。）

后记

　　从 2007 年 9 月我开始给原《财经》杂志（现《财新传媒》）写《哈佛笔记》专栏到 2013 年年初，已经 5 年有余。在这期间，我跟踪报道了 2008 年席卷全球的金融危机，2009 年年底由希腊债务危机引发的欧元危机，两次美国总统大选，3 次总统国情报告，5 次哈佛大学毕业典礼，10 门经济学课程，以及众多讲演、讲座、论坛、辩论等公开活动。

　　我把自己看作一名记者，担当着时代的记录员和解说员的角色，不预存成见、探究事实、兼听则明。我学到了很多——既有技术性知识，也有哲理性思考，还有生活的启迪。例如，什么是勇气？什么是智慧？什么是开拓精神？什么是企业家？什么是政治领袖？政治经济制度怎样影响人们的生活和生产？历史在怎样影响今天，又会怎样影响未来？生活在信息大爆炸的时代，我们怎样才能把信息变成知识，把知识变成理解，再把理解变成"自知"？200 余篇的《哈佛笔记》专栏综合起来，会在这些问题上给读者一些启发。

　　在写作过程中，我也有笔触发涩、心神不定的时候。每当这时，我会想起由一位笔名为方英的作者绘著的一组漫画集《小老鼠的故事》。书里的字句极其简练，图画惟妙惟肖，故事深刻感人，值得分享。

在乡下长大的小老鼠进城后与家人失散，流浪街头，历尽艰辛，终于在一个开书店的人家里找到妈妈。妈妈每天给人洗衣做饭当保姆。小老鼠跟着人逐渐学会了识文断字，还学会了写文章。妈妈很欣慰，觉得小老鼠有文化了，以后可以不用打工受累。小老鼠帮助人把书店扭亏为盈，生意兴隆，但后来还是随妈妈回到了乡下，叶落归根。人把书店里用不了的书运到小老鼠住的乡下，越运越多，最后自己也决定住在乡下，与大自然同声同气，又有亲情为伴，找到了精神家园和感情归宿。

人对小老鼠的教导意味深长。他教它听琴——文章如乐曲，有韵律，有节拍，朗朗上口。人教它下棋——文章有布局和节奏，起承转合，尽如棋局。人教它书法——字有形，笔有意，墨有韵，文有情，书法如此，文章亦然。人教它太极——文章要不温不火、不急不慢。人教它看云——云卷云舒，云起云落，一切皆有章法，文章亦如此。人教它望水——秋水共长天一色，文章如水，清澈无痕。人教它观鱼——不言不语，安然自得；文章是给人看的，更是给自己的心灵的。人教它雾里探路，水中听蛙——一切尽随其意，尽畅其美，文章之道尽在其中。

如果能把文章写到这个水平，该有多好！我追问自己，除了要做一个对社会有用的人以外，还有什么原因让我不停地写稿子？不能否认，思想本身的快乐和把玩文章的美感深深吸引着我。与其说我写专栏是为了尽记者的社会责任，还不如说是写给自己的学习笔记。与其说出版三本书是为了更好地和读者分享，还不如说是我给自己总结归纳、提炼升华的机会。我为这个"私"字而感到不安，希望通过学习而不断修炼自己，与社会相生相育。如何能超越自我仍然是一个巨大挑战，我愿与读者共勉。

陈晋

2013 年 5 月 2 日

于美国剑桥